Le mythe de la procréation à l'âge baroque

Pierre Darmon

Le mythe de la procréation à l'âge baroque

J.-J. Pauvert

Document de couverture : « le fœtus avant la culbute », in La Motte : « Traité complet des accouchements naturels, non naturels et contre nature », 1765. Cliché B.N.

SOMMAIRE

IV. Les révolutions oviste et animalculiste

V. Triomphe de l'œuf, moléculisme et persistance du doute

VI. Systèmes extravagants, grossesses masculines, erreurs de la nature

VII. Peut-on procréer sans homme?

VIII. L'art de procréer

IX. La rage de faire des mâles

X. Le fœtus

XI. Obstétrique, sages-femmes, accoucheurs

INTRODUCTION

Cet ouvrage ne se propose pas de retracer l'histoire des découvertes qui, de Fallope à De Graaf, de Leeuwenhœk à Wolff et de von Baer à van Beneden ont permis, il y a seulement un siècle, d'entrevoir la vérité en matière de procréation. Il s'attache au contraire à l'étude des préjugés, des superstitions et des tabous qui ont parfois enrayé les progrès de l'embryologie.

La découverte de l'œuf vivipare (on ne parle pas encore d'ovule), celle de l'animalcule (on ne parle pas plus de spermatozoïde) remontent à la fin du XVIIe siècle. Pourtant, deux siècles s'écoulent avant que leur rôle respectif dans la génération, soit clairement établi. On va même parfois jusqu'à douter de leurs facultés procréatrices. Aussi, jusqu'à la fin du XVIIIe siècle, la tentation est-elle forte d'en revenir, purement et simplement, sous une forme ou sous une autre, aux conceptions d'Hippocrate qui ne voyait dans le fœtus que le fruit du mélange des semences mâle et femelle dans la matrice.

Car, jusqu'au XVIIe siècle, tout est relativement clair. On se contente de formuler un certain nombre de réflexions sur les idées d'Hippocrate et d'Aristote. Paré, Dulaurens, Liébault et Venette, confortablement figés dans une « stupide vénération des Anciens » (la grande *Encyclopédie*), se livrent, non sans verve il est vrai, à de curieuses exégèses sur les organes de la génération, sur la semence de l'homme et de la femme, sur la nature et l'origine des sexes, sur le rôle de la femme dans la génération, sur le coït. Les thèses soutenues devant la Faculté de médecine de Paris reflètent les préoccupations du moment :

— 1554. « Si le sommeil favorise plutôt la conception des mâles? » Réponse affirmative.

— 1576. « Si le fœtus ressemble plus à la mère qu'au père? » Aff.

— 1584. « Si la femme contribue comme l'homme à la génération? » Aff.

— 1603. « Si la semence de la femme est prolifique? » Aff.

— 1617. « Si les mâles sont le produit de la semence plus chaude? » Aff.

— 1631. « Si les petites femmes sont plus fécondes que les grandes? » Aff.

— 1643. « Si le dixième mois est le terme natal pour les héros? » Aff.

— 1647. « Si la femme est un ouvrage imparfait de la nature? » Nég.

— 1648. « Si les belles femmes sont plus fécondes? » Aff.

— 1661. « Si la semence des femmes n'est pas féconde? » Aff. [1].

A la fin du XVIIe siècle, le ton change avec les découvertes de De Graaf et de Leeuwenhœk. Révolutions oviste et animalculiste bousculent sans ménagement une foule de certitudes mais ne parviennent pas à dissiper tous les préjugés. Paradoxalement, le mystère de la génération s'en trouve épaissi et les savants s'enlisent dans des considérations qui les éloignent de plus en plus de la vérité.

L'œuf de femme et le spermatozoïde, il est vrai, posent bien des problèmes. Grâce à l'œuf, la femme joue désormais un rôle prépondérant dans la reproduction de l'espèce. Cela dérange plusieurs savants et philosophes qui ne lui ont jusqu'ici attribué qu'un rôle secondaire. Elle n'aurait été qu'une « cause instrumentale et passive » de génération, n'assurant, en tout et pour tout, que l'hébergement du fœtus, lui offrant, en quelque sorte, le « gîte et le couvert ». D'ailleurs, est-il conforme à l'esprit de la Bible que la femme, à l'image de la poule, ponde des œufs?

Peut-on admettre que, sur des millions de spermatozoïdes dardés par la verge contre les parois de la matrice, un seul survive pour former le fœtus? Peut-on, sans rougir, avoir été conçu au prix d'un tel carnage? L'homme, le plus fier des animaux, descendrait-il d'un vulgaire têtard, d'un vermisseau, au demeurant, fort laid?

Une chose est certaine, les rares « physiciens » dont la

1. *Pierre Sue : Essais historiques, littéraires et critiques sur l'art des accouchemens... 2 vol., 1779, tome I, p. 165 et suiv.*

postérité a retenu le nom, occupent, de leur vivant, une position marginale. L'œuf de femme, certes, fait grand bruit, mais l'on oublie De Graaf qui l'a pourtant découvert. Ses recherches sont ignorées et ses idées le plus souvent déformées. Les premiers « animalculistes » sont tournés en dérision. A la fin du XVIIIe siècle, les travaux de Wolff, le fondateur de l'embryologie descriptive, passent totalement inaperçus. En deux mots, et par un phénomène qui n'a rien de surprenant, ces savants restent en dehors de l'esprit du temps. Imperturbable, la Faculté de médecine passe au travers des révolutions oviste et animalculiste, et soumet à ses étudiants des sujets de thèse qui s'inscrivent en droite ligne dans la tradition des Anciens :

— 1683. « Si les femmes qui accouchent d'un garçon sont plus fécondes ? » Aff.

— 1688. « Si une femme presque homme produit un fœtus faible ? » Aff.

— 1695. « Si les femmes qui ont la matrice froide sont fécondes ? » Nég.

— 1713. « Si, dans la conception, la semence de l'homme se mêle avec le sang de la femme ? » Aff.

— 1720. « Si, plus une femme est lascive, plus elle est féconde ? » Nég.

— 1763. « Si le fœtus est le produit de la semence des deux sexes ? » Aff. [1].

1. Pierre Sue : Op. cit.

Surtout, une question dramatique se pose. Tous ne la formulent pas ouvertement, mais elle transparaît, omniprésente et sous-jacente, dans plusieurs ouvrages. Les secrets de la génération ne sont-ils pas de ceux que l'homme ne percera jamais ? N'est-il pas vain de se pencher sur un problème qui s'apparente, au fond, à celui de la mort ? « La génération est-elle un secret de nature ? » Tel est le libellé de la thèse soutenue en 1762 par Charles Salin. La réponse est affirmative. Le pessimisme de l'*Encyclopédie*, de Voltaire et de plusieurs auteurs est sur ce point le reflet d'un sentiment sans doute largement répandu. D'ailleurs, en marge des grands systèmes traditionnels de génération, les systèmes extravagants et marginaux ne pullulent et ne s'épanouissent au XVIIIe siècle qu'à la faveur du doute.

La réaction la plus inattendue, la plus intéressante aussi, face à cet échec, est bel et bien la prétention de transcender la procréation. On n'est pas sûr de la façon dont se forme le fœtus, mais on excelle dans l'art de procréer, on sait faire de beaux enfants, des enfants de génie, des enfants sans passions... On connaît les secrets de la procréation des sexes à volonté, on a étudié les effets de l'imagination de la mère sur le fœtus...

On pourrait croire que l'art des accouchements, en raison de ses aspects pratiques, se situe, d'emblée, en dehors du baroque. Il n'en est rien. Superstitions, tabous, préjugés encombrent d'autant plus l'obstétrique que cette science reste le plus souvent du ressort de sages-femmes dont beaucoup sont incultes.

En fait, la procréation ne se voit pas, elle s'imagine. C'est le domaine des visionnaires romantiques et mystiques. Rêve et poésie s'y confondent en une sorte de féerie baroque dont se dégage une beauté étrange et fascinante. Lorsque l'on découvre, vers la fin du XIXe siècle, que tout être provient de la fusion des noyaux respectifs de deux cellules mâle et femelle, prélude d'un phénomène grandiose de multiplication et de diversification cellulaire, la génération, en perdant un peu de son mystère, perd aussi beaucoup de son charme.

CHAPITRE I

LES INSTRUMENTS DE LA PROCRÉATION

« Dieu, s'exclame le docteur Venette au début de son inénarrable chef-d'œuvre, le *Tableau de l'Amour conjugal*, Dieu a créé avec un soin particulier les parties qui doivent servir à la génération de l'homme. A voir leur assemblage, leur proportion, leur figure et leur action; à considérer les esprits qui y sont portés, les chatouillemens[1] et les plaisirs que l'on y ressent, l'âme même qui y réside, puisque c'est par là qu'elle sort pour se communiquer, il n'y a point d'homme qui ne les admire et n'y doive faire de particulières réflexions[2]. »

Et toute réflexion sur la génération commence, en effet, à ce niveau.

1. *Nous avons choisi de respecter l'orthographe originale des citations figurant dans le présent ouvrage.*

2. *Liv. I, chap. 1, art. 1: « Des parties naturelles et externes de l'homme et de la femme qui servent à la génération », p. 1. de l'édition de 1695 (1re édition, 1685).*

Prestige et splendeur de la verge

« Plus un instrument est cognu, dit le chirurgien Jacques Duval, plus il est remarqué, désiré et souvent mis en usage par l'un et l'autre sexe, indice de sa plus grande excellence, noblesse et dignité, tant plus grande variété de noms on lui donne. » Aussi Duval n'a-t-il que l'embarras du choix pour désigner le phallus. Mais il se contente de citer une dizaine de noms pudiquement extirpés du latin : « pénis, veretrum, cauda, hasta, mulonis, vespa, mentulum, priapus, membrum virile... » Ce n'est pas tout. « Il s'en trouve, poursuit-il, un tel et si grand nombre, tous significatifs, tant entre les poètes plus lascifs, vulgaires, maquerelles et putains, que je ne peux tenter de les expliquer, de peur d'offenser le lecteur. » Le prestige de la verge explique enfin la convoitise des femmes qui « se la vendiquent comme pour se servir compétamment de son principal, plus noble et digne usage [1]. »

C'est précisément pour cette raison que l'une des « Dames galantes » de Brantôme, peu après la mort de son mari, « luy coupa ses parties du devant ou du mitan, jadis d'elle tant aymées, et les embauma, aromatisa, odoriféra de parfums et de poudres musquées et très odoriférantes, et puis les enchassa dans une boëte d'argent et d'or, qu'elle garda comme une chose très précieuse [2] ».

Dans le même esprit, le docteur Venette signale que la femme qui aperçoit par hasard une verge « par le défaut de quelques replis, sent son cœur échauffé au même instant par une passion de laquelle elle ne peut se défendre qu'avec peine ». Seul le cœur lui est comparable en ce qu'il a de noble. Aristote l'a bien senti puisqu'il souligne que le cœur et la verge sont « deux sortes d'animaux qui se remuent d'eux-mêmes [3] ».

Cette partie, d'ailleurs, a toujours été un objet d'adoration et de vénération. N'est-elle pas « le père du genre humain et l'origine des parties qui nous composent [4] »? L'Ancien Testament s'érige en protecteur de son inviolabilité et condamne la femme qui l'aurait maniée avec mépris à avoir la main coupée. Les Anciens la divinisèrent sous le nom de *Fascinus* (qui fascine) et lui vouèrent un culte dont l'existence est encore attestée par saint Augustin au Bas Empire. Le jour de leurs noces, les jeunes mariées s'asseyaient dévotement sur le bout d'une verge géante et attendaient de cette heureuse posture, jugée d'ailleurs fort séante par la morale publique, la certitude d'une abondante progéniture [5].

Ce genre de pratique subsiste en Italie du Sud jusqu'à la fin du XVIIIe siècle.

Saint Côme, successeur chrétien du païen Priape, y fait l'objet d'une adoration quasi fétichiste. En guise d'offrande, les dévotes lui apportent des phallus en cire qu'elles ont coutume de baiser en disant : « Bon saint Côme, c'est ainsi que je le veux. » Puis, elles en raclent la surface et avalent les raclures avec de l'eau. Et c'est ainsi que les femmes stériles deviennent, dit-on, fécondes! Le prestige de la verge demeure tel, aux yeux mêmes de l'Église, qu'elle rejette de son sein ceux qui y sont affligés de la moindre anomalie [6].

La mode extravagante que connaît la « braguette » ou « brayette » aux XVe et XVIe siècles n'est pas étrangère à l'éclat de la verge et correspond sans doute au désir

1. *Traité des hermaphrodits, parties génitales, accouchemens..., éd. de 1880, d'après l'édition originale de 1612, pp. 45-46.*

2. *Histoire des Dames galantes, Deuxième discours.*

3. *Venette : Op. cit., p. 23.*

4. *Ibid.*

5. *“ Adhibetur Priapus nimis masculus, super cujus immanissimum fascinum sedere nova nupta iubebatur more honestissimo et religiosissimo matronarum », in La Cité de Dieu, liv. VI chap. IX.*

6. *J. A. Dulaure : Des divinités génératrices chez les Anciens et les Modernes, 1805, pp. 222-223 de l'édition de 1905.*

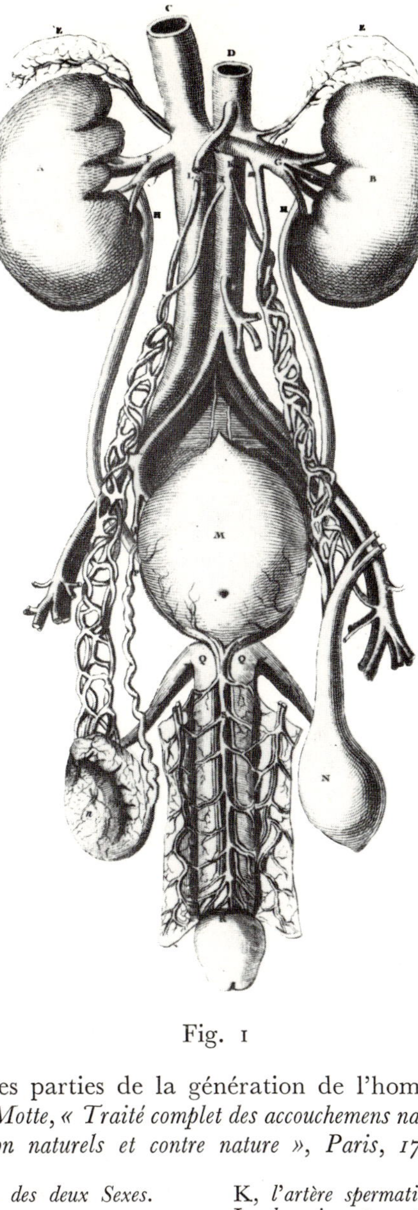

Fig. 1

Les parties de la génération de l'homme
La Motte, « Traité complet des accouchemens naturels, non naturels et contre nature », Paris, 1715

Des Parties Nat. des deux Sexes.

A, *le rein droit.*
B, *le rein gauche.*
C, *la veine cave.*
D, *l'aorte descendante.*
E,E, *vaisseaux des capsules atrabilaires.*
F, *la veine-émulgente droite.*
G, *la veine-émulgente gauche.*
F, *l'artère-émulgente droite.*
G, *l'artère-émulgente gauche.*
H,H, *les uretères.*
I, *l'artère spermatique droite.*
K, *l'artère spermatique gauche.*
L, *la veine spermatique droite.*
m, *la veine spermatique gauche.*
M, *la vessie.*
N, *testicule gauche renfermé dans sa tunique vaginale.*
n, *testicule droit couvert de sa tunique albuginée.*
O, *l'épididyme.*
PP, *vaisseaux déférents.*
QQ, *corps caverneux.*
R, *le gland de la verge.*
S, *veine située sur le dos de la verge.*

d'exhiber le plus digne attribut de l'homme. A l'origine, il s'agit d'une sorte de fourreau de cuir, entièrement séparé du haut de chausses et moulant très exactement les formes secrètes de la virilité. Cette mode commence d'ailleurs à décliner au temps de Montaigne. « Que vouloit dire, écrit ce dernier, cette ridicule pièce de la chaussure de nos pères, qui se voit encore en nos Suisses? A quoy sert la monstre que nous faisons à ceste heure de nos pièces en forme sur nos gregues; et souvent, qui pis est, outre (accroît) leur grandeur naturelle par fausseté et imposture [1]?»

L'histoire de France mentionne le caractère sacré de la verge : « Villandré commit un crime de lèse-majesté pour avoir touché de la main les parties naturelles de Charles IX [2]. » La littérature elle-même se fait l'écho des mentalités populaires en exprimant, à travers les innombrables facéties de Lamotte Roullant, de Béroald de Verville, du Pogge et à travers toutes sortes d'ouvrages libertins, la très haute considération qui s'attache au membre viril.

Et l'admiration même des peuples sauvages pour la verge en souligne l'exaltation universelle. « Les Caffres (peuples d'Afrique australe) se disent glorieux, écrit l'abbé de Lignac, quand ils ont coupé en guerre plusieurs membres virils à leurs ennemis; ils en font présent à leurs femmes, et celles-ci en font des colliers qui flattent leur vanité [3]. »

Plus encore que la verge, son émanation, le sperme, est d'essence divine. Les Anciens, déjà, en faisaient l'éloge. Selon Pythagore, il est « l'écume de notre meilleur sang ». Platon y voit le « doux écoulement de la moelle de l'épine dorsale » et Alcméon « la plus pure et la plus délicate partie du cerveau ». Démocrite pense que la semence est une « substance de tout notre corps ». Épicure la qualifie « d'élixir, d'extrait ou d'abrégé de notre âme et de notre corps ». Hippocrate croit que le sperme descend du cerveau et se mêle aux humeurs les plus subtiles de l'organisme. Ce sentiment de lassitude physique que ressentent ceux qui viennent de consommer l'union charnelle en est la preuve. Galien est du même avis. « Cette humeur, dit-il, a ses veines et ses nerfs qui la portent de tout le corps aux testicules. En perdant la semence, on perd en même temps l'esprit vital; ainsi, il n'est point étonnant qu'un coït trop fréquent énerve puisqu'il prive le corps de ce qu'il a de plus pur [4]. »

1. *Montaigne : Essais, livre I, chap. 1.*

2. *Venette : Op. cit., p. 3.*

3. *De l'homme et de la femme considérés physiquement dans l'état de mariage, Lille, 1778, tome I, p. 147, chap.: « Des parties de l'homme qui servent à la génération. » Également cité par Venette, p. 4.*

4. *Cité dans Tissot : L'Onanisme ou dissertation physique sur les maladies produites par la masturbation, 1760, édition de 1905, p. 55.*

Loin de renouveler la pensée des Anciens, les Modernes renchérissent. Friedrich Hoffmann (1660-1742) y voit même une confirmation de sa théorie organiciste qui nie que l'âme se distingue de la matière. « On comprend aisément, écrit-il, le rapport étroit qui existe entre le cerveau et les testicules, puisque ces deux organes séparent du sang la lymphe la plus subtile et la plus exquise, qui est destinée à donner la force et le mouvement aux parties, et à servir même aux fonctions de l'âme et du corps [1]. » Le docteur Tissot parle de « l'huile essentielle des liqueurs animales, ou plus exactement, peut-être, d'esprit recteur dont la dissipation laisse les autres humeurs faibles et en quelque façon éventées [2] ».

Et pourtant, par un paradoxe qui n'est ni le seul, ni le plus frappant en matière de génération, la verge, dont l'Église admet implicitement le caractère sacré, est en même temps un instrument diabolique. C'est l'agent privilégié de Satan dans son action contre les hommes. Si Dieu le tolère, c'est que la verge est à l'origine du péché originel et l'instrument de sa propagation [3]. L'Église se trouve ici à la confluence de ses sentiments « phallocrates » et de son refoulement sexuel. D'où une attitude ambiguë où se mêlent tout à la fois l'exaltation du sexe masculin et la haine du sexe tout court. On remplirait des folios de citations théologiques flétrissant la verge et évoquant l'intervention de Satan. L'une d'elles mérite mention.

Jakob Sprenger, démonologue de la fin du XVe siècle, parle d'une croyance selon laquelle certaines sorcières réunissent une trentaine de membres virils qu'elles ont escamotés et qu'elles déposent dans un nid. « Là, ils s'agitent et se nourrissent de grains, ce que plusieurs ont raconté! » Un homme constate que, sous l'effet de quelque prodige, son bien le plus précieux a disparu. Il s'adresse à une sorcière en renom et lui demande réparation du mal par la pratique d'une greffe dont elle a le secret. La sorcière le fait grimper à un arbre. Dans un nid, sautillent plusieurs membres. Il en choisit un, le plus gros. « Surtout pas celui-là, s'exclame-t-elle, il appartient à un curé de la paroisse [4]. »

1. *Friedrich Hoffmann : Opera omnia physico-medica, Genève, 1740, liv. I, sect. II, chap. XII, p. 76, « De semine humano utriusque sexus ».*

2. *Tissot, ibid., p. 58.*

3. *J. Sprenger et H. Institutor: Malleus maleficarum, l. II, chap. VI. Qn. I, p. 210 de l'édition de 1576 (1re éd. 1488). Trad. française : Le Marteau des sorcières, par Amand Danet, coll. : « Civilisations et mentalités », Paris, 1973.*

4. *Ibid., l. II, chap. VII, Qn. I.*

Les « parties honteuses » de la femme

Les parties génitales de la femme, comme la verge, ont fait couler beaucoup d'encre. Mais ici, le ton change. La verge a grande et belle allure, elle est vivante et se dresse

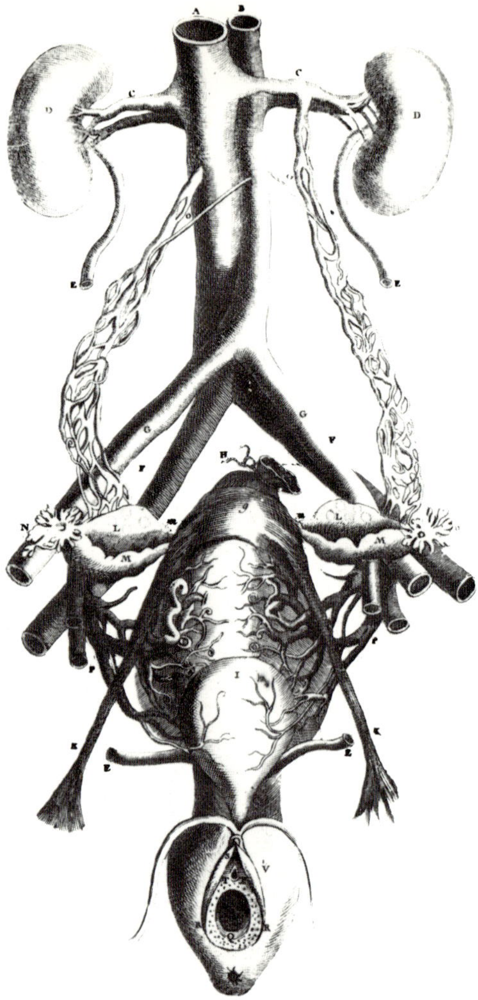

Fig. 2

Les parties de la génération de la femme
La Motte, « Traité complet des accouchemens naturels, non naturels et contre nature », Paris, 1765

A, *la veine cave.*
B, *l'aorte descendante.*
CC, *la veine & l'artère émulgentes.*
DD, *les reins.*
EE, *les uretères coupés.*
FF, *les veines iliaques.*
GG, *les artères iliaques.*
g, *le fond de la matrice.*
H, *l'intestin rectum lié.*
I, *la vessie.*
KK, *les ligamens ronds de la matrice.*
LL, *les ovaires.*
MM, *les trompes de Fallope.*
mm, *les ligamens larges.*
NN, *les morceaux frangés.*
OO, *les veines & les artères spermatiques.*
PP, *les veines & artères qui viennent des hypogastriques.*
Q, *l'entrée du vagin.*
RR, *les lèvres de la vulve.*
S, *le clitoris.*
TT, *les nymphes.*
V, *l'orifice de l'uréthre.*

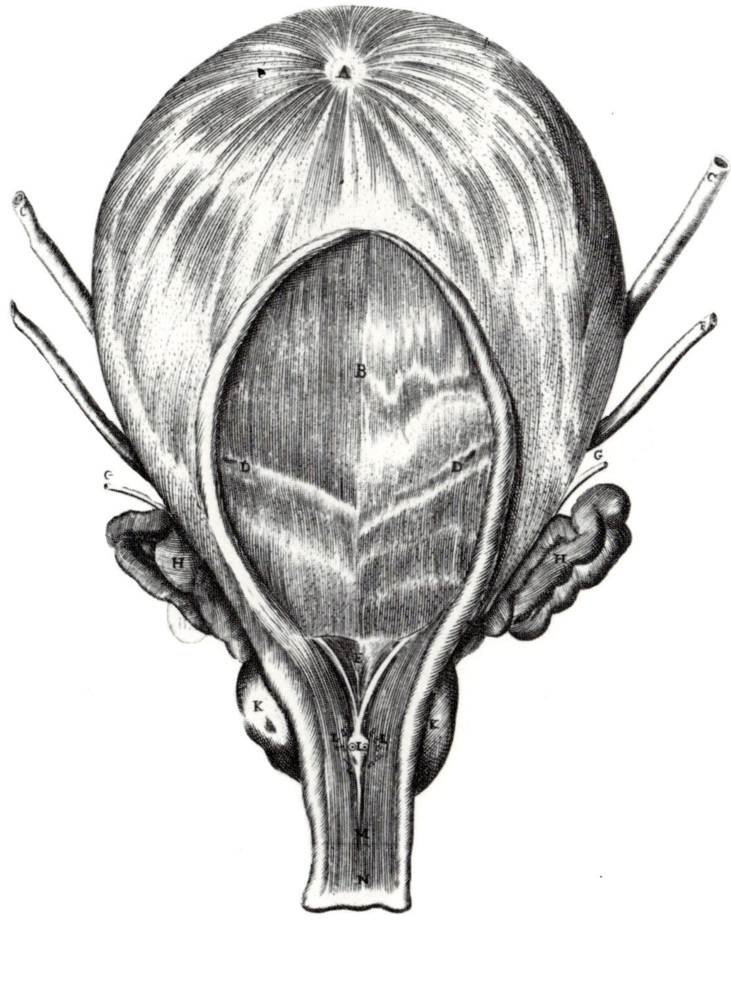

Fig. 3

La matrice de la femme

Regner de Graaf, « Nouveau traité des parties génitales de la femme », Lyon, 1672

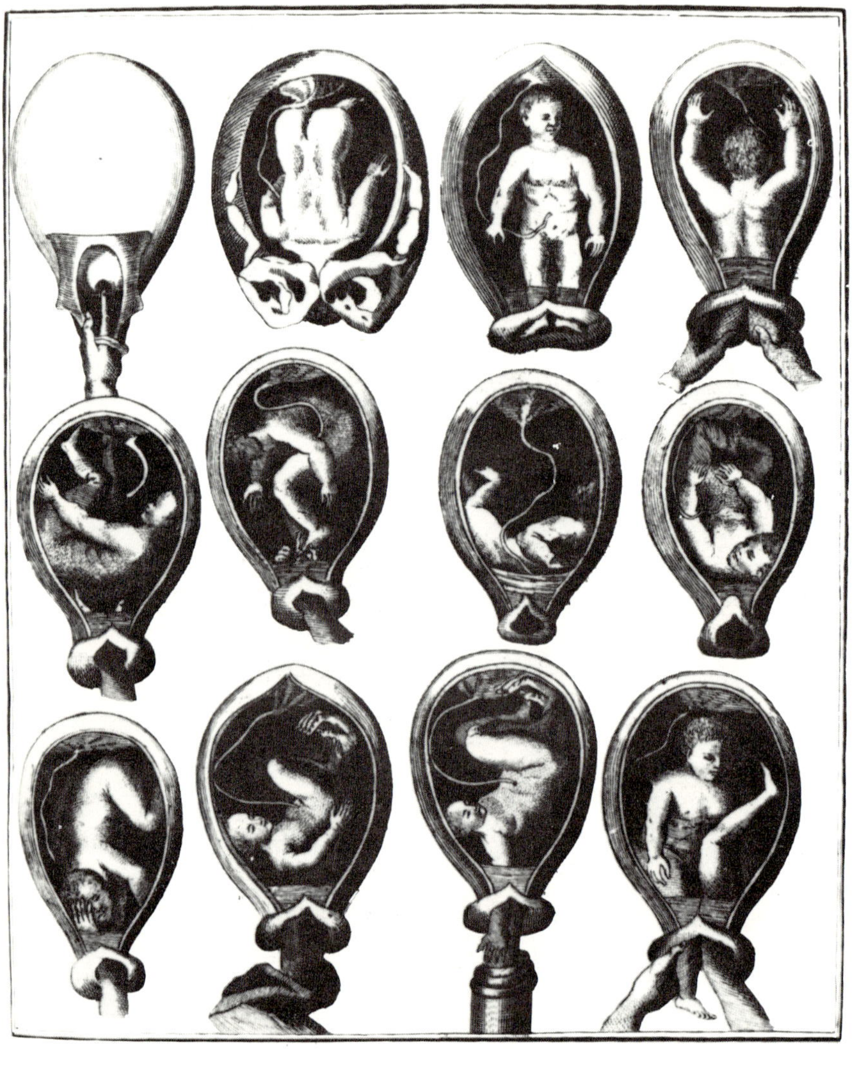

Fig. 4

Les diverses positions du fœtus dans la matrice
La Motte, « Traité complet des accouchemens naturels, non naturels et contre nature », Paris, 1765

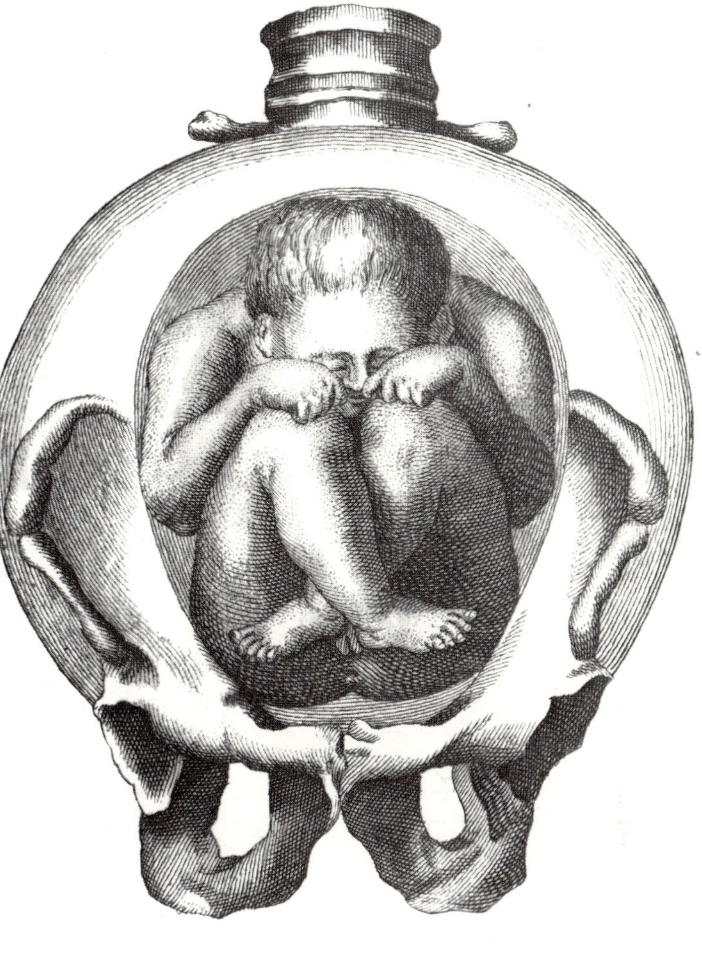

Fig. 5

Le fœtus avant la culbute

« Tous ceux qui ont écrit de la situation de l'enfant dans la matrice, disent qu'il a le dos tourné du côté de la mère, les talons auprès des fesses, les mains sur les genoux, et la tête appuyée dessus, jusqu'au septième mois. Que dans ce tems là, la tête venant à s'appesantir par l'augmentation de son volume, elle entraine le corps par son poids, lui fait faire la culbute, et par conséquent tomber la tête en bas et les pieds en haut ».

La Motte, « *Traité complet des accouchemens naturels, non naturels, et contre nature* », *Paris, 1765.*

fièrement. Les « parties honteuses » de la femme n'évoquent au contraire, dans leur passivité, qu'une morne platitude. Néanmoins elles portent, elles aussi, une infinie variété de noms. Jacques Duval parle de « porche », de « première porte du cabinet », de « conduit muliëbre », de « sein de pudicité » ou de « vestibule ». « La partie honteuse de la femme, dit-il encore, est aussi nommée par ce beau nom trigamme qui reçoit la 3e, 15e et 14e lettre de l'alphabet... Et le sieur Veneur, vivant évesque d'Évreux, l'appellait vallée de Josaphat où se faict le viril combat [1]. »

Le révérend père Sinistrati d'Ameno qualifie le clitoris de « douceur d'amour », de « taon de Vénus [2] » et le docteur Liébault, tout simplement, de « queue [3] ». Nicolas Venette, plus prosaïque, donne au col de la matrice le nom de « porte de la pudeur », ou d' « étui viril [4] ». Mais le facétieux Béroald de Verville, auteur du *Moyen de parvenir*, est de loin le plus prolixe. C'est le « cela », le « minon », le « pétiot de délectation », le « petit crot à faire bonbon », le « chose », le « con », c'est « celui qui regarde contre bas », « celui qui a perdu de l'argent » (car les parties naturelles de la femme portent aussi le nom de « pauvreté [5] »)...

Ce vocabulaire n'évoque rien que de très charmant, mais c'est en vain qu'on y chercherait le moindre attribut de prestige. Les attributs diaboliques, par contre, ne manquent pas. C'est en ce lieu, ne l'oublions pas, que s'est perpétré le péché originel. « Devinez, s'exclame Duval, devinez, jouvenceaux vénéréiques et Adonis vermeillonez, quel il est. Je l'ai ouy nommer sépulchre et monument au père Anne de Joyeuse, en un sermon qu'il fit dans l'église de Saint-Germain-l'Auxerrois, au temps du Caresme de l'an 1607, par ce, disoit-il, que les membres s'y ramolissoient et y encouroient souvent carie et corruption. » C'est aussi « la porte d'enfer et l'entrée du Diable, par laquelle les sensuels gourmands de leurs plus ardens libidineus désirs descendent en enfer [6] ».

Une sorte d'exécration s'attache donc aux « parties honteuses » de la femme. Ce préjugé servit d'ailleurs à justifier l'usage purificateur qui consistait à « faire le poil ». Les étuviers, dès le XVe et jusqu'au XVIIe siècle, furent maîtres en l'art de faire disparaître le « poil honteux », c'est-à-dire de raser, de tondre ou d'arracher avec des pinces tout le poil qui entoure le sexe féminin et même masculin. Cette habitude était l'apanage exclusif des gens sages. Il n'y avait que les femmes dissolues pour se le

1. Duval : Traité des hermaphrodits, ibid., p. 60.
2. Père Luigi Maria Sinistrati d'Ameno, De la sodomie, et particulièrement de la sodomie des femmes distinguée du tribadisme (XVIIe siècle), traduit du latin d'après le manuscrit original par Isidore Lisieux, 1883.
3. Jean Liébault : Trois Livres des maladies et infirmitez des femmes, Rouen, 1649, p. 506.
4. Tableau de l'amour conjugal, chap. I, art. 3, « Des parties naturelles et internes de la femme », p. 18.
5. Béroald de Verville (XVIe siècle) : Le Moyen de parvenir, édition de 1880.

6. Traité des hermaphrodits, p. 60, saint Augustin et saint Thomas d'Aquin parlent de porta inferni et janua diaboli.

peigner, se le friser, se le parfumer avec mille recherches de sensualité obscène, au lieu de se livrer à une tonte périodique. Ces coquettes du sexe se rencontraient volontiers à la cour des rois de France. Brantôme évoque, dans le deuxième discours de ses *Dames galantes*, la recherche capricieuse avec laquelle des courtisanes personnalisaient le poil de leurs parties : « Les unes, dit-il avec cynisme, y ont le poil nullement frisé, mais si long et pendant que vous diriez que ce sont les moustaches d'un Sarrazin, et pourtant n'en ostent jamais la toison et se plaisent à la porter telle... Aucunes, au contraire, se plaisent à la tenir et à la porter raz, comme la barbe d'un prebstre. »

Une plus haute considération s'attache aux parties génitales internes de la femme et tout particulièrement à la matrice. « Elle est le lieu où les trésors de la nature sont cachés », s'exclame Venette. C'est un organe merveilleusement fonctionnel car, situé « au bas du ventre, entre la vessie et le gros boyau, qui servent comme de coussins au plus fier et au plus superbe de tous les animaux pendant qu'il demeure dans les flancs de sa mère [1] ».

Surtout, la femme est une terre, et la matrice en est le point le plus fertile. C'est un thème favori des médecins et des philosophes. Nous verrons plus loin qu'il porte une lourde signification misogyne. « Pour que la génération se fasse, estime le docteur André du Laurens, il faut que les semences fécondes et pures soient versées en la matrice, comme au champ et jardin très fertile de Nature [2]. » Paracelse explique que « si la femme est un champ, elle se comporte comme le champ du monde. Or le champ est une terre et un réceptacle ». Plus loin, il écrit que si la matrice fécondée est « l'arbre qui naît de la terre, l'enfant est le fruit qui croît de l'arbre [3]. » Venette est encore plus concis : « La semence de l'homme se communique à celle de la femme comme l'humeur de la terre se filtre dans la semence d'une plante par son germe [4]. » « Comme la terre fertile et féconde nourrist de sa chaleur le grain et l'excite à germer, note également Liébault, aussi la matrice féconde, par une faculté qui luy est spéciale et particulière, excite la vertu générative et comme assoupie dedans la semence [5]. » Certaines femmes, écrit-il plus loin, sont de mauvais terroirs avec leur mari et ne donnent que des filles. « Les laboureurs sçavent bien que la semence peu à peu diminuë sa force et en fin s'abastardit si on la continue en un même terroir [6]. » Ainsi, certains hommes qui n'ont eu que des filles d'une première femme, changent

1. *Tableau de l'amour conjugal, éd. de 1696, chap. I, art. 4, « Des parties naturelles et internes de la femme », p. 18.*

2. *Du Laurens : Toutes les œuvres, trad. du latin par Gelée, 1621, p. 392.*

3. *Œuvres complètes, éd. de 1920, t. I, p. 153. Ibid., p. 201.*

4. *Venette, op. cit., p. 303.*

5. *Liébault, l. III, chap. V, p. 525.*

6. *Ibid., pp. 561-562.*

de femme et n'ont que des garçons de ce nouveau terroir.

La matrice n'est pas seulement une terre, c'est aussi un animal doué de sentiments passionnés et d'un instinct surprenant. « C'est un animal qui se meut extraordinairement quand elle hait ou qu'elle aime passionnément quelque chose. » Sa prédilection pour la verge est notoire, et c'est par un mouvement précipité qu'elle « s'approche du membre de l'homme pour en tirer de quoi s'humecter et se procurer du plaisir [1] ». Du Laurens voit dans la matrice « un animal remply de concupiscence et pour ainsi dire friand et envieux [2] ».

Mais c'est pour le sperme masculin que la matrice éprouve la passion la plus vive. Ce sentiment se comprend d'autant mieux que la semence émise par les testicules de la femme est notoirement insipide. Le docteur Venette en sait quelque chose. Lors de la dissection d'une jeune fille de vingt ans : « Je trouvay, note-t-il, ses testicules si pleins de semence, qu'au premier coup de scalpel, la matière renfermée rejaillit aussi-tôt contre mon visage, et m'en étant par hazard tombé sur les lèvres, j'y portay la langue sans y penser, et j'en goutay assez pour la trouver fade, dégoûtante et un peu austère [3]. » Lorsqu'on sait que le sperme de l'homme est au contraire un élixir délicat, on comprend que la matrice fasse mille folies pour s'en abreuver. « Elle attire la semence virile, écrit Du Laurens, comme le cerf par l'inspiration de ses nazeaux tire les serpens du profond de leurs trous. » Dans son désir de n'en pas perdre une seule goutte, elle « luy court donc au devant, jusques à la partie honteuse, et avec son orifice intérieur comme avec une main, l'attire et la serre dans sa cavité ». Et c'est pourquoi « la matrice est un champ de concupiscence, désireuse et comme affamée de la semence [4] ».

Cette passion tourne parfois à l'idée fixe. « Telle liqueur, remarque Liébault, luy est gratieuse et plaisante, qui est cause que la matrice, au défaut de telle humectation, le plus souvent voltige par tout le ventre, cherchant quelque humeur pour estre humectée [5]. » Plus loin, il ajoute qu' « elle est si cupide de semence virile, la désire tant et prend si grande délectation à l'attirer, succer et retenir qu'elle n'a jamais trop grande quantité de matière à son goût [6] ». Voilà de quoi justifier le commun proverbe du Moyen Age selon lequel « trois choses au monde sont insatiables : le feu, la mer et la matrice ».

Mais l'aspect le plus touchant de la personnalité de la matrice est sans nul doute « une envie incroyable de

1. Venette, op. cit., p. 18.

2. Du Laurens : Toutes les œuvres, p. 392.

3. Venette : Tableau de l'amour conjugal, liv. II, chap. IV, art. 2 : « Exacte description des parties naturelles et internes de la femme », p. 260.

4. Du Laurens, op. cit., p. 395.

5. Trois Livres des maladies des femmes, p. 209.

6. Ibid., p. 524.

concevoir et de procréer » (Liébault) et un profond instinct maternel. Une fois la semence recueillie, « cette noble et divine artisane commence son ouvrage et se bastit un logis propre pour y exercer ses fonctions [1] ». Et c'est ainsi que, selon la belle image de Venette, les semences mâle et femelle se mélangent dans la matrice, « qui les reçoit comme une bonne mère dont elle s'est attribuée le nom. Elle les couve, pour ainsi dire, par sa chaleur modérée, afin de faire un jour de ces semences animées (douées d'une âme) la plus belle production que la nature ait jamais tentée. » C'est toujours dans la matrice que le fœtus est conservé « comme le plus riche trésor de la nature, et se sentant doucement pressé comme par de petites caresses, il semble qu'il s'en réjouisse par les légers mouvements qu'il commence imperceptiblement à faire sentir à sa mère [2] ».

1. Du Laurens, op. cit., p. 524.

2. Liv. I, chap. I, art. 2 : « Des parties naturelles et internes de la femme », p. 18. (On a cru, pendant très longtemps, que les ovaires de la femme émettaient, non des ovules, mais du sperme procréateur qui coulait dans la matrice et se mêlait au sperme de l'homme.)

La conjonction des sexes : un impératif divin

Tour à tour odieux ou divin, l'acte sexuel suscite, lui aussi, des réflexions variées et ambiguës. Qu'il ait pour but essentiel la propagation de l'espèce, comme le veut saint Augustin, ou de tempérer la concupiscence de l'homme, selon la pensée de saint Paul, le coït est au centre du saint sacrement du mariage. Bien plus, le pouvoir mutuel que les époux se donnent sur leur corps en présence de Dieu confère à l'acte charnel une dimension spirituelle. C'est pourquoi l'impuissance masculine ou féminine constitue, aux yeux de l'Église, un « empeschement dirimant » entraînant l'annulation du mariage. Et c'est au nom du caractère sacré des rapports conjugaux que s'établissent, vers la fin du XVIe siècle, d'étranges procédures de dissolution de mariage. L'épouse qui a quelque raison de s'estimer inassouvie peut traîner son mari devant l'Official (juge ecclésiastique). Là, elle le soumet à l'étonnante épreuve du congrès. En présence de sages-femmes, de chirurgiens et de médecins, le malheureux doit faire, sur sa conjointe, la preuve de sa puissance virile. En 1672, le procureur Lamoignon, dans un réquisitoire resté célèbre, dénonce le caractère abusif, inefficace et obscène de cette procédure et en obtient l'abolition [3]. Il est vrai qu'elle était déjà discréditée. Quelques années auparavant, le marquis de Langey avait piteusement échoué au cours d'un congrès mémorable au terme duquel il avait été

3. Plaidoyé contre le congrès, Paris, 1680.

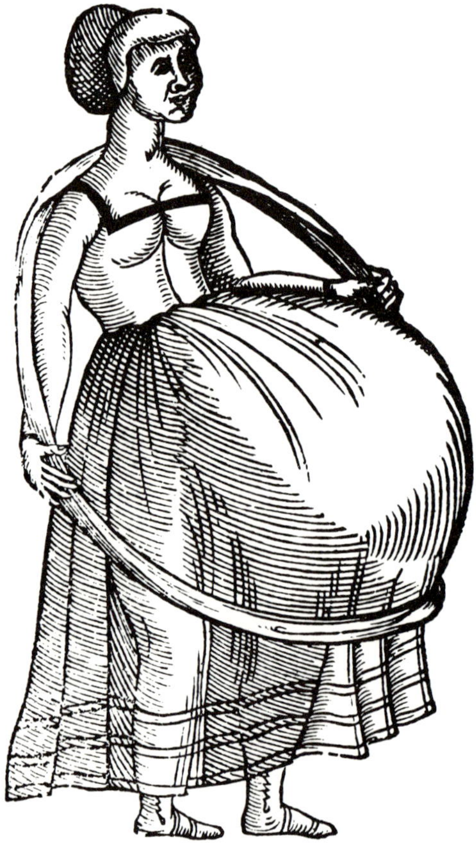

Fig. 6

« Chose admirable d'une femme qui porta trente six enfant »

« En la province de Cracovie, Marguerite, dame fort vertueuse et de grande et ancienne maison, femme d'un comte dict Virboslaüs, accoucha le XX jour de janvier 1269, d'une ventrée de trente six enfans vifs » *Ambroise Paré, XXIV*^e^ *livre « De la Génération »*.

jugé impuissant. Mais il eut huit enfants d'un nouveau mariage!

Au congrès se substitue aussitôt une procédure non moins singulière : la « preuve de l'érection », de la « tension élastique » ou du « mouvement naturel ». En présence de quatre chirurgiens et médecins qui, sans nul doute, n'ont rien d'excitant, le patient est mis en demeure d'exhiber une verge en état d'érection. Parfois, on pousse l'indécence jusqu'à requérir « la preuve de l'éjaculation », véritable congrès solitaire. Et comme si cela n'était pas suffisant, on vit un malheureux, qui s'en était pourtant ponctuellement affranchi, déclaré impuissant pour « semence trop claire ». Un autre se vit reprocher d'avoir une érection « trop molle » et d'être inapte à l'intromission dans le « vaisseau ordinaire ». On en conclut que la matière « devoit se répandre au dehors et, par conséquent, que la génération ne pouvoit s'ensuivre [1] ».

Par contre, la stérilité n'annule pas les mariages et n'est pas justiciable des tribunaux ecclésiastiques. C'est donc bien l'acte en tant que tel, pour son seul prestige intrinsèque et non pour sa vertu prolifique, que l'Église met en cause. « Ce n'est pas une cause légitime de rompre un mariage, lit-on dans un curieux *Arrest contre les chastrez;* il suffit que l'homme et la femme ayant leurs outils naturels extérieurs préparés pour cet effet, le reste despend de la grâce de Dieu, et non pas de l'homme [2]. » Malgré tout, bien des annulations de mariage pour cause d'impuissance incriminent pudiquement la stérilité, et l'union charnelle sera le plus souvent présentée, dans la doctrine officielle de l'Église, comme un acte avant tout nécessaire à la pérennité de l'espèce.

Effectivement, le coït « procède d'un conseil indicible de Dieu » qui a enjoint aux hommes de multiplier le nombre des élus en vue du Jugement dernier (*Genèse*, 16 [3]). Aussi donna-t-il à l'homme la femme « pour son aide et compagnie et mit à l'un et à l'autre une vertu d'amour et un désir d'engendrer lignée [4] ».

Le plaisir d'engendrer

C'est pourquoi l'appétit sexuel se manifeste avec une impétuosité qui rend impossible toute transgression de la volonté divine. « C'est une rage et cupidité furieuse » (Paré), un « incroyable désir du congrès », une volupté

1. Pierre de Combes : Recueil tiré des procédures civiles faites en l'officialité de Paris, Paris, 1725, p. 325 et suiv. : « Des nullitez de mariage pour cause d'impuissance ».

2. Arrest contre les chastrez, avec deffence à eux de contracter mariage, comme estans trompeurs et affronteurs de filles et de femmes, Paris, 1619, p. 4.

3. Liébault, op. cit., p. 520.

4. Paré : Toutes les œuvres, La manière d'habiter et faire génération, liv. XXIV, chap. I, p. 925, éd. de 1585.

effrénée » (Du Laurens), « une merveilleuse et chatouilleuse volupté » (Liébault) [1].

1. Paré, op. cit., p. 925. Du Laurens, op. cit., p. 383. Liébault, op. cit., p. 520.

Les médecins s'attardent volontiers sur la nature du plaisir sexuel. Pour Liébault, « Nature a donné aux parties génitales un merveilleux sentiment plus aigu et vif qu'à nulle autre partie par le moyen des nerfs qui y sont dispersés ». Mais pour l'essentiel, le plaisir vénérien n'est qu'une simple forme de démangeaison. Une « humidité séreuse », mélangée à la semence, provoque « une acrimonie picquante et aiguillonnante avec un petit prurit et démangéson qui irrite lesdites parties génitales à faire leur action [2] ». Cette « humidité séreuse » est, selon Paré, en tous points semblable aux « humeurs aigres et acres » qui, « accumulées sous le cuir », chatouillent, démangent et provoquent, chez celui qui se gratte, « un grand plaisir ». Mais les parties génitales sont le siège d'une volupté encore plus grande car « estans aiguillonnées de cent esprits, elles sentent un plaisir, principalement à l'heure du coït [3] ».

2. Liébault, op. cit., p. 135 et Paré, op. cit., p. 926.

3. Paré, op. cit., p. 926.

L' « excrément humide et bénin qui vient du cerveau » n'est pas la seule cause de plaisir. Les « ventosités pleines d'esprits vitaux qui procèdent du cœur » et « une concupiscence et appétit naturel, lequel prend sa source du foye » jouent aussi un rôle important [4]. D'autres attribuent la jouissance aux « sels de la semence ». Dionis réfute cette théorie, car les sels ont « trop d'âcreté et de pointes » pour ne provoquer qu'une douce « titillation ». Les « esprits » sont plus vraisemblablement à l'origine de la volupté « parce qu'étant des particules souples et mobiles, ils effleurent et chatouillent plus qu'ils ne pénètrent [5] ».

4. Ibid.

5. Dionis : Dissertation sur la génération de l'homme, Paris, 1698, p. 39.

Quelques réflexions de bon sens émergent pourtant de ce fatras. Ambroise Paré a le mérite d'avoir senti que le plaisir sexuel, bien que dicté par l'impératif de la procréation, est aussi, et peut-être avant tout, une question d'atmosphère. Le chapitre qu'il consacre à « la manière d'habiter et faire génération » reflète une philosophie du plaisir où l'acte proprement dit se trouve précédé d'un cérémonial que le célèbre chirurgien élève à la hauteur d'un rite :

« L'homme estant couché avec sa compagne et espouse, la doit mignarder, chatoüiller, caresser et esmouvoir, s'il trouvoit qu'elle fust dure à l'esperon : et le cultivateur n'entrera dans le champ de Nature humaine à l'estourdy, sans que premièrement n'aye fait ses approches, qui se feront en la baisant, et luy parlant du jeu des dames rabattues : aussi en maniant ses parties génitales et petits mamelons, à fin qu'elle soit aiguillonnée et titillée, tant qu'elle soit esprise des désirs du masle (qui est lors que sa matrice luy frétille) à fin qu'elle prenne volonté et appétit d'habiter et faire une petite créature de Dieu, et que les deux semences se puissent rencontrer ensemble [1]. »

Le lyrisme médical du docteur Liébault est de la même veine. L'acte conjugal doit se dérouler selon une étiquette rigoureuse, avec une sorte de faste et d'apparat. La femme, allongée sur un lit de plume parfumé de musc, de civette et de rose, doit s'y préparer physiquement et moralement, dans un état de concentration dévote. Liébault ajoute une note d'originalité au rite préparatoire en faisant intervenir un troisième personnage :

« Que la servante de l'espouse luy lise quelque plaisante histoire d'amour, qu'elle luy frotte l'espine du dos d'huyle de renard... qu'elle luy frotte, le plus mignardement qu'il se pourra avec la main la matrice, jusques à temps qu'elle commence à sentir quelque petit feu et plaisir. » Alors, on fait entrer le mari, on le met au lit. On apporte aux époux deux jaunes d'œufs dont la digestion doit perfectionner la semence. Tout est prêt : « L'amoureux commence à chatouiller l'amoureuse, s'entre-baiser et s'entr'enflammer jusques au dernier degré de plaisir. Aussi tost, l'amante haussera les genoux, élargira les cuisses, embrassera estroictement le guerrier, lequel poussera le plus profondément sa lance jusques à tant que la semence soit entrée jusques au lieu de la génération [2]. »

1. Paré, op. cit., pp. 925-926.

2. Liébault, op. cit., pp. 251-252.

Physiologie du coït

Malgré ses aspects exaltants, l'acte sexuel n'en présente pas moins un côté répugnant. Ce n'est pas en vain que la nature a soumis l'homme aux aiguillons du plaisir. Sans la tyrannie du sexe, le genre humain serait bientôt condamné. « Car qui est-ce, je vous prie, souligne Du Laurens, celuy qui voudroit s'adonner à chose si vilaine et si sale qu'est le coït? Avec quel visage, cet animal plein de conseil et de raison, que nous appellons Homme, manieroit-il les parties honteuses de la femme, souillées de tant d'ordures, qui pour leur saleté, ont esté mises au plus bas lieu, comme en l'esgoust et sentine de tout le corps [3] ? »

Le siège même du plaisir vénérien est abject. On ne peut considérer sans répugnance « le conduit du champ de nature humaine et les immondices qui passent par iceluy, et ses voisins, le boyau cullier et la vessie [4] ». Liébault est

3. Du Laurens, op. cit., p. 383.

4. Paré, op. cit., p. 926.

aussi sévère. Le col de la matrice est « le receptacle et passage des excrémens de tout le corps de la femme et un lieu qui n'est pas beaucoup perspirable [1] ». Aussi ne faut-il pas s'étonner de l'apparition de tumeurs en un tel endroit, « veu que la matrice est comme la sentine et cloaque des excrémens de tout le corps féminin, sans faire mention d'autres ordures qu'elle peut recevoir [2] ».

L'acte vénérien est d'ailleurs le prélude de telles souffrances qu'il n'y aurait point de femmes pour s'y soumettre sans l'amorce du plaisir. « Qui est la femme, écrit Du Laurens, qui se voudroit livrer aux embrassemens de l'homme, veu que la grossesse de neuf mois est si laborieuse, l'accouchement accompagné de si cruelles douleurs, et la nourriture de l'enfant si pleine de chagrin et de soucy [3]? »

Cet instinct indomptable a amené les naturalistes à se pencher sur la physiologie du coït et de l'érection masculine. Les Anciens expliquaient le phénomène par un continuel apport d'esprits. Sans nier le rôle des esprits, Jacques Duval parle, dès le XVIe siècle, d'un afflux sanguin à l'intérieur de la verge qu'il décrit comme formée d'une matière spongieuse. « Le sang et chaud esprit vital, écrit-il, stimulé par quelque objet ou commémoration, s'espandant et coulant dans ces parties veules (creuses) et caverneuses, les estend, enfle et engonfle (gonfle) de telle sorte que ce qui estoit auparavant lasche, pendant et ridé, s'estend, dresse, bande et roidit si fort qu'il se trouve quelque amorce suffisante pour induire et stimuler l'homme à la culture du champ humain [4]. »

Un siècle plus tard, Nicolas Venette, niant le rôle du sang, se rallie malgré tout à l'opinion des Anciens. « Ce sont, dit-il, deux tuyaux que l'on nomme nerveux et caverneux qui, par la voie des artères et des nerfs, portent des esprits qui roidissent et endurcissent tout le corps de la verge. » Mais les esprits ne suffisent pas, un autre facteur intervient. Ce n'est pas le sang, mais un ensemble de petits muscles. En effet, « la verge ne sauroit s'élever sans muscles... il seroit même impossible que la semence fût dardée comme elle l'est si d'autres petits muscles ne pressoient pour l'en faire sortir avec précipitation [5] ».

Dionis se dit quant à lui « désabusé de l'opinion des Anciens qui croioit qu'elle (la verge) étoit gonflée par des esprits... La raison veut qu'une si forte tension ne se puisse pas faire par du vent, mais par quelque chose de plus grossier tel qu'est le sang [6] ».

La physiologie du coït féminin suscite un intérêt moin-

1. *Liébault, op. cit., p. 513.*

2. *Ibid., p. 510.*

3. *Du Laurens : Toutes les œuvres, p. 303. Paré : « Si la femme avoit esgard au mal qu'elle doit avoir de porter l'enfant neuf mois en son ventre, et l'extreme douleur d'enfanter, jamais ne désireroit avoir compagnie d'homme », p. 926.*

4. *Traité des hermaphrodits, parties génitales, accouchemens..., 1612, éd. de 1880, pp. 48-49.*

5. *L. I, chap. I, art. I : « Des parties naturelles et externes de l'homme », 1696, p. 2.*

6. *Dissertation sur la génération de l'homme, 1698, pp. 36-37.*

dre. Il est vrai que les manifestations en sont moins apparentes malgré les réactions intéressantes du clitoris. Cet organe est en tous points semblable à une verge, mais à une verge dégénérée. « C'est là, écrit Venette, que la nature a placé ces chatouillemens excessifs, et qu'elle a établi le lieu de la lascivité des femmes. Car, dans l'action de l'amour, le clitoris se remplit d'esprits, et se roidit ensuite comme la verge d'un homme : aussi en a t'il les parties toutes semblables. On peut voir ses tuyaux, ses nerfs et ses muscles: il ne lui manque ni gland, ni prépuce; et s'il étoit troué par le bout, on diroit qu'il est tout semblable à un membre viril [1]. »

Contre toute attente, un anatomiste du XVIIIe siècle se dira même persuadé de la perforation du clitoris et de ses possibilités d'engendrer comme une verge [2].

1. L. I, chap. I, art. 3 : « Des parties naturelles et externes de la femme », p. 13.

2. Cf. chap. VII : « Peut-on procréer sans homme?, parag. : Enfants de mère et de mère, p. 113.

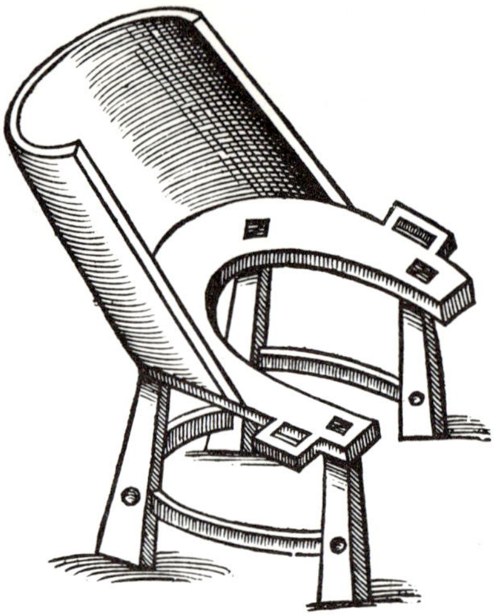

Fig. 7

Chaise obstétricale

Fig. 8

Bac à fumigation
Ambroise Paré, XXIVe livre, « De la génération »,
Paris, 1585

Les vapeurs d'herbes aromatiques, dirigées vers le col de la matrice de la patiente assise sur une chaise obstétricale, permettaient de déceler la stérilité. « Si la femme ne sent point l'odeur de ces choses lui venir à la bouche ou aux narines, dit Jacques Bury, cela signifie que les voyes sont opilées (bouchées) et par conséquent stériles ».

CHAPITRE II

LA STÉRILITÉ BAROQUE

Signes et tests de stérilité

« Je suis persuadé, écrit le docteur Venette, que la femme a moins de chaleur que l'homme, et qu'elle est aussi sujette à beaucoup plus d'infirmités que luy. La stérilité, qui en est une des plus considérables, vient, le plus souvent, plutôt de son côté que de celui de l'homme [1]. » C'est un préjugé bien établi depuis l'Antiquité qui rend la femme le plus souvent responsable de la stérilité d'un couple. Comme le remarque Louys de Serres, « l'homme s'estime à bon droict le plus noble et le plus glorieux de tous les animaux. Or, il est certain qu'il n'y a rien qui ravale et anéantisse plus sa gloire que l'impuissance de produire son semblable [2] ».

Les procédés qui permettent de déceler la stérilité chez l'homme ou chez la femme ne manquent pourtant pas. Il suffit, conseille Jacques Bury, d'asseoir la femme sur une chaise dont le siège est évidemment semi lunaire. Sous l'orifice, on fait brûler des herbes aromatiques, marjolaine, thym, serpolet, girofle... Un entonnoir renversé dirige les vapeurs odoriférantes vers le col de la matrice. « Si la femme ne sent point l'odeur de ces choses luy venir à la bouche ou aux narines, cela signifie que les voyes sont opilées (bouchées) et par conséquent stériles; mais au contraire, si elle ressent ledit odeur, elle est propre à concevoir. » Il est encore plus simple d'introduire dans la matrice une gousse d'ail. Si l'odeur remonte jusqu'aux narines de la patiente, si des émanations d'ail se dégagent de sa bouche, elle n'est point stérile. Dans le cas contraire, elle est inapte à la procréation [3].

1. *Chap. II, art. 3 : « Des défauts des parties naturelles de la femme », p. 33.*

2. *Discours de la nature, causes, signes et curation des empeschemens de la conception, et de la stérilité des femmes, 1625, pp. 224-225.*

3. *Le Propagatif de l'homme, 1615, chap. III : « L'espreuve pour cognoistre si une femme est naturellement stérile », pp. 42-43.*

Liébault souligne l'efficacité de ce procédé. Il permet, dit-il, le diagnostic de tous les vices organiques liés à la stérilité, « car l'obstruction des parties génitales empesche le passage du parfum au nez, la frigidité l'esteinct, l'humidité le suffoque, la sécheresse le consume, la chaleur le dissipe [1] ».

Il n'existe aucune épreuve de dépistage spécifiquement masculine. Paré signale simplement que les verges qui se contractent dans l'eau froide sont stériles, et que celles qui restent « luxes et molles » sont au contraire fertiles [2].

C'est le sperme qui porte encore les marques les plus sûres de la stérilité d'un homme. La bonne semence, remarque Liébault, doit être « crasse, non liquide ny séreuse : mais visqueuse, blanche, globuleuse, luisante ». Elle doit avoir « l'odeur des fleurs de palme de jasmin ». Quelques gouttes de cette semence, traînant çà et là, attirent les mouches « qui voltigent joyeusement, comme à l'entour d'une chose qu'elles désirent sur tout, et se paissent avidement [3] ».

Dans l'eau, la semence féconde va au fond du récipient alors que la semence stérile surnage [4].

Les tests mixtes sont par contre plus nombreux. « Prenez, disent Louys de Serres et Liébault, 14 ou 15 grains de froment ou d'orge, et mettre la moitié d'iceux dans un pot de terre, et l'autre moitié dans un autre; qu'on fasse pisser le mary dans un d'iceux, et la femme dans l'autre, celuy des deux sera asseurément stérile, les grains duquel n'auront pas germé [5]. » On obtient le même résultat « en les faisant pisser à part sur une laictue plantée ». La malheureuse laitue, arrosée par l'urine d'une personne inféconde, mourra inexorablement [6].

Dans les urines des personnes stériles s'engendrent aussi des vers [7]. Liébault recommande même d'y dissoudre quelques morceaux de soufre afin d'accélérer le processus de génération de ces insectes [8]. Les vers, toujours eux, trahissent la stérilité de l'un des deux conjoints dans le test du froment :

« Plusieurs emplissent deux pots pleins de son de froment, font pisser dessus l'homme et la femme, chacun à part, l'espace de dix jours continus ou davantage : le son auquel naistront plustost les vers demonstrera estre stérile celuy qui aura pissé dessus [9]. »

1. *L. II, chap.* III *: « Des signes et présages de stérilité », p. 180.*

2. *Toutes les œuvres, liv. XXIV : « De la génération », chap.* XLIII*, « De la stérilité », pp. 977-978.*

3. *Liébault, l. II, chap.* II*, p. 170.*

4. *De Serres, op. cit., p. 275.*

5. *De Serres, op. cit., p. 286 et Liébault, op. cit., p. 189.*

6. *De Serres, op. cit., p. 286.*

7. *Ibid.*

8. *L. II, chap.* III *: « Des signes et présages de stérilité », p. 189.*

9. *Ibid.*

Stérilité pour immoralité

La stérilité ne se déduit pas seulement d'expériences irréfutables. Les sophismes du XVIe et du XVIIe siècle ont parfois valeur de preuve et de lourdes présomptions de stérilité pèsent sur les femmes trop belles ou trop laides. Un préjugé misogyne hérité de l'Antiquité leur attribue effectivement des tares morales nuisibles à la procréation.

« Les belles femmes, écrit Louys de Serres, sont orgueilleuses, ce qui déplaît à Dieu. Aussi a t'il voulu leur faire cognoistre qu'il n'y a d'autre perfection que la sienne, et que leur beauté n'est qu'une courte tyrannie, et une perfection apparente et stérile [1]. » Quant aux laides, elles sont ordinairement jalouses ou hargneuses, ou malicieuses, ou lubriques, voire beaucoup plus que celles qui sont belles. De tels vices altèrent le corps et l'âme, « les portent à d'estranges maladies » et « les trainent dans des fureurs utérines ou dans des maladies vénériennes qui les défigurent toutes ». Surtout, « les femmes laides ne baisent jamais leurs maris qu'en rechignant, comme des chattes; qui est cause qu'elles sont stériles, n'y ayant point de plus puissant obstacle en l'action de la génération que ces humeurs farouches et léonines [2] ».

Mais ces vices sont peu de chose en comparaison des effets stérilisants du péché d'adultère.Les théologiens unanimes y voient un châtiment de Dieu. « Les Roys et Princes, s'exclame le père Benedicti, prennent leur esbat à souillir la couche d'autruy! pourquoy est-ce que plusieurs n'ont point d'enfans aujourd'huy, si ce n'est pour ce malheureux péché d'adultère [3]? » La plume profane de Louys de Serres rejoint la parole sacrée du père Bénédicti pour jeter l'anathème sur ces femmes qui « se rendent tellement lascives et impudiques qu'elles ouvrent la cuisse à tout venant ». Aussi ne faut-il pas s'étonner de leur stérilité, car « par de trop fréquentes vuidanges de matière séminale, elles épuisent tous leurs esprits génératifs ». Ces malheureuses n'ignorent pas leurs péchés, « mais la corruption de ce siècle est si grande, que la plus-part aiment mieux estre mises au nombre des Faustines que des Lucrèces ». Certaines poussent même l'audace jusqu'à souhaiter la restauration des lois de Solon, « pour qu'il leur soit permis de chercher des enfans là où elles en trouveront [4] ».

L'impureté morale et physique dans le cadre de la vie conjugale est aussi un obstacle qui peut retarder de plu-

1. *De Serres, op. cit., p. 19.*

2. *Ibid., pp. 25-26.*

3. *Père Jean Benedicti : La Somme des péchez et remèdes d'iceux, Paris, 1601, chap. IV : « De l'adultère », p. 126.*

4. *De Serres, op. cit., pp. 213-214.*

sieurs années ou rendre vain tout espoir de grossesse. Vers la fin du XVIIIe siècle, le père Féline se montre encore catégorique sur ce point. Il dénonce la souillure de ceux qui se livrent à un « commerce charnel trop souvent réitéré » et plus encore de ceux qui s'adonnent à des pratiques impudiques. La stérilité est inévitable lorsque le mari se permet sans nécessité d'introduire ses doigts dans le corps de son épouse, « ce qui ne peut guère manquer de la faire tomber en pollution, et de luy faire répandre sa semence avant que l'action du mariage ne s'accomplisse ». La consommation de l'acte conjugal dans une posture hétérodoxe a les mêmes effets. Surtout, « la complaisance des maris, trop sensibles aux plaintes de leurs épouses sur tout ce qu'il leur en coûte pour mettre au monde des enfans » est criminelle et stérilisante. Ici, le père Féline se fait allusif, dénonçant ceux qui consentent à épargner cette peine à leur femme « sans cependant renoncer au droit qu'ils croient avoir de se satisfaire ». Mais le plus horrible des crimes est sans doute celui de « l'infâme Onan », que l'auteur présente comme le recours contraceptif le plus répandu. « Cette malheureuse disposition est, dit-il, commune aux riches et aux pauvres. Leurs motifs sont différens, mais le crime est le même [1]. »

C'est d'un élan commun que la médecine et la théologie condamnent ces perversions. « Ceux qui abusent du coït, écrit le docteur Louis Guyon, et qui s'enyvrent de leur vin, ne conçoivent que fort rarement ou point du tout, parce que leur géniture ne peut estre de bonne consistance, ny élabourée, mais sanguine et crue, aussi doivent ils réduire le rythme de leurs rapports et se nourrir de bonnes viandes [2]. »

Mais le pire des abus est aussi, aux yeux des médecins, la masturbation. Après avoir examiné les effets nocifs des « liqueurs alcooliques qui énervent, par leur action trop forte, et disposent à l'anaphrodisie », le docteur Venette en souligne les dangers. C'est la masturbation qui est à l'origine d'une maladie qu'Hippocrate a, le premier, désignée sous le nom de « consomption dorsale ». Cette maladie se manifeste par une déviation de la colonne vertébrale et frappe surtout les jeunes mariés qui s'adonnent à ce genre de pratiques manuelles.

« Ils n'ont pas de fièvre, et quoiqu'ils mangent bien, ils maigrissent et se consument. Ils croient sentir des fourmis qui descendent de la tête le long de l'épine. Toutes les fois qu'ils vont à la selle ou qu'ils urinent, ils perdent abon-

1. *Le Catéchisme des gens mariés*, 1782, leçon III : « Des obstacles à la génération ».

2. *Le Miroir de la beauté*, 1615, chap. XXI : « De la stérilité », p. 353.

damment une liqueur séminale très limpide et sont inhabiles à la génération [1]. »

Le thème de la masturbation, solitaire ou non, est repris et amplement développé, soixante ans plus tard, par le docteur Tissot, dans un traité retentissant et quarante fois réédité jusqu'au début du XXe siècle. Présentée comme une pratique destructrice et stérilisante, elle y fait l'objet d'un tissu de considérations et de préjugés ineptes qui sont à l'origine d'une psychose dévastatrice encore vivace à ce jour [2].

Enfin, le péché charnel est quelquefois porteur de son propre châtiment :

Un ecclésiastique, ami de Nicolas Venette, avait débauché plusieurs jeunes filles. Mais la crainte de les engrosser lui fut fatale. « Il était parvenu, explique Venette, par cette crainte souvent répétée, à se procurer un spasme qui suspendait l'émission de la liqueur séminale. Il se maria depuis, et les fonctions organiques de l'appareil générateur restèrent perverties, ce qui le priva du bonheur d'être père [3]. »

Bel exemple d'inhibition!

1. *Tableau de l'amour conjugal*, 1696, chap. IV : « *Si une femme peut devenir grosse sans l'application des parties naturelles d'un homme* », pp. 494-495.

2. Samuel Tissot : *L'Onanisme ou dissertation physique sur les maladies produites par la masturbation*, Paris, 1760.

3. Venette, *op. cit.*, p. 492.

Semences et matrices défectueuses

Les causes organiques de stérilité sont d'autant plus nombreuses et variées qu'elles sont mal définies. C'est aux sources de la vie, dans la semence de l'homme ou de la femme, qu'on les recherche d'abord. La bonne semence s'élabore, on le sait, dans le cadre d'une vie conjugale parfaitement réglée. La science corrobore ici le point de vue des moralistes qui, comme le père Féline, condamnent le coït trop fréquent. Selon Paré, il « rend la semence débile et indigeste et corrompue », c'est pourquoi « il ne faut assaillir son espouse trop souvent, car ce faisant, la semence n'a loisir d'estre bien cuite et élabourée ». Par contre, des rapports équilibrés donnent « une semence espesse et gluante, pleine d'esprits frétillans ». Mais la meilleure des semences est celle qui, pendant une longue continence, s'est distillée dans les testicules masculins ou féminins. Telle femme dont le mari revient d'un long voyage en est agréablement « chatouillée ». Elle est « friande et affamée » et « il se faict un combat avec une grande effusion de sang blanchy qui est la matière de faire de petites créatures de Dieu [4] ».

4. Paré: *Toutes les œuvres*, liv. XXIV : « *De la génération* », chap. XLIII, pp. 977-978.

Sur ce point, Venette n'est pas du même avis que son illustre prédécesseur. Une longue rétention de semence ne favorise guère la génération. « La femme, explique-t-il, n'a pas la possibilité de se polluer comme l'homme, ni de se décharger de la semence superflue : elle la garde quelques fois fort longtemps dans ses testicules ou dans les cornes de la matrice (ovaires et trompes de Fallope) où elle se corrompt et devient jaune, trouble et puante, de claire et blanche qu'elle étoit auparavant. » Au contraire, les pollutions masculines, volontaires ou involontaires, renouvellent une semence qui n'a jamais le temps de se putréfier et de devenir stérile. Venette est donc en contradiction avec lui-même. D'un côté, on le sait, il condamne sans ambiguïté la masturbation qui altère la semence (cf. p. 38), d'un autre côté, il reconnaît qu'elle lui conserve toute sa fraîcheur. Ce raisonnement l'amène d'ailleurs à conclure, non sans misogynie, que « tous les vices et irrégularités de la conception viennent donc plutôt du côté de la femme que de l'homme [1] ».

1. L. III, chap. V : « Du faux germe ou fardeau », pp. 339-340.

Autre argument misogyne, celui de ceux qui soutiennent que la semence des belles femmes est souvent inféconde. Ces femmes, disent-ils, « ont des parties en leur corps qui attirent le sang le plus pur qu'elles ayent pour leur nourriture, de sorte que ce qui reste n'est que la lie et la crasse du sang qui se convertit en semence [2] ».

2. De Serres : Discours... de la stérilité, p. 15.

La semence masculine est une source d'inspiration moins féconde. Sans doute n'a-t-on rien à lui reprocher tant elle est merveilleuse. Seul le docteur Claude Brunet consacre à ses tares quelques pensées fugitives. « La semence de l'homme est stérile, écrit-il, lorsque son sang est gras et visqueux, car les esprits animaux ne peuvent s'en séparer [3]. »

3. Traité raisonné sur la structure des organes des deux sexes destinés à la génération, 1696, p. 119.

Mais la plupart du temps, la stérilité est liée à des infirmités organiques. Une fois de plus le docteur Venette s'acharne contre le sexe féminin qui n'a jamais plus que sous sa plume mérité le qualificatif de « sexe faible ». Les parties sexuelles des femmes sont en effet beaucoup plus complexes que celles des hommes. Elles sont composées de cette infinité d'organes qui renforcent les probabilités de défectuosité. Mais lorsqu'il s'agit de préciser cette affirmation en l'étayant sur des faits, Venette ne cite que deux infirmités : « Le conduit de la pudeur trop étroit », et « le conduit de la pudeur trop large. » Pour le reste, il se contente, dans le chapitre qu'il consacre à la stérilité des femmes, de s'apitoyer sur le martyr de l'homme qui

Fig. 9

Ambroise Paré, chirurgien français (1517-1590), *est considére comme le père de la chirurgie. Le vingt quatrième livre de ses œuvres est consacré à la génération. Pour traiter d'un tel sujet, d'ordre exclusivement médical, il dut ne pas tenir compte de l'interdiction de la Faculté de Paris.*

TROIS LIVRES

DES MALADIES ET INFIRMITEZ DES FEMMES.

Ex libris Recollectorum

PRIS DV LATIN DE M. IEAN LIEBAVT DOCTEVR Medecin à Paris.

Reueus, corrigez & augmentez en cette derniere Impression.

Conventus Parisiensis

A ROVEN,
Chez IEAN BERTHELIN, dans la Court du Palais.

M. DC. XLIX.

Fig. 10

Jean Liébault a consacré le deuxième livre des « maladies et infirmitez des femmes » à des problèmes d'ordre « gynécologiques ».

dépucelle ou de se livrer à de curieuses exégèses sur les « parties honteuses » de Jeanne d'Arc, qui ne serait d'ailleurs jamais restée pucelle si elle « n'étoit du nombre de ces filles étroites [1] ».

Comme Venette, Louys de Serres incrimine les vulves trop étroites pour livrer passage à la semence, ou les vulves trop larges qui la rejettent. Il parle aussi de « veines spermatiques opilées » (trompes de Fallope bouchées) qui sont un obstacle au transit de la semence [2]. Sont encore stériles les femmes privées de « vertu attractrice, rétentrice et vivifiante ». En l'absence de ce facteur, les esprits de la génération se dissipent. Enfin, il existe des femmes qui n'ont jamais eu d'enfants « pour n'avoir point de porte au devant de leur maison [3] ».

C'est dans la matrice qu'il faut chercher l'origine d'autres formes de stérilité. Les matrices trop chaudes, par exemple, dissipent la semence ou la brûlent. Les femmes que la nature a affublées de telles matrices se reconnaissent aisément. Ce sont des « femmes hommasses et viragines, barbues, hautaines et félonnes, qui ont la voix grosse, lesquelles sentent des chatouillemens et titillations vénériennes en leurs parties honteuses, avec ardent et grand prurit ». Une matrice trop froide éteint par contre la semence, une matrice trop humide (abondamment réglée) la « corrompt et suffoque », une matrice trop sèche la « consumme et suffoque [4] ».

A propos de matrices trop froides, le docteur Liébault évoque un remède merveilleux et nouveau! « Il y a certains courtisans, dit-il, qui ont inventé en ces derniers temps un moyen entre autres fort propre pour estimuler la matrice froide, c'est de la faire gratter par un homme une heure durant, par ce moyen, il n'y a si grande froideur qui ne s'éveille. » Pour plus d'efficacité, ce spécialiste de la médecine des femmes recommande de frotter pendant deux heures le col de la matrice avec de « l'huile de musch » (rat du Tibet). Par ce moyen, « le feu vénérien s'excite si fort là dedans, qu'impossible est qu'une femme ne désire incontinent les embrassemens [5] ». Et si tout cela est sans effet, c'est à l'homme, « après s'estre lavé les pieds », de « s'oindre le membre viril de graisse d'oye, ou d'huyle de baume ou de lys, ou d'huyle de lézard [6] ».

On ne doute pas de l'efficacité de ces procédés. Mais que dire du charlatanisme dénoncé par Louys de Serres! « Une femme aussi stérile qu'une mule se fit un jour administrer par un imposteur quantité de boissons chaudes,

1. *Chap. II, art. 3 : « Des défauts des parties naturelles de la femme », p. 33.*

2. *De Serres, op. cit., pp. 160-161.*

3. *Ibid., p. 211.*

4. *Paré, op. cit., pp. 929-930.*

5. *Trois Livres des maladies des femmes, pp. 235-236.*

6. *Ibid., p. 239.*

humides et venteuses. Elle devint grosse de ventre et de tétins. Au bout de neuf mois, elle ne fit que du vent pour tout potage et tomba en une grande maladie [1]. »

1. *Discours... de la stérilité, p. 156.*

Les verges trop courtes, trop longues ou tordues sont-elles infécondes?

En dépit de sa perfection, l'homme est parfois le siège de difformités physiques qui l'atteignent aux organes sexuels et le rendent inapte à la génération. Ces difformités sont parfois liées à un régime de vie particulièrement dur. Le cas de saint Martin est exemplaire. Les mortifications avaient provoqué un tel rétrécissement de ses parties honteuses que, après sa mort, selon le témoignage du docteur Venette, « sa verge étoit si petite que l'on ne l'auroit point trouvée, si l'on n'eût su le lieu qu'elle devoit occuper ».

Mais les verges trop courtes n'ont pas toutes la même origine. Venette a mieux que tout autre perçu l'origine de cette atrophie. Effectivement, « l'intelligence qui a ordre de faire le fruit de l'amour dans les entrailles de la mère », se trouve souvent confrontée à un cruel dilemme. La matière manque pour former les organes nécessaires à la vie de l'enfant. Aussi devra-t-elle leur sacrifier « presque toute la matière qui estoit destinée aux parties secrètes, lesquelles deviennent fort petites ».

Les verges longues et grosses ont une même origine. « Il n'y a point d'autre cause à ce vice naturel, poursuit notre docteur, que l'abondance de matière dans les premières semaines de la conception. L'intelligence qui a soin de la formation de cette partie aussi bien que des autres, ne sachant que faire de tant de matière après la formation des principales parties, l'emploie à faire une grosse et longue verge. »

Les longues verges sont-elles stériles? Les Anciens, derrière Aristote et Galien, affirmaient que les esprits de la semence se dissipent dans les conduits d'une longue verge. Nicolas Venette, qui a beaucoup réfléchi sur la question, estime que « les hommes qui ont de longues verges ont aussi un grand nez, et ils sont plus robustes et courageux que les autres. Nous ne devons pas nous étonner, poursuit notre médecin, de ce qu'Héliogabale, que la nature avoit favorisé de grandes parties génitales, choisissait des soldats qui avoient de longs nez... Mais il ne se doutoit pas en même temps que ces gens aux grandes verges étoient les plus étourdis et les plus stupides des hommes ». Certains individus, écrit-il plus loin, ont la verge si longue, « qu'ils sont en état de la flairer ». On cite encore le cas d'un homme dont la verge était de la grosseur d'un nouveau-né.

Mais ces verges monstrueuses ne sont pas forcément, au dire de Venette, des verges stériles, « car la semence se portant directement dans le fond de la matrice sans être altérée par l'air ni par aucune autre cause extérieure, elle a toutes les dispositions nécessaires pour la génération ». En fait, elles ne sont stériles que dans la mesure où, étant peu maniables, elles rendent le coït impossible [1].

Par bonheur, la médecine a trouvé une parade à chacune de ces difformités.

Pour les verges trop courtes, le docteur Guyon recommande un remède d'une simplicité radicale. « Ceux qui ont le manche trop court doivent, s'ils désirent avoir lignée, épouser une femme maigre et non femme trop grosse, laquelle ils ne peuvent engainer [2]. »

La méthode du docteur Liébault est un peu plus complexe. « Le membre viril sera allongé par fréquente habitation, par rudastre friction, par onction d'huyle de castor, par fomentation en laict de chèvre et décoction de poivre », et surtout, « par suspension au membre de quelques poids pesans comme de quelques morceaux de plomb ». On pourra encore allonger une verge par application de sangsues et de vers de terre [3].

Il existe, pour verges trop longues, des palliatifs heureusement moins rébarbatifs. Un curieux ouvrage anonyme paru en 1799 et intitulé *De la propagation du genre humain*, indique qu'il « faut, dans ces cas-là, trouer par le milieu un morceau de liège de la hauteur d'un ou deux pouces, selon l'excès de la longueur du membre, et le garnir dessus et dessous de coton. Ce carton doit être garni d'une toile mollette qui doit être piquée près à près, et que ce bourrelet soit convexe par le haut et par le bas. Qu'ensuite on couse à chaque côté deux petits rubans. Quand l'amour fera ressentir son feu, on fait passer le membre par ce bourrelet, on lie ensuite à chaque cuisse les petits rubans que l'on y a cousus. C'est alors que la femme peut se livrer à son mari ».

Cet expédient, connu dès l'Antiquité et toujours en usage de nos jours, est recommandé par Paré [4] et par Louis Guyon, qui conseille aux hommes dont la verge est trop longue, l'utilisation « d'un bourrelet de médiocre

1. *Tableau de l'amour conjugal*, chap. II, art. 2 : « *Des défauts des parties naturelles de l'homme* », p. 27.

2. *Le Miroir de la beauté*, p. 353.

3. *Trois Livres...*, l. II, chap. II : « *Les espèces différentes et causes de stérilité* », p. 206.

4. *Toutes les œuvres*, p. 978.

grosseur, que l'on mettra sur la vulve de la femme, afin que le membre viril touche le fond de la matrice [1] ».

Liébault est plus ambitieux. Il prétend qu'il est possible, quoique très difficile, de raccourcir purement et simplement un membre trop long. Il faut, à cet effet, éviter que « les nourritures ne descendent au lieu de la génération, ce que ferez par application de feuilles verdes de ciguë tout autour, par emplastre fait de la fece que l'on trouve au fond de l'eau trouble qui chet de la meule à laquelle on aiguise les coûteaux [2] ».

Le cas du malheureux dont la verge est tordue n'est pas non plus sans espoir. Il lui suffit « de la ramollir avec des décoctions et onguants, puis de la mettre dans un étuy de cuir bouilli ou autre matière et l'y contenir quelques mois, sans doute elle se redressera ». Louis Guyon a prescrit ce remède à un boulanger « auquel une fille se voulant jouer à luy, luy avait tordu son membre génital et depuis estoit demeuré tors et plié comme en façon d'arc et il urinoit avec difficulté sans pouvoir habiter avec femme [3] ».

Venette parle également d'un canal de plomb conçu à cet effet et proportionné à la grandeur de la verge. Mais la plupart du temps, observe-t-il, « le membre viril estant roide devient tortu lorsque le fil qui par dessous lie le prépuce au gland, s'avance jusqu'au conduit de l'urine, si bien que la teste du membre estant tirée en bas par cette bride, la verge est contrainte de se plier en forme d'arc ». En coupant ce fil d'un coup de ciseau, on libère la verge de cette malencontreuse tension. Les sages-femmes italiennes sont plus expéditives. Elles « se laissent croître l'ongle du pouce de la main droite et après avoir aperçu le fil de la langue ou du gland des petits enfans, elles le coupent de leur ongle et brisent ce qui tient ces parties trop assujéties [4] ».

C'est seulement pour les membres trop gros que la médecine s'avoue sans remède. Et encore ! Certains proposent des cataplasmes froids et astringents. Mais nombreux sont ceux qui, comme l'auteur anonyme de la *Propagation du genre humain*, redoutent qu'ils ne détruisent la semence.

En fait, que les matrices soient chaudes ou froides, que les verges soient longues ou courtes, le vrai mystère de la procréation n'est pas là. Le problème de l'origine de la vie et de la génération de l'être est le seul vrai problème. Mais, comme celui de la mort, il semble au bord d'un gouffre interdit dans lequel on ne saurait s'aventurer sans empiéter sur les prérogatives de Dieu.

1. *Le Miroir...*, *p. 353.*

2. *L. II*, *p. 206.*

3. *Le Miroir...*, *p. 353.*

4. *Chap. III, art. I : « Des maladies qui arrivent au membre viril et qui peuvent être guéries », p. 33.*

CHAPITRE III

LES SYSTÈMES DE GÉNÉRATION : D'HIPPOCRATE A HARVEY

En 1660, le Norvégien Nicolas Sténon découvre la nature exacte des ovaires. Depuis Galien, on les avait pris pour de simples testicules féminins, conçus, au même titre que leur homologues masculins, pour l'émission de semence prolifique. Dix-sept ans plus tard, le Hollandais Louis de Ham, examinant au microscope le sperme de l'un de ses patients, y aperçoit une grouillante multitude de petits animaux. Coup sur coup, l'ovaire générateur d'œufs et le spermatozoïde remettent en question les théories des Anciens en matière de génération. Pendant plus de vingt siècles, les systèmes de reproduction des vivipares ont reposé sur des systèmes de pensée et, en l'absence de moyens d'investigation scientifique vraiment efficaces, la philosophie et l'imagination ont pallié les insuffisances de la science. Hippocrate et Aristote ont régné en maîtres, définissant une fois pour toutes les lois de la génération et laissant à leurs successeurs le soin de n'en faire que de savantes exégèses. Dédaignant même les découvertes de l'œuf des vivipares et du spermatozoïde, certains savants affirment leur attachement à la pensée antique, et cela jusqu'à la fin du XVIIIe siècle.

Le système d'Hippocrate ou l'équilibre des sexes

En marge des systèmes d'Hippocrate et d'Aristote, il faut faire une place à part à celui de Platon. Ce système, si différent des deux autres, est d'une singularité remarquable. Dans le *Timée*, le philosophe explique non seulement la génération des hommes, des animaux, des plantes, des éléments, mais aussi celle du ciel et des dieux. Elle a pour origine des « simulacres réfléchis » et « des images extraites de la divinité créatrice », lesquelles se sont arrangées, dans un mouvement harmonique et par les propriétés des nombres, dans l'ordre le plus parfait. L'essence de toute génération consiste dans l'unité harmonique du nombre trois ou du triangle dont les éléments constitutifs sont « celui qui engendre, celui dans lequel on engendre, et celui qui est engendré ». La succession des individus dans les espèces n'est qu'une image fugitive de l'éternité immuable de cette Divinité triangulaire. C'est pour cela qu'il faut deux individus pour en produire un troisième.

Cette vision grandiose, mais purement intellectuelle et allégorique, ne roule en fait que sur des abstractions et n'explique rien. Le système d'Hippocrate découle, au contraire, d'une observation directe et élémentaire. Le fœtus est tout simplement le fruit du mélange des semences masculine et féminine. D'où le nom de séminisme attribué à ce système. Avant Hippocrate, Pythagore (580-490), Empédocle (504-433), Démocrite (494-404) et Parménide (vers 500 av. J.-C.) avaient bien imaginé un processus identique de reproduction par conjonction des semences. Mais c'est dans le livre *De la génération*, attribué à l'un des élèves d'Hippocrate, que le système est développé de la façon la plus complète et la plus précise [1].

Le mâle et la femelle émettent une semence qui est un extrait de toutes les parties du corps, mais plus spécialement du cerveau. Tout l'individu participe donc à la copulation.

C'est ce qui explique le plaisir intense et ressenti au niveau de tous les organes au moment du coït. Descendues par le canal de la moelle épinière, les deux semences se mélangent dans la matrice pour former un germe d'embryon. Mais pour que la génération réussisse, une quantité déterminée de semence est nécessaire. La masse éjaculée doit tout entière former l'enfant. Qu'une seule goutte s'en écarte, c'est la tête, un bras ou un pied qui s'en va : la conception est manquée. Mais lorsque les liqueurs séminales se sont intégralement mêlées dans la matrice, elles s'y épaississent et se remplissent d'esprits sous l'effet de la chaleur du corps maternel. L'esprit trop chaud est évacué tandis que la respiration de la mère introduit un esprit froid. Cette alternance d'esprits chauds et froids fait naître la vie et assure la formation d'une double pellicule à la surface du mélange. Cependant, le sang menstruel,

1. Hippocrate : Livre de la géniture de l'homme, traduit du grec par Guillaume Chrestian, Paris, 1559.

dont l'évacuation est supprimée, alimente désormais le fœtus et, en se coagulant, il devient chair. Cette chair s'articule à mesure qu'elle croît, et c'est l'esprit qui lui donne sa forme en mettant chaque chose à sa place.

Au XVIIe siècle, la découverte de la véritable fonction de l'ovaire et de l'animalcule (nom donné au spermatozoïde) n'entame pas les convictions de tous les séministes. Certains nostalgiques d'Hippocrate professent ses théories jusqu'à la fin du XVIIIe siècle. En 1755, un professeur de la faculté de médecine de Montpellier, Pierre Roussel, dénonce sans ambiguïté la vanité des découvertes récentes :

« Le système d'Hippocrate, écrit-il, est encore aujourd'hui, malgré les progrès réels de la médecine à d'autres égards, le plus clair et le plus vraisemblable. De sorte qu'on peut dire que, pendant plus de deux mille ans, on n'a pas cessé de se tromper à pure perte[1]. »

D'autres naturalistes de la seconde moitié du XVIIIe siècle, et non des moindres, Maupertuis, Needham, Lieberkhun et Buffon, réhabilitent enfin, sous le nom de « moléculisme » un séminisme déguisé[2].

1. Système philosophique de la constitution de l'état organique de la femme, 1755, p. 56.

2. Cf. chap. V, parag. : « Les moléculistes », p. 80.

Le séminisme « phallocentrique » d'Aristote

L'école d'Hippocrate avait le mérite de donner une explication cohérente du double apport parental et de l'hérédité. Aristote (384-322 av. J.-C.) fit cadrer les théories d'Hippocrate avec son système général de philosophie. La matière, dont le propre est la réception des formes, prend, dans la génération, une forme semblable à celle des individus qui la fournissent. C'est donc un système séministe que professe Aristote. Mais, à la différence d'Hippocrate, le philosophe estime que la liqueur répandue par la femme pendant le coït est dénuée de toute essence de vie. Le principe prolifique n'est contenu que dans la seule semence du mâle, sous la forme d'un fluide éthéré et subtil. Le rôle de la femelle se réduit à la fourniture du sang menstruel, matière brute et inerte, mais nécessaire à la formation et à la nourriture du fœtus. Le mâle étant « l'être qui engendre dans un autre être », la femelle n'est que « l'être de qui sort l'être engendré[3] ». Le principe d'Aristote repose donc tout entier sur la supériorité du mâle dans le processus de reproduction. Il introduit par là même un préjugé d'inspiration misogyne dans les systèmes de génération.

3. De la génération des animaux, trad. du grec par Barthélemy Saint-Hilaire, Paris, 1887, 2 vol., liv. I, chap. XX; liv. II, chap. IV-V.

Les péripatéticiens ne furent jamais à court d'arguments pour justifier, pendant une vingtaine de siècles, les théories d'Aristote. Ils montrèrent que si la liqueur femelle était effectivement porteuse d'un principe de vie, la femme pourrait concevoir en dehors de toute copulation, puisqu'elle fournit en même temps la matière nécessaire à la formation de l'embryon. D'autre part, l'émission de semence devrait, comme chez l'homme, être accompagnée de plaisir, ce qui n'est pas toujours le cas.

Certains ovistes (qui font de l'œuf le point de départ de toute génération chez les vivipares) ont, au XVIIIe siècle, dans un autre ordre d'idées, nié le contenu prolifique de la liqueur séminale de la femelle et repris à leur compte les arguments d'Aristote. C'est ainsi que Michel Procope Couteau remarque, lui aussi, que, « si on les en croit (les femmes), elles ne trouvent dans les embrassemens de leurs époux que la satisfaction, si douce à la vérité, de remplir exactement les devoirs de leur état[1] ».

1. *L'art de faire des garçons*, 1755, p. 13.

Aristotéliciens et ovistes estiment en définitive que cette liqueur n'est qu'un lubrifiant du vagin destiné à faciliter l'intromission de la verge. Cette « humeur onctueuse », dira Michel Procope Couteau, est une « huile de Vénus ».

D'Aristote à Descartes : une pensée figée

La grande *Encyclopédie* de Diderot et d'Alembert juge sévèrement ceux qui, pendant des siècles, se sont servilement inféodés à la pensée d'Hippocrate et d'Aristote en matière de génération. « Il s'est passé dix-sept ou dix-huit siècles, lit-on à l'article « Génération », sans qu'il ait plus rien paru de nouveau sur cette matière, attendu la stupide vénération pour ces deux maîtres, au point de regarder leurs productions comme les bornes de l'esprit humain[2]. »

2. *Tome VII, p. 563, édition de 1777.*

Dès l'Antiquité, les idées d'Hippocrate sont reprises par Zénon de Cition, Épicure, Lucrèce et Galien; celles d'Aristote par Érasistrate et les naturalistes de l'école d'Alexandrie. Au Moyen Age, alors qu'en Occident le christianisme enraie les progrès des sciences, les médecins arabes, Avicenne et Averroès, recueillent l'héritage d'Aristote. La Renaissance n'apporte aucun renouveau. Paracelse, Bacon et van Helmont s'inspirent d'Aristote, tandis que Paré, Liébault, Léonard de Vinci et Fallope proclament leur attachement à la pensée d'Hippocrate.

Maigre bilan que celui des vingt siècles qui séparent Hippocrate de la Renaissance! Seules, les observations de Galien et de Fallope méritent mention. Galien de Pergame (131-200) reprend les travaux d'Hérophile d'Alexandrie sur les parties génitales de la femme. Il déduit, en s'inspirant de l'observation anatomique des guenons qu'il dissèque (la dissection humaine étant interdite), que la femme est sans doute pourvue de deux glandes, semblables aux testicules des hommes et situées de part et d'autre de la matrice. Il les appelle « didymes » (en grec : double), et suppose qu'elles sont enfermées à l'intérieur du corps en raison de leur sensibilité au froid. Tirant des conclusions fausses d'une observation exacte, Galien leur assume la fonction de sécréter la semence prolifique. C'est cette opinion qui sera universellement admise jusqu'à la fin du XVIIe siècle.

En 1561, l'Italien Gabriel Fallope donne une bonne description des conduits qui relient les « testicules des femmes » à la matrice. Il les qualifie de « trompes » (tuba), en raison de leur forme. Mais il tire, lui aussi, une conclusion fausse d'une observation exacte et imagine que la semence prolifique venue des testicules y transite vers la matrice lors du coït.

En dehors de ces quelques observations, l'embryologie ne suscite que des opinions fausses, des recherches stériles ou des « nouveautés » fantaisistes. Au XIIIe siècle, saint Thomas d'Aquin affirme que la partie éthérée de la semence mâle, la chaleur et l'humidité suffisent à la génération puisque des corps en fermentation et en putréfaction produisent des animaux vivants. Dinus de Garbo fait des recherches sur la semence et se demande si elle est animée et douée d'intelligence [1]...

Cet immobilisme est encore attesté, en plein XVIIe siècle, par les propos de Descartes. Le *Traité de l'homme et de la formation du fœtus* en est l'illustration.

Le fœtus ne serait, à l'origine, « qu'un mélange confus de deux liqueurs qui servent de levain l'une à l'autre, se réchauffant en sorte que quelques-unes de leurs particules acquièrent la même agitation que le feu, se dilatent et pressent les autres, et par ce moyen les disposent peu à peu en la façon qui est requise pour former les membres ». Alors la chaleur excite ces particules soumises au même phénomène « que les vins nouveaux lorsqu'ils bouillent » ou « le foin qu'on a renfermé avant qu'il soit sec... ». Quelques-unes (de ces particules) « s'assemblent vers

1. Schweighaeuser (docteur Jacques Frédéric) : Tablettes chronologiques de l'histoire de la médecine puerpérale, Strasbourg, 1804.

quelque endroit de l'espace qui les contient, et là se dilatant, elles pressent les autres qui les environnent, ce qui commence à former le cœur... ». Ces mêmes particules ont ensuite tendance à se dilater en ligne droite, mais le cœur déjà formé faisant obstacle, elles infléchissent leur cours et vont former le cerveau et ainsi de suite[1].

D'Hippocrate à Descartes, les progrès sont donc négligeables. Mais l'exploitation d'une pensée pourtant peu féconde d'un point de vue proprement scientifique s'est traduite par l'épanouissement d'un sentiment misogyne qui a trouvé son expression la plus parfaite au XVIe siècle.

Génération et misogynie

Bien avant Aristote, le sens commun attribuait au mâle le pouvoir fécondant par excellence. La femelle n'était au mieux que le réceptacle d'un dépôt sacré qu'elle faisait fructifier. La femme, on le sait, n'est qu'une terre fertile fécondée par le père. L'image de la « Terre mère », divinité de la fécondité, se perd d'ailleurs dans la nuit des temps. En dépit de ses apparences anodines, cette idée se prête à de redoutables exégèses misogynes. Eschyle lui donne tout son poids dans *Les Euménides* :

« Ce n'est pas la mère qui enfante celui qu'on nomme son enfant, lance Apollon à l'adresse des Erinnyes, elle n'est que la nourrice du germe en elle semé. Celui qui enfante, c'est l'homme qui la féconde; elle, comme une étrangère, sauvegarde la pousse, quand du moins les dieux n'y portent point atteinte[2]. »

L'*Oreste* d'Euripide exprime la même idée : « Mon père m'engendra, ma mère me mit au monde; elle fut le sillon qui reçut la semence d'autrui; or, sans père, il n'y aurait jamais eu d'enfant. Je pensai donc que l'auteur de mes jours avait droit à mon aide plutôt que celle dont j'avais reçu la nourriture[3]. »

Mais ce qui n'était qu'une pensée philosophique ne devait pas cadrer, jusqu'à Aristote tout au moins, avec le point de vue de la science. Au contraire, la théorie de la double semence sapait tout fondement misogyne en matière de procréation. Empédocle d'Agrigente avait bien dit que les organes importants étaient fournis par la semence mâle, la participation des deux parents n'en demeurait pas moins dissemblable mais complémentaire.

1. *Traité de l'homme et de la formation du fœtus, éd. de 1677, pp. 125-126.*

2. *Vers 657-661, trad. Paul Mazon, Club français du livre, Paris, 1965.*

3. *Discours d'Oreste, vers 551-556, trad. Louis Méridier, 1959.*

Aristote, enfin, apportait la caution de la science aux théories misogynes. On sait que, dans son système, l'homme est cause « efficiente » de vie et de mouvement. C'est lui qui insuffle une âme à la matière brute fournie par la mère. En d'autres termes, et pour reprendre la délicieuse expression du XVIIIe siècle, la femme, dans sa fonction purement passive, n'assure que « le gîte et le couvert ». « La liqueur séminale est à la génération, dit encore Dubuisson au début du XIXe siècle dans un commentaire du système d'Aristote, ce que le sculpteur est au marbre; la liqueur séminale du mâle est le sculpteur qui donne la forme, la liqueur menstruelle de la femme est le marbre ou la matière, et la figure est le fœtus ou le produit de la génération [1]. »

C'est au XVIe et au XVIIe siècle, peu avant la découverte et la diffusion du système oviste, que le système d'Aristote suscite et justifie les polémiques misogynes les plus virulentes. En 1595 paraît une brochure rédigée en latin et intitulée *Mulieres non esse homines*, c'est-à-dire, « les femmes ne sont pas du genre humain ». On ne peut donc pas les ranger au nombre des êtres pensants et raisonnables au même titre que les hommes. Son auteur, le philosophe allemand Acidalius, estime que Dieu ne créa la femme sans autre but que de donner à l'homme un outil de reproduction. Eve n'est donc point humaine, elle n'est qu'un instrument et elle n'en disconvient pas lorsqu'elle s'écrie, après avoir donné naissance à Caïn : « J'ai fait un homme selon la volonté de Dieu. »

Acidalius considère d'ailleurs deux causes dans tout produit de la nature, l'une efficiente et l'autre instrumentale. « Le fournisseur ne pourroit faire une épée sans ses instrumens, un écrivain a besoin de plume pour écrire, et un tailleur ne pourroit coudre sans éguille... Or comme la plume, l'éguille, ne sont pas des ouvriers, mais des instrumens purement passifs pour les ouvriers qui s'en servent, de même, la femme n'est pas un animal de l'espèce humaine, mais seulement un autre animal qui sert à l'homme dans l'acte de génération. Aussi la femme est-elle un être distinct et séparé de l'homme, comme le marteau est un objet séparé de la main de l'ouvrier qui s'en sert [2]. » Elle ne peut même pas se vanter d'engendrer son semblable lorsqu'elle met au monde un enfant du sexe masculin. Cet honneur revient au père. « D'ailleurs, conclut Acidalius, presque tous les physiciens conviennent que le rudiment de l'homme est dans l'homme même [3]. »

1. *Dubuisson : Tableau de l'amour conjugal, édition remise à la hauteur des connaissances d'aujourd'hui, Paris, 1812, 4 vol. en 2, tome IV, p. 11.*

2. *Acidalius : Paradoxe sur les femmes où l'on tâche de prouver qu'elles ne sont point du genre humain, trad. française de Charles Clapiès, 1744, p. 16 et suiv.*

3. *Ibid., p. 72 et suiv.*

Ce pamphlet souleva une telle indignation qu'il déchaîna contre Acidalius les foudres de la justice. Cité devant les magistrats de Leipzig, l'auteur soutint que l'écrit n'était pas de lui, qu'il circulait depuis longtemps en Pologne et qu'il n'en avait assumé que la réédition. Ce n'était, disait-il, qu'un badinage théologique, une satire dirigée contre les sociniens pour montrer jusqu'à quel point on peut abuser des Écritures. L'ouvrage n'en suscita pas moins une réfutation en règle du ministre brandebourgeois Gediccus.

La polémique atteste, en tout cas, la vigueur du courant misogyne qui subsiste au XVIIe siècle et dont les thèses sont exposées froidement, mais non sans ironie, par Poullain de la Barre dans un ouvrage qu'il consacre à l'excellence de l'homme :

L'homme, dit-il, est plus fort que la femme. Cette différence est fondée sur la raison et voulue par la nature. Dans le but de perpétuer les espèces, elle a dû donner au mâle, « qui y concourt comme cause active et efficiente, les qualités les plus convenables à ce devoir, qui sont la chaleur, la sécheresse et la force, et donner à la femelle qui n'est qu'une cause passive et qui a le plus besoin d'humeurs pour la production et pour la nourriture de son fruit, des qualités plus molles, pour ainsi dire, et moins actives [1] ».

Au XVIIIe siècle, certaines idées du marquis de Sade font irrésistiblement penser à Euripide : « Je ne suis pas encore consolé de la mort de mon père, dit Dolmancé, et lorsque je perdis ma mère, je fis un feu de joie... Je la détestais cordialement... Uniquement formés du sang de nos pères, nous ne devons absolument rien à nos mères; elles n'ont fait d'ailleurs que se prêter dans l'acte, au lieu que le père l'a sollicité; le père a donc voulu notre naissance, pendant que la mère n'a fait qu'y consentir. Quelle différence pour les sentiments [2]. »

Pourtant, dès la fin du XVIIe siècle, les ovistes De Graaf et Swammerdam avaient largement entamé le prestige du mâle procréateur en affirmant qu'un œuf de femme est à la base de toute génération. Avant eux, William Harvey avait bien parlé de l'œuf de la femme, mais il l'entendait autrement.

1. *De l'excellence de l'homme, Paris, 1675, p. 134.*

2. *La Philosophie dans le boudoir ou les instituteurs immoraux, 1795, édition de 1974, collection 10/18, p. 47.*

Le faux départ de Harvey

La découverte de la circulation du sang avait rendu William Harvey justement célèbre. Mais, fatigué des débats qu'elle avait suscités, il se livra, dans sa solitude

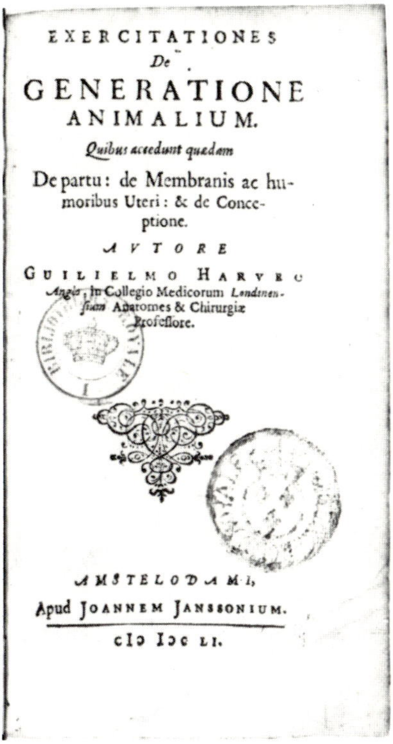

EXERCITATIONES
De
GENERATIONE
ANIMALIUM.
Quibus accedunt quædam
De partu: de Membranis ac humoribus Uteri: & de Conceptione.
AUTORE
GUILIELMO HARVEO
Anglo, in Collegio Medicorum Londinensium Anatomes & Chirurgiæ Professore.

AMSTELODAMI,
Apud JOANNEM JANSSONIUM.
CIƆ IƆC LI.

Fig. 11 et 12

Essais sur la génération des animaux *de William Harvey, Londres, 1651*

William Harvey est le premier à parler d'œufs dans la reproduction des vivipares. Mais sa maxime, « Omnis ex ovo » (« tout vient d'un œuf »), n'implique la préexistence d'aucun germe préformé à l'intérieur d'un œuf. Selon le célèbre médecin anglais, le fœtus se developpe tout simplement dans une sorte de « sac » qui a la forme d'un œuf. Nombreux sont ceux qui lui ont pourtant attribué la paternité de l'ovisme. On voit sur le frontispice de ses essais le Créateur laissant s'échapper d'un œuf toutes les formes de vie.

champêtre, à des recherches sur la génération. Fort du soutien de son royal ami, Charles Ier, il y sacrifia plusieurs centaines de biches et de daines. Pendant la guerre civile, il dut abandonner ses biens au pillage et ses manuscrits aux insectes. Découragé, il avait pris la résolution de ne plus rien écrire. George d'Ent obtint néanmoins de lui un traité sur la génération qu'il écrivit de mémoire et qui parut en 1651 sous le titre *Exercitationes de generatione animalium*.

William Harvey y professe des opinions retentissantes mais parfaitement erronées. En se fondant sur l'examen de matrices de biches fraîchement disséquées après le coït, il affirme qu'on n'y trouve aucune trace de sperme. Les ovaires, qu'il appelle « testicules », ne sont en fait que de petites glandes lymphatiques qui sécrètent une humeur gluante et inutile à la génération.

C'est en partant d'observations négatives que Harvey a donc établi un système qui ne repose, en définitive, que sur l'imagination et l'intervention de Dieu. Sans doute a-t-il pareillement découvert la circulation sanguine, moins en l'observant d'une manière immédiate, qu'en la déduisant d'une série de raisonnements rigoureux. Malgré tout, son système n'en procède pas moins d'une philosophie du désespoir.

On commet une erreur grave, dit-il en substance, en recherchant des causes matérielles de génération. Il ne faut jamais perdre de vue que derrière un tel phénomène se profile « la force divine et l'âme du monde[1] ». C'est déjà un aveu d'impuissance. Plus loin, il écrit que « toute génération est d'origine divine et suit les mêmes lois que le mouvement des astres » (p. 190), ou encore : « L'homme et la femme ne sont que les organes par l'intermédiaire desquels agit Celui qui procrée toutes choses (p. 192)... Comme le même art et la même intelligence se manifestent dans la formation du poulet, dans l'organisation de l'homme et dans la Création tout entière, la véritable cause de la génération de l'homme doit résider en une force plus noble et plus élevée que l'homme lui-même, ou, en d'autres termes, la force qui le produit doit être plus parfaite et plus proche de la nature divine qu'elle ne l'est de l'intelligence humaine (p. 194)... Quiconque observe sans prévention et juge sainement, fait dériver la production de toute chose du même être éternel et tout-puissant qui est à l'origine de l'univers, qu'on lui donne le nom de Dieu, de force de la nature, ou d'âme du monde » (p. 195).

1. Exercitationes de generatione animalium quibus accedunt quaedam de partu, de membranis ac humoribus uteri et de conceptione, Londres, 1651, p. 38.

Après avoir défini le cadre mystique dans lequel il entend faire évoluer ses idées sur la génération, Harvey en est réduit à imaginer la formation du fœtus. Ce n'est pas par un contact direct que la semence du mâle féconde la femelle, mais par « imprégnation ». La femme est proprement fécondée par le contact de l'homme, comme le fer acquiert une vertu magnétique au contact de l'aimant. La procréation est encore une sorte de contagion. La femme est fécondée au contact de l'homme, comme l'homme contaminé au contact du malade. « Comme l'étincelle qui jaillit du caillou, dit Harvey, ou l'éclair qui sillonne les nues enflamment tout à coup les corps, de même la fécondation est l'œuvre d'un instant et une sorte de contagion qui s'imprègne dans le corps féminin sous l'effet de la semence[1]. » Cette contagion agit non seulement sur la matrice, mais elle se communique à la femme tout entière. La faculté exclusive de concevoir le fœtus appartient, il est vrai, à la matrice, comme celle de concevoir des idées appartient au cerveau. Pour Harvey, ces deux sortes de conceptions relèvent d'un processus identique. Les idées conçues par le cerveau procèdent des impressions reçues par les sens; de même, le fœtus, qui est « l'idée de la matrice », procède de l'impression communiquée à la femme par la liqueur prolifique de l'homme. Ainsi s'explique la ressemblance entre le père et le fils.

1. *Ibid.*, *p.* 343.

Harvey ne s'en est pas toujours tenu à des explications aussi vaporeuses. Il s'est livré à une étude attentive de l'embryon dans les entrailles de la mère. Disséquant jour après jour des biches à différents niveaux de gestation, il voit le fœtus se former dans une espèce de « sac » rempli d'une substance aqueuse, gluante et semblable à du blanc d'œuf. Il en conclut que le fœtus des vivipares prend son essor à l'intérieur d'un œuf. A la suite de quoi, le naturaliste proclame sa devise en matière de génération : *Omnis ex ovo* (tout vient d'un œuf).

Mais Harvey n'en est pas pour autant, comme beaucoup l'ont cru, le fondateur de l'ovisme. Sa formule n'implique aucune corrélation avec l'œuf des ovipares. Il n'a jamais pressenti l'existence d'ovaires chez la femme. Pour lui, l'œuf des vivipares, ce « sac », n'est que le *conceptus primus*, l'élément premier de l'individu en voie de formation. Il ne préexiste nullement dans le corps de la femelle[2].

2. *Ibid.*, *pp.* 62 *et* 64 *à* 67.

Les théories de Harvey furent passées au crible par plusieurs anatomistes qui montrèrent que la semence pénètre bel et bien dans la matrice. Nicolas Venette, comme tous les fidèles d'Hippocrate, reprend le thème traditionnel de la matrice gloutonne de semence et conçue à seule fin d'attirer « aussi vivement la semence de l'autre qu'un estomac affamé arrache la viande de la bouche[1] ».

Mais les expériences de Verrheyen et de Frédéric Ruysch sont plus concluantes que les belles métaphores de Venette. Le premier a trouvé une grande quantité de semence mâle dans la matrice d'une vache disséquée seize heures après l'accouplement. Le second dissèque le corps d'une femme surprise en flagrant délit d'adultère, exécutée et livrée toute fraîche à la curiosité des scientifiques par le mari. Il y découvre, lui aussi, une importante quantité de sperme[2].

1. *Tableau de l'amour conjugal, p. 471.*

2. *Cité dans l'Encyclopédie, art. « Génération », t. VII, 1777.*

Vers la révolution oviste

Vénus physique de Maupertuis et la grande *Encyclopédie* portent une condamnation sans nuance de l'œuvre de Harvey : « Elle paraît si étrange, y lit-on, qu'elle semble n'être propre qu'à humilier ceux qui veulent pénétrer les secrets de la nature[3]. »

3. *Vénus physique, 1745, p. 61, dans Encycl. art. « Génération », t. VII, p. 564.*

Les travaux du naturaliste anglais, d'un empirisme peut-être maladroit, ne furent cependant pas totalement dénués d'intérêt. L'un des premiers, il essaie de tirer des conclusions d'observations directes. Il a le mérite de reprendre le problème à la base, de rejeter cette « stupide vénération pour les Anciens » si justement dénoncée par les encyclopédistes eux-mêmes. Enfin, il parle d'œuf de vivipare, et même s'il fait cadrer des observations et des conclusions fausses avec ce terme, il prépare le terrain de la révolution oviste.

Les théories de Harvey firent beaucoup parler d'elles, mais l'impact en fut peu important. François Redi (1626-1697), médecin du grand-duc de Toscane, Jean Bohn (1640-1718), professeur à Leipzig, et Gaspard Bartholin (1654-1704) soutiennent eux aussi que le sperme ne pénètre pas dans la matrice, mais ils n'adoptent pas pour autant les idées de Harvey. Jamais ce dernier ne fit vraiment école. Il est vrai que de grandes découvertes allaient bouleverser l'embryologie, rejetant loin derrière elles les observations du médecin anglais.

Pour comprendre la portée des découvertes de la deuxième moitié du XVIIe siècle, il faut d'abord mesurer le climat d'effervescence dans lequel elles interviennent.

« Dans ce temps, écrit Maupertuis, la physique renaissoit, ou plutôt prenoit un tour nouveau : on vouloit tout comprendre et on croyoit le pouvoir. La formation du fœtus par le mélange des deux liqueurs ne satisfaisoit plus les savans : des exemples de développement que la nature offre partout à nos yeux firent penser que les fœtus sont peut-être contenus et déjà tous formés dans chacun des œufs; que ce qu'on prenoit pour une nouvelle production, n'est que le développement des parties contenues dans le germe, rendu sensible par l'accroissement[1]. »

Dès le XVIe siècle, Fallope (1523-1562), Volcher Coïter (1510-1600), Rodriguez Castro (1547-1627) avaient confusément soupçonné l'existence d'œufs dans les « testicules » féminins. Fallope, dans ses *Observations anatomiques*, constate que certaines vésicules des ovaires sont « remplies d'eau ou d'humeur ayant la limpidité de l'eau; d'autres d'un liquide jaunâtre, d'autres enfin tout à fait transparentes ». Peu après, Volcher Coïter reprend ces mêmes observations en les précisant. Les allusions de Castro sont encore plus explicites : « Ces vésicules, remarque-t-il, contiennent une petite quantité d'humeur aqueuse et semblable à l'albumine de l'œuf. »

Certes, les observations comme les termes restent vagues et allusifs. Rien ne permet encore de déduire que ces vésicules sont autre chose que de simples hydatides. Il appartenait au Danois Sténon et au Hollandais De Graaf de découvrir la nature exacte de l'ovaire des vivipares.

1. Vénus physique, 1745 p. 16.

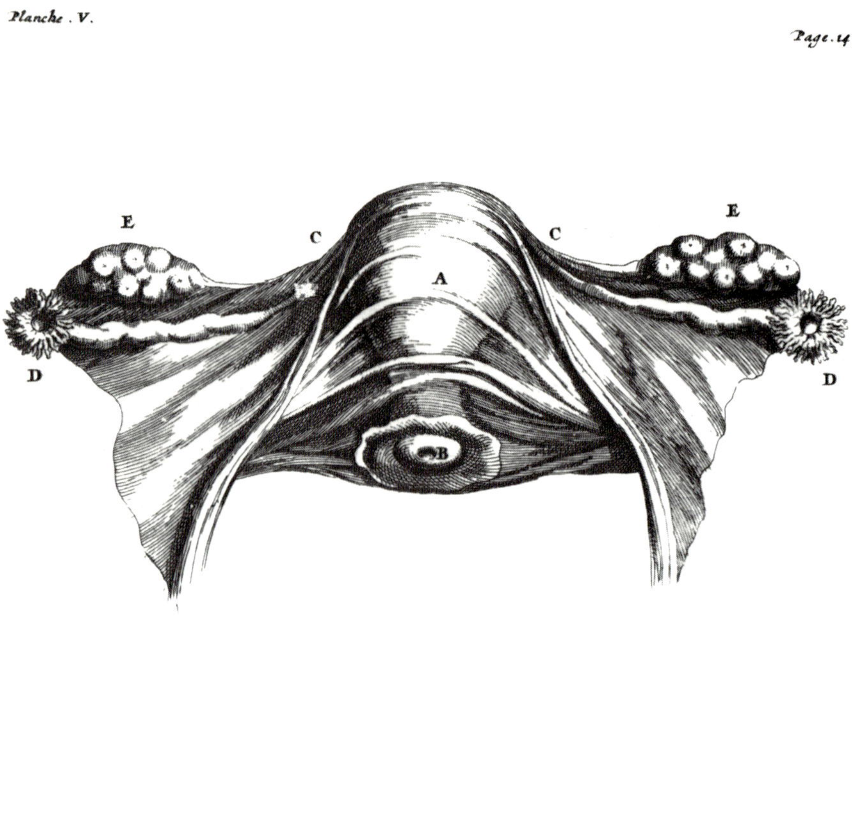

Fig. 13

Les parties génitales de la femme
Planque, Bibliothèque de médecine, Paris, 1762

A vagin, B matrice, C trompes de Fallope, D pavillons de la trompe de Faloppe, E ovaires.

CHAPITRE IV

LES RÉVOLUTIONS OVISTE ET ANIMALCULISTE

De Graaf et la révolution oviste

C'est en étudiant les « testicules » de la femelle du loup de mer, dont on connaissait la viviparité, que Sténon constate, vers 1668, qu'il s'agit en fait d'ovaires. Il étend ses observations à la vache, à la brebis, à la lapine et à la chienne et en conclut que les « testicules des femmes » sont sans doute analogues aux ovaires des ovipares [1].

La théorie oviste prend cependant sa forme à peu près définitive pour un siècle et demi, grâce aux belles recherches de Reinier De Graaf (1641-1673). Après lui, l'ovisme n'inspire plus que des observations fausses, des supputations gratuites ou des hypothèses fantaisistes.

C'est dans la préface de son *Nouveau Traité des organes génitaux de la femme* que De Graaf formule, en 1672, une audacieuse affirmation. « Je prétends, dit-il, que tous les animaux et l'homme même tirent leur origine d'un œuf, non pas d'un œuf formé dans la matrice par la semence, au sentiment d'Aristote, ou par la vertu séminale, suivant Harvey, mais d'un œuf qui existe avant le coït dans les testicules des femelles. »

Reprenant les observations de Sténon, il n'hésite pas à qualifier d'ovaires les « testicules féminins » et s'en explique au chapitre « Des testicules féminins ou ovaires ». « J'ai accueilli ce terme, écrit-il, à cause de l'extrême ressemblance que ces vésicules ont avec les œufs contenus dans l'ovaire des oiseaux; car ceux-ci, lorsqu'on les observe, ne contiennent rien d'autre que de l'albumine. Cette matière existe dans les œufs des femmes, comme je l'ai souvent observé en les soumettant à l'action du feu. La

1. *Philosophical Transactions, 1668, et Observationes anatomicae spectantes ova viviparorum, nos 88 et 89, Actes de Copenhague, 1675.*

liqueur contenue dans ces œufs acquiert, par la cuisson, la même couleur, la même saveur, la même consistance que l'albumine des œufs de poule. »

Ce sont donc les testicules femelles qui engendrent les œufs. A partir d'observations sur l'ovaire et l'utérus de lapines et de vaches fécondées, De Graaf décrit très précisément les follicules qui portent son nom. Mais il les prend pour les œufs eux-mêmes, alors qu'ils ne sont en réalité que les cellules qui les renferment. Et comment pouvait-il en être autrement lorsqu'on sait que l'ovule ne mesure que quelques centièmes de millimètre.

Il faut souligner le génie de De Graaf, qui a mené à bien ses recherches sans l'aide du microscope. Dès l'Antiquité, il était techniquement possible de réaliser les mêmes observations.

De Graaf reconnaît en outre l'existence de corps jaunes dans l'ovaire et il établit une corrélation entre le nombre de ces corps et le nombre de fœtus en gestation. Ces œufs, qui transitent par les trompes de Fallope, sont fécondés par l'*aura seminalis*, sorte de vapeur éthérée qui se dégage du sperme masculin. Arrivés dans la matrice, ils sont soumis à une incubation interne qui distingue les œufs vivipares des œufs ovipares dont l'incubation est externe.

L'analyse reposait évidemment sur des faits erronés. Mais cela n'enlevait rien à l'exactitude de la démarche, ni à la rigueur du raisonnement scientifique. Les recherches de De Graaf, en tout cas, tiraient l'embryologie du chaos. La priorité de ses découvertes lui fut d'ailleurs âprement contestée par son professeur Swammerdam et De Graaf mourut à l'âge de trente-deux ans, prématurément emporté par une violente colère injustement suscitée par son maître.

Les résultats de ses travaux soulevèrent pourtant une foule d'objections. Les trompes de Fallope, par exemple, n'étaient-elles pas trop étroites pour livrer passage aux vésicules de l'ovaire? Pour De Graaf, la matrice et le vagin se dilatent dans une même proportion lors de la formation du fœtus et au moment de l'accouchement. En outre, la vésicule peut bien se décharger de son eau en entrant dans la trompe, au niveau du pavillon. Daniel Tauvry, un autre oviste, soutient que l'œuf, doué d'élasticité, s'allonge dans les trompes de Fallope. L'œuf de poule, trempé dans du vinaigre, ne peut-il pas, de la même façon, transiter par le goulot d'une bouteille[1]?

Quelques années plus tard, les Italiens Malpighi et

1. *Traité de la génération... Paris, 1700, p. 55.*

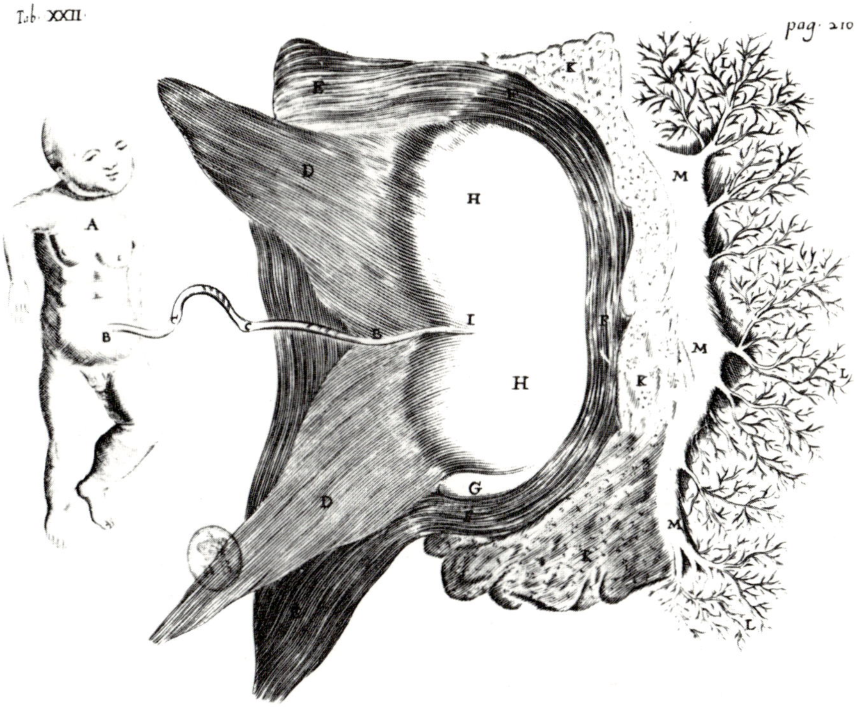

Fig. 14

Anatomie d'un œuf de femme
Regner de Graaf, « Nouveau traité des parties génitales de la femme », Lyon, 1672

Pour De Graaf, en qui il faut reconnaître, avec Sténon, le véritable fondateur des théories ovistes, l'œuf vivipare contient le placenta, les enveloppes embryonnaires et un fœtus préformé mais inerte dans l'attente d'une vivification qui interviendra sous l'impulsion de l' « aura seminalis », sorte de vapeur éthérée, subtile et fécondante émanée du sperme.

Vallisneri, sensibles à la gravité de l'objection et aux insuffisances de la parade, pressentirent le phénomène de l'ovulation. Mais jamais, au cours de leurs patientes recherches, ils ne parvinrent à déceler la présence de l'ovule [1]. Le mérite devait en revenir, cent cinquante ans plus tard, à Prévost et Dumas [2] et, un peu plus tard encore, à Karl Ernst von Baer [3].

Toutes les convictions ovistes et toutes les objections ne portaient pourtant pas la marque du bon sens.

1. Malpighi : La Structure du ver à soie et la formation du poulet dans l'œuf, 1686.
Vallisneri : Istoria della generazione, 1721.

2. Troisième Mémoire sur la génération, Genève, 1824.

3. Lettre de 1827 à l'Académie impériale de Saint-Pétersbourg : De ovi mammalium et hominis genesi, trad. française de G. Buschet, 1829.

Ovisme burlesque

En marge des magnifiques travaux de Sténon et de De Graaf, l'ovisme eut ses théoriciens et ses détracteurs baroques. « La femme, raillait Voltaire, n'est qu'une poule blanche en Europe et une poule noire en Afrique [4]. » Mais au-delà de tout humour caustique pouvait-on, sans outrager la religion, assimiler la femme à un volatile?

C'est contraire aux Écritures, affirmait-on un peu partout. Au XVIIIe siècle, le docteur Pierre Roussel, fervent défenseur du système d'Hippocrate jusqu'au début du XIXe siècle, en rejette l'idée au nom de la dignité humaine. « Nous ignorons, dit-il plaisamment, si les femmes s'accommodèrent d'un système qui les assimilait aux poules [5]. » Quelques théologiens prétendirent même que la présence d'œufs dans les ovaires de la femme, si elle se révélait exacte, ne serait que l'effet d'un prodige de Satan [6].

Il y eut des savants pour invoquer des arguments encore plus grotesques. C'est ainsi que, pour certains, les œufs de femme ne seraient en fait que des aliments mal digérés [7]. Un éminent représentant de l'école d'Hippocrate, Lamy, s'étonne que chaque accouplement ne féconde qu'un seul œuf de femme. A cet égard, la poule est plus maligne, elle n'a qu'un seul ovaire mais chaque copulation féconde plusieurs de ses œufs. D'ailleurs, par quel miracle la femme ne ressent-elle aucune douleur lorsque l'œuf se détache de l'ovaire? Quant à De Graaf, « ce n'est qu'un homme qui se mêle d'écrire ». Et puis, « c'est un menteur car il parle de nombreuses dissections de vaches qu'il n'étoit pas assez riche pour s'acheter [8] ».

Un autre adversaire des œufs refuse enfin d'admettre un système « qui donne à la femme presque tout l'honneur de la génération, ce qui est injuste [9] ».

D'autres anatomistes affichèrent, en revanche, leur atta-

4. Dialogues d'Evhémère, neuvième dialogue : « Sur la génération », 1779, p. 82.

5. Système philosophique de la constitution de l'état organique de la femme, 1755, p. 71.

6. Wormius et Fromann: De fascinationibus, p. 882.

7. Cité dans l'Encyclopédie, art. « Œuf », t. II, p. 405.

8. G. Lamy : Dissertation contre la nouvelle opinion qui prétend que tous les animaux sont engendrez d'un œuf, 1678, p. 195.

9. F. Planque : Bibliothèque de médecine, t. I, art. « Accouchemens monstrueux », p. 11.

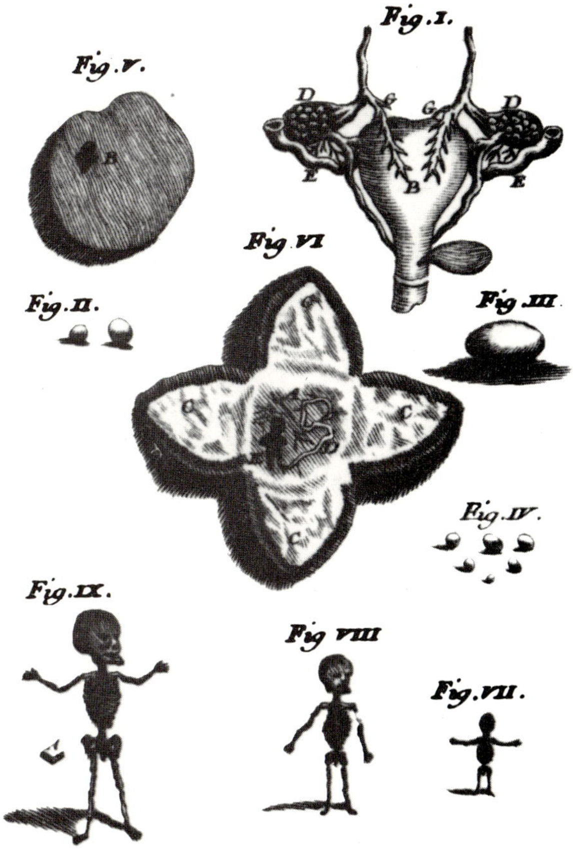

Fig. 15

L'ovisme burlesque

« Observations de M. Kerkring où il traite des œufs qui se trouvent dans les femmes »

Planque, « Bibliothèque de médecine », Paris, 1762

I. « Ces œufs, dit Kerkring, se rencontrent non seulement dans les testicules des femmes, mais encore dans ceux des filles (D) et cela leur arrive comme aux poules qui ne laissent de faire des œufs, sans avoir jamais communication avec le coq ».

II, III, IV. « Œufs représentés au naturel comme je les ai moi même trouvés dans le corps de plusieurs femmes que j'ai disséquées ».

V. Germe de trois ou quatre jours; on y distingue déja la tête (B).

VI. Germe de 15 jours. « L'on remarquait déja dans la tête les yeux, le nez, la bouche et les oreilles, et le corps commençait d'avoir des pieds et des bras ».

VII. Fœtus de trois semaines.

VIII. Fœtus un mois après la conception.

chement au système des œufs. Mais leurs arguments ne prouvent que leur incapacité à comprendre quoi que ce soit aux idées de De Graaf. Ces ovistes burlesques furent d'ailleurs les plus nombreux.

Un médecin de Brest affirme qu' en 1684, une femme grosse de sept mois a accouché d'un grand plat d'œufs [1]. Bartholin cite le cas d'une femme de Copenhague qui, après trois mois de grossesse, rejette un gros œuf pourvu d'une coque molasse [2]. Certains vont plus loin : ils ont vu des hommes pondre des œufs par le fondement [3].

Pour quelques-uns, les illuminations d'Antoinette Bourignon (1616-1680) tinrent lieu de preuve. Cette exaltée prétendait qu'Adam lui était apparu tel qu'il était avant sa chute et tels que seraient les hommes dans la béatitude éternelle. Il réunissait les deux sexes. A la place de la verge, il y avait un nez renversé, les narines dirigées vers le haut. De ce nez s'exhalaient des parfums exquis. L'intérieur des narines ressemblait à deux matrices de femme, en partie blanches, en partie vermeilles, dont l'une contenait des œufs semblables à des perles fines, et l'autre une liqueur aux émanations prolifiques. Ainsi se faisait la procréation, au milieu de délices infinis. Le Hollandais Swammerdam, dont les travaux contemporains et concurrents de ceux de De Graaf sont d'une incontestable valeur, était un adepte d'Antoinette Bourignon dans les illuminations de laquelle il voyait la confirmation mystique de ses convictions ovistes [4].

L'ahurissante controverse qui oppose le docteur de Houppeville, un partisan fantaisiste du système des œufs, à l'un de ses collègues, montre à quel point la compréhension des idées de De Graaf reste l'apanage d'une minorité. Dans une brochure parue à Rouen en 1675 et intitulée *De la génération des hommes par le moyen des œufs*, de Houppeville prétend avoir constaté que « les femmes et les filles vierges qui y ont pris garde, se sont bien apperçuës qu'elles vidoient de ces œufs qui souvent se cassent, pour ainsi dire, et ne paroissent que comme de la semence, mais si on les manie, il s'attache aux doigts une petite peau qui montre bien que c'est autre chose que de la semence [5] ».

Cette observation audacieuse inspira un détracteur anonyme qui, dans une réplique enflammée, voulut concilier l'élévation morale, l'élan lyrique et l'esprit scientifique. Qu'une religieuse, à l'image d'une poule, puisse pondre des œufs, voilà qui est répugnant!

« Nous ne pouvons souffrir, s'écrie-t-il, que les femmes et les filles vuident des œufs, qu'elles les cassent, qu'elles les

1. *Encyclopédie, art. « Œuf », t. II, p. 405.*
2. *Historiarum anatomicum... Copenhague, 1661, liv. II, p. 11. (Cette observation est antérieure à l'ovisme, mais elle est reprise par les ovistes burlesques en guise de preuve.)*
3. *Paulin et Schenlk, ironiquement cités par l'Encyclopédie, t. II, p. 405.*
4. *Alfred Bastin : « Accouchements multiples dans la légende et dans l'histoire », dans Æsculape, nov. 1929.*
5. *Op. cit., pp. 28, 29.*

manient et les pressent avec leurs doigts. Vierges vestales qui nourrissez dans votre cœur un feu divin qui ne s'éteint pas même par votre mort, mais qui étant allumé par l'Esprit Saint, est immortel, chastes filles, soit que vous viviez dans le siècle, soit que vous soyez cloîtrées, souffrirez-vous un médecin qui veut que vous ayez un ovaire comme les poules ? Que vous pondiez des œufs subventanés et hardelés ? Que vous en cassiez avec vos doigts ? Souffrirez-vous, nous ne disons pas sans rougir, mais sans crier à la vengeance contre un docteur qui vous accuse impunément de saletez et de molesse (masturbation) [1] ? »

Un peu plus loin, l'auteur esquisse une pointe d'humour : « Et puisque vous leur donnez des œufs et des ovaires, dit-il à Houppeville, en échange, elles vous donneroient l'ovation [2] ? » Au mode badin succède une rigueur scientifique plus grande. Cette fois, l'argument est percutant. Le médecin se souvient avoir été appelé, dix ans plus tôt, au chevet d'une femme qui présentait toutes les apparences de grossesse. En fait, il s'agissait d'une fausse grossesse. « Nous prîmes, dit-il avec emphase, la résolution de faire décharger la matrice, et, après un médicament pris, à l'aide de notre main, la matrice ouverte laissa cheoir cinq corps séparés l'un après l'autre, comme ces très grosses grappes. » Aucun doute ! Ce sont des œufs de langouste. Les femmes pondraient-elles effectivement ? Non, répond l'observateur éclairé. « Notre sentiment est que c'étoit une erreur de la faculté formatrice qui, trompée par l'imagination de la femme qui avoit vu cinq œufs de langouste et les avoit ardemment désirés, avoit changé la semence de l'homme en œufs de langouste [3]. »

De telles balivernes n'auraient sans doute pas discrédité le système des œufs. Au contraire, celui-ci commençait à s'imposer lorsque la découverte du spermatozoïde, produisant une véritable secousse, le fit momentanément passer à l'arrière-plan.

1. *Réponse à la lettre de Monsieur Guillaume de Houppeville...*, *Rouen*, *1675*, *pp. 55-56*.

2. *Ibid.*, *p. 57*.

3. *Ibid.*, *p. 58 et suiv.*

Découverte, gloire et disgrâce du spermatozoïde

Quatre siècles avant J.-C., Platon, dans le *Timée*, a une vision prophétique. Il imagine des animaux minuscules, invisibles et sans forme, qui, semés par l'homme dans la matrice, s'y développent pour former des êtres accomplis.

Vingt siècles plus tard, c'est dans une atmosphère de merveilleux que les spermatozoïdes font irruption dans les systèmes de génération. En 1677, un jeune médecin de

Dantzig, Louis de Ham, alors étudiant à Leyde, soumet à l'examen microscopique les pollutions nocturnes d'un malade atteint de gonorrhée. Il découvre « qu'une goutte étoit un océan où nageoit une multitude innombrable de petits poissons dans mille directions différentes[1] ». Peu après, de passage à Delft, il attire l'attention du Hollandais Leeuwenhoek sur ces petits poissons frétillants. Le célèbre micrographe en fait aussitôt une première description à l'adresse du secrétaire de la Société royale de Londres[2]. Il décrit ces « animalcules » qui, selon lui, forment le germe et même l'âme animale de l'embryon, comme de petits « têtards bissexués ». Peu après, Leeuwenhoek observe de semblables créatures dans la semence du chien, du cheval, du lapin, de l'escargot...

La priorité de la découverte fut vivement revendiquée par le Hollandais Hartsoeker qui prétendait connaître l'existence de ces animaux depuis 1674. Mais, par décence, il s'était cantonné dans un silence pudique[3]. Dans une lettre adressée en 1678 au *Journal des Sçavans*, il se contredit pourtant et reconnaît ne les avoir observés que depuis peu[4]. Plus tard, il accusera Huygens, le rédacteur de ce journal, d'avoir altéré le sens de sa lettre[5]. Quant à Leeuwenhoek, s'il assure avoir découvert les animalcules en 1675, il reconnaît n'y avoir d'abord vu que de simples « globules liquides » et il rend un juste hommage à de Ham dont il ne cherche pas à sous-estimer le mérite.

Aussitôt, les spermatozoïdes suscitent un extraordinaire engouement. Certes, on ne parle pas encore de spermatozoïdes, mais d'animaux, de vers, de vermisseaux, de vermicules, d'insectes spermatiques, de poissons, de têtards, de crapauds et surtout d'animalcules. Pétillants de vie, ils détrônent l'œuf inerte. On y voit, naturellement, l'origine de l'homme. Aussi restaurent-ils le prestige procréateur du mâle que l'ovisme avait singulièrement ébréché. « Voilà donc toute la fécondité qui avoit été attribuée aux femelles rendue aux mâles[6] », s'exclame Maupertuis.

Le spermatozoïde est présenté en grande pompe au roi d'Angleterre Charles II. La France, à son tour, lui réserve un accueil chaleureux[7]. Et puis, l'animalcule passe dans la mode. La haute société se complaît dans l'observation microscopique de sa joyeuse progéniture et, selon la formule de Voltaire, il était courant « que tous les philosophes, excepté ceux de quatre-vingts ans, dérobassent à l'union des sexes la liqueur séminale productrice du genre humain[8] ».

1. *Vénus physique, 1745, p. 27.*

2. *« Observationes D. Anthonii Leeuwenhoek de natis e semine genitali animalculis », dans Philosophical Transactions, n° 42, janvier 1678.*

3. *Cours de physique. Extrait critique des lettres de M. Leeuwenhœk. La Haye, 1730, p. 45.*

4. *Le Journal des Sçavans, n° 30, 1678, p. 378.*

5. *Cours de physique, ibid., pp. 47-48.*

6. *Vénus physique, p. 29.*

7. *Haller : La Génération ou exposition des phénomènes relatifs à cette fonction naturelle, Paris, 1774, t. I, p. 11.*

8. *Les Singularités de la nature, Bâle, 1768, chap. XIX : « Des germes », p. 63.*

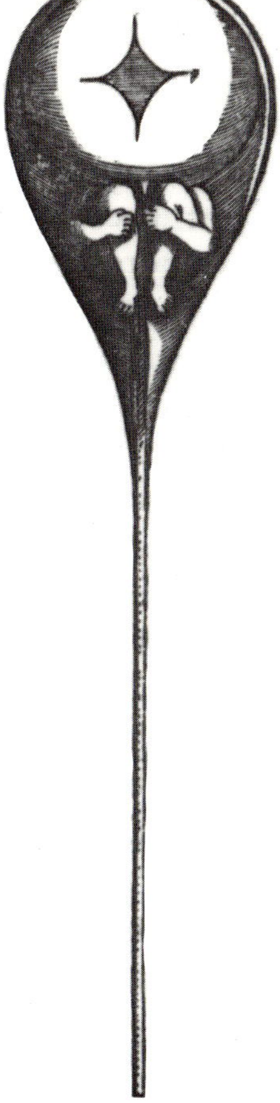

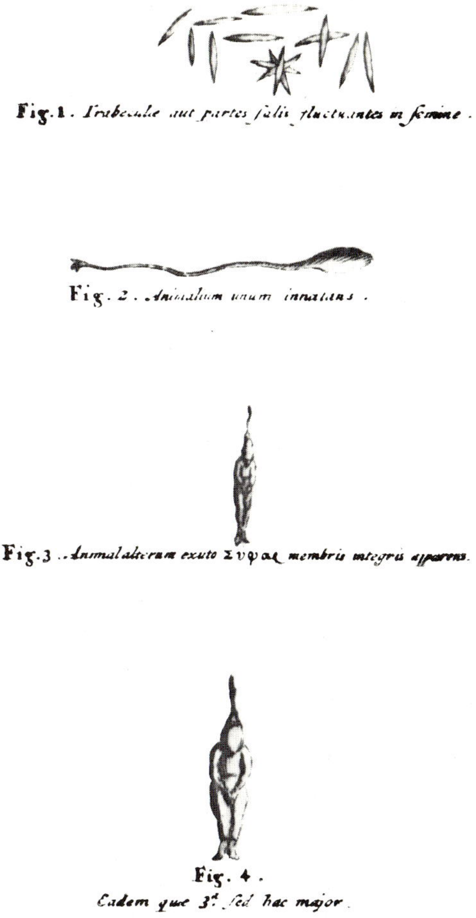

Fig. 16 et 17

Les premières observations d'animalcules (*spermatozoïdes*)

Pour Hartsoeker (*Essay de dioptrique*, 1711), le fœtus, couvert d'un voile membraneux, est caché dans la tête du « ver spermatique » dont la queue correspond au nombril (fig. 19). Le secrétaire de la Faculté de médecine de Montpellier, Plantade voit les spermatozoïdes se dépouiller de leur peau et prendre la forme d'un petit homme dont on distingue clairement tous les membres (fig. 20), (*La Nouvelle République des Lettres*, 1699). L'article de Plantade a-t-il été un « canular »?

On s'émerveille devant la multitude des êtres qui peuplent le sperme. On ne se lasse pas d'y voir « nager les petits vers qui doivent devenir hommes, comme on voit dans les étangs glisser les têtards destinés à être grenouilles[1] ». Se faisant l'écho d'un sentiment communément répandu cinquante ans plus tôt, Maupertuis célèbre la nature provide. « On trouve dans la liqueur séminale d'un brochet, écrit-il en 1745, plus de brochets qu'il n'y auroit d'hommes sur la terre, quand elle seroit par tout aussi habitée que la Hollande. Mais si l'on considère les générations suivantes, quel abyme de nombre et de petitesse! D'une génération à l'autre, les corps de ces animaux diminuent dans la proportion de la grandeur d'un homme à celle de cet atome qu'on ne découvre qu'au meilleur microscope... Richesse immense de la nature! N'êtes-vous pas ici une prodigalité? Et ne peut-on pas vous reprocher trop d'appareil et de dépense[2]? »

Étonnante liqueur séminale! Les autres humeurs animales ne sont jamais que « des mers désertes dans lesquelles on n'aperçoit pas le moindre signe de vie[3] ». L'examen du sang, de la salive, de l'urine et des larmes distille un morne ennui. Mais le grouillement du sperme, le frétillement de millions de têtards qui portent en germe les hommes de demain, voilà qui est vraiment fascinant!

Et c'est bien là le drame du spermatozoïde. Il est beaucoup trop spectaculaire. Bientôt, l'imagination s'en empare et lui prête une personnalité qu'il n'a pas. L'œil rivé au microscope, Leeuwenhoek a beaucoup contribué à la naissance d'un mythe. Inlassablement, il observe les mœurs de ces petits animalcules. Il en distingue des deux sexes. Les adultes sont pourvus d'une queue, les jeunes n'en ont pas. Pendant la saison des amours, ils s'accouplent. Bientôt, les femelles deviennent grosses et mettent bas. Les petits, dont certains « ne sont pas mûrs et pas encore viables », sont accrochés par grappes à la queue de leur mère dont ils se détachent à l'âge adulte. Ces animaux spermatiques héritent de l'instinct de celui qui les porte. Dans la semence du bélier, on les voit par exemple se déplacer en troupeaux. Arrivés dans la matrice, ils se dépouillent de leur première peau, prennent leur queue, s'enroulent sur eux-mêmes et se revêtent d'une peau nouvelle qui donnera naissance aux enveloppes embryonnaires[4].

Hoffmann, un autre animalculiste, voit dans le sperme des globules ou des œufs transparents dont chacun serait

1. Voltaire : Singularités de la nature, p. 63.

2. Vénus physique, pp. 30-31.

3. Observations de Leeuwenhoek citées dans La Génération... de Haller, 1774, pp. 29-30.

4. Observations de Leeuwenhoek citées dans l'Histoire naturelle de Buffon, 1749-1767, t. IX, pp. 28, 146-147, 304.

« l'auberge de deux vers » mâle et femelle[1]. En 1694, Hartsoeker imagine dans le corps de l'animalcule les nerfs, les artères et les veines du fœtus. Il prétend que l'homme, couvert d'un voile membraneux, est caché dans la tête du ver et que la queue correspond au nombril. Il fait graver cet *homunculus* sous la forme d'un petit homme, les membres repliés, et accroupi à l'intérieur de la tête de l'animalcule. Et tous les hommes à naître sont ainsi emboîtés les uns dans les autres[2].

C'en est trop! De telles divagations inspirent au secrétaire de la Faculté de médecine de Montpellier, Plantade, un article satirique qu'il publie en latin sous le pseudonyme de Dalempatius, dans *La Nouvelle République des Lettres* de 1699. Il affirme avoir vu ces têtards se dépouiller de leur peau et prendre la forme d'un petit homme dont on distingue clairement la tête, le tronc et les jambes[3]. Les partisans trop crédules de l'animalcule se laissent prendre au piège. Les uns après les autres, ils cautionnent les « découvertes » de Dalempatius. L'illustre Boerhaave ne s'est-il pas, le premier, laissé abuser? Il est possible que Plantade, emporté dans le courant d'exaltation collective, ait d'abord parlé sérieusement. Prenant conscience de son délire, il aurait, par la suite, trouvé une issue honorable dans la plaisanterie. Buffon, en tout cas, le réfute gravement. Comment, dit-il, ce petit personnage pourrait-il être plus formé que ne l'est le fœtus à un mois[4]?

Mais le discrédit est aussitôt jeté sur l'animalcule. Du coup, sa chute est non moins fulgurante que ne l'a été sa gloire. « Cette découverte, dira Haller quelques années plus tard, eut une célébrité aussi brève qu'une chose d'aussi peu de valeur peut en avoir[5]. »

Au fond, les autres systèmes sont plus rationnels et procèdent d'une philosophie plus lénifiante. Le séminisme découle d'une observation directe et d'une logique solide. L'ovisme s'inscrit dans l'unité de la nature. Etre issu d'un vulgaire têtard n'est pas flatteur, en faire son héritier ne l'est guère plus. Ainsi, la poussée animalculiste aura été de courte durée. Après avoir été encensé, le spermatozoïde est ravalé au rang de simple parasite. Pourtant, sa carrière est loin d'être terminée. En dépit de tout, il garde un certain nombre de partisans qui énoncent les théories animalculistes, alors même que l'ovisme regagne le terrain perdu.

1. *Friedrich Hoffmann : Opera omnia physico-medica, 1740, liv. I, chap. : « De semine », p. 76.*

2. *Essay de dioptrique, 1711, pp. 229-230.*

3. *La Nouvelle République des Lettres, 1699, p. 552 et suiv.*

4. *Histoire naturelle, t. IV, p. 149.*

5. *La Génération..., t. II, p. 11.*

Les théories animalculistes

Malgré le scepticisme assez général illustré par la tendance nettement oviste de l'*Encyclopédie*[1], plusieurs grands savants, Andry, Boerhaave, Astruc, Lieutaud restent fidèles à l'animalcule. Mais, redoutant les sarcasmes qui ne manqueraient pas d'accueillir toute nouvelle révélation sur de prétendus petits hommes, ils s'efforcent de rester sobres.

A la fin du XVIIIe siècle, Spallanzani leur porte un nouveau coup mortel en réalisant la fécondation artificielle d'œufs de grenouilles avec du sperme dilué qu'on croit dépourvu d'animalcules[2]. Aussi, la fonction procréatrice du spermatozoïde n'est-elle reconnue à l'unanimité que dans la deuxième moitié du XIXe siècle. En 1829, Demangeon refuse d'y voir un élément du fœtus et n'admet dans le sperme que « des éléments de vivification[3] ». Dix ans plus tard, le physiologue Jean Mülle déclare ne pas savoir s'il s'agit de parasites ou d'animaux générateurs. La réhabilitation du spermatozoïde ne sera donc pas sanctionnée par un triomphe éclatant, elle interviendra au terme d'une lente ascension et d'un constant ralliement des savants. En 1865, Schweiger-Seidel et La Valette Saint-George démontrent enfin qu'il n'est en fait qu'une cellule sans protoplasme dont l'élément essentiel est un noyau qui en forme la tête. Et ce n'est que vers 1870 que son pouvoir procréateur est reconnu à l'unanimité.

Ce sont les observations d'Andry qui, dès la fin du XVIIe siècle, suscitent pourtant les remarques les plus pertinentes en dépit de quelques maladresses. Il prétend, par exemple, que les vers qui habitent le corps sont de deux sortes : les zoophages, qui dévorent l'animal, et les spermatiques qui habitent l'humeur séminale et ne lui portent aucun préjudice. Aussi n'est-ce pas par hasard qu'il consacre le même ouvrage aux ascaris, aux tænias et aux spermatozoïdes[4].

Par ailleurs, Andry démontre clairement la survie de l'animalcule à la mort de l'individu qui les porte. La dissection d'un criminel fraîchement exécuté lui révèle l'existence d'une myriade d'animaux vivants « à grosse tête et longue queue » dans les testicules, les vaisseaux déférents et les vésicules séminaires du cadavre. Il enferme dans une fiole bien bouchée le sperme d'un chien et observe, une semaine plus tard, la présence d'animalcules en pleine vitalité. Il en conclut, non sans exagération, que la matrice

1. Art. « Génération », t. VII, p. 567 et suiv.

2. Expériences pour servir à l'histoire de la génération..., Genève, 1785, p. 165.

3. Anthropogénésie ou génération de l'homme, p. 137.

4. Nicolas Andry : De la génération des vers dans le corps de l'homme, Paris, 1700.

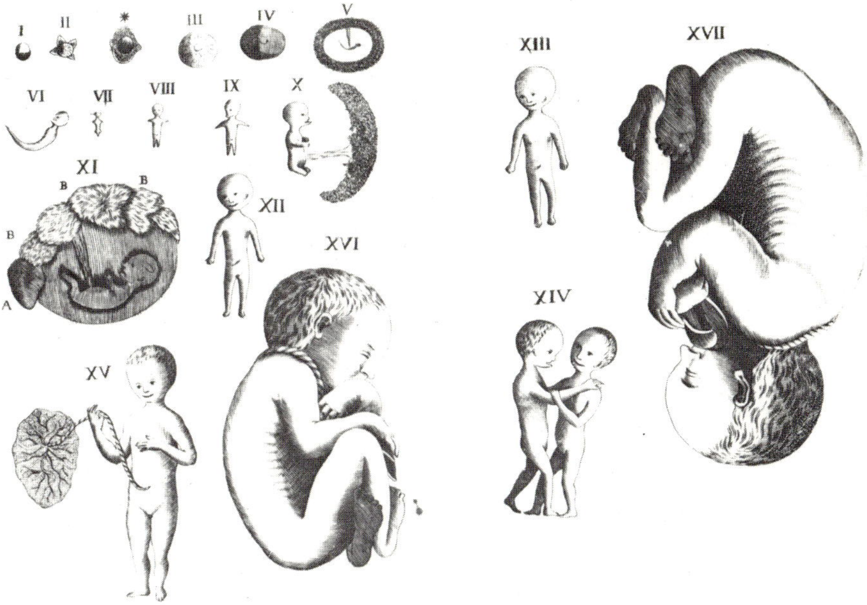

Fig. 18

La conjonction de l'œuf et de l'animalcule

L'animalcule trouve dans l'œuf le « gîte et le couvert »
nécessaires à son accroissement.
Cangiamila, « Abrégé d'Embryologie sacrée », Paris 1775

étant un lieu bien plus propice à leur survie, la femme peut concevoir de son époux trois mois après la mort de celui-ci. Une naissance posthume de douze mois n'est donc pas forcément illégitime.

Enfin, Andry établit le lien qui existe entre ces vermisseaux et la génération. Il n'en aperçoit que chez ceux qui sont en âge de procréer. Les enfants, les vieillards et les impuissants en sont dépourvus. Ils sont languissants ou morts dans le sperme de ceux qui sont affligés d'une maladie vénérienne. Leur nombre diminue en période d'incontinence sexuelle. Les vers spermatiques de l'homme ont enfin une tête beaucoup plus grosse que les vers des autres animaux, ce qui permet d'établir une corrélation avec le fœtus humain [1].

1. *Ibid., chap.* XI : « *Des vers spermatiques* », *p.* 282 *et suiv.*

Le rôle procréateur de l'animalcule ainsi démontré, comment intervient-il dans le processus de génération? Pour quelques-uns, il est le germe exclusif du fœtus. Pour d'autres, la conjonction de l'animalcule et de l'œuf est nécessaire.

Certains, établissant une analogie abusive avec le règne végétal, imaginent que ces animalcules sont dardés contre les parois de la matrice comme une volée de graines sur un terroir fertile. Mais seuls quelques points imperceptibles de la membrane, tels des oasis au milieu du désert, fournissent le suc nécessaire à l'accroissement du fœtus. De rares élus, un ou deux vermisseaux, s'y fixent. Ils tissent contre la matrice ces filets placentaires dont les profondes racines vont puiser la sève nourricière dans les entrailles de la mère. « Les autres périront comme les grains semés dans une terre aride. Car la matrice, dit Maupertuis, est une étendue immense pour ces animalcules [2]. » Quant aux ovaires, ce ne sont que de simples glandes qui sécrètent une humeur lubrifiante mais n'interviennent pas dans la génération.

2. *Vénus physique, pp.* 34-35.

Les plus nombreux soutiennent néanmoins que la rencontre de l'œuf et de l'animalcule est nécessaire. L'animalcule entre dans l'œuf par le pédicule qui s'attache à l'ovaire. Ses congénères sont voués à une mort certaine. C'est pourquoi il existe un nombre prodigieux d'animaux. Car tel ver n'a qu'une chance sur un million pour pénétrer dans l'œuf. Mais il y a un million de vers. L'équilibre est donc rétabli dans le rapport de un pour un [3]. Ce système est beaucoup moins proche de la réalité qu'il n'en a l'air. L'animalcule reste le seul principe effectif de génération. Il trouve dans l'œuf, tel un insecte dans un fruit, « le gîte et le couvert » nécessaires à son accroissement.

3. *Buffon : Histoire naturelle, t. IV, p.* 153.

La conjonction de l'œuf et de l'animalcule a d'ailleurs suscité des impressions pittoresques. De cette multitude de vermisseaux jetés dans la matrice, « l'un plus heureux ou plus à plaindre que les autres, écrit Maupertuis, nageant, rampant dans les fluides dont toutes ces parties sont mouillées, emprunte la trompe de Fallope et parvient jusqu'à l'ovaire. Là, trouvant un œuf à son goût, il s'y loge. L'œuf piqué se détache de l'ovaire et, par le même itinéraire, il tombe dans la matrice [1]. »

La vision d'Andry est encore plus étonnante. Les insectes spermatiques donnent l'assaut à l'œuf déjà déposé dans la matrice. Alors, un étrange ballet commence : « Ces vers spermatiques, qui sont dans un mouvement continuel, vont dans toute la cavité de la matrice; ils rencontrent cet œuf, ils tournent à l'entour, ils courent dessus. » Le plus habile trouve l'orifice qui s'est formé lorsque l'œuf s'est détaché de l'ovaire. A cet endroit, « il y a une valvule qui permet au ver d'entrer dans l'œuf mais qui l'empêche d'en sortir, parce qu'elle se ferme de dedans en dehors. Cette valvule est tenuë en arrest par la queue du ver qui donne contre la valvule; en sorte qu'alors elle ne peut pas même s'ouvrir de dehors en dedans : ce qui est cause qu'un autre ver n'y sçauroit entrer [2]. »

Avec Boerhaave, la conception prend une dimension épique, apocalyptique, dantesque. Elle intervient au terme d'un bain de sang. Parvenus à l'entrée des trompes de Fallope, les animalcules entrent en guerre ouverte. Le plus fort, après avoir jonché de cadavres le champ de bataille, « tout glorieux de son triomphe et resté seul pour en jouir », emprunte la trompe et va détacher l'œuf qu'il conduit dans la matrice. Parfois, deux survivants pénètrent en force dans l'œuf, se fâchent et se livrent un combat singulier. Le vainqueur expulse le cadavre de son malheureux concurrent. Mais lui-même n'est pas sorti indemne de la bataille. C'est ainsi que se forment des fœtus « borgnes, estropieds, mutilés qui, arrivés à terme, donnent des monstres [3] ».

L'animalcule, l'œuf et l'*aura seminalis* interviennent dans le système d'Astruc [4]. L'œuf comprend tout l'arrière-faix, c'est-à-dire le placenta et les enveloppes du fœtus. Après l'accouplement, la matrice se resserre, la semence est absorbée par les pores, mais les animalcules restent plaqués contre la muqueuse. L'esprit séminal du sperme est porté aux ovaires par le sang. Les œufs, ainsi fécondés, croissent; quelques-uns se détachent, tombent dans la trompe qui

1. Vénus physique pp. 34-35.

2. Génération des vers..., pp. 291, 292.

3. Les Institutions de la médecine, 1740, p. 448 et suiv.

4. Cité par Tinchant dans sa Doctrine nouvelle sur la reproduction de l'homme, Paris, 1825, p. 42.

les conduit jusque dans la matrice. L'un de ces œufs deviendra le gîte d'un animalcule. Il n'est pas difficile d'expliquer, dans de telles conditions, le phénomène de l'hérédité. Le ver porte l'image du père, l'œuf porte en moule l'image de la mère. Le produit final sera donc modelé à l'image des deux parents.

Les théories animalculistes ne sont, en fin de compte, que le fruit de l'imagination et de l'esprit lyrique. De même, ce sont des arguments moraux et philosophiques qui vont servir de base à leur réfutation.

Le procès du spermatozoïde

Une trentaine d'années après sa découverte, l'animalcule laisse sceptique. Au temps de l'euphorie irraisonnée succède celui des critiques. « A mesure qu'on examinoit la chose de plus près, écrit Roussel, et que la première agitation des esprits se calmoit, les doutes naissoient en foule [1]. » Bien plus, on ne se contente pas de réfuter les facultés procréatrices de l'animalcule, on le met désormais au banc des accusés, comme pour se venger d'un enthousiasme trop vite déçu. Mais que lui reproche-t-on, au juste?

On lance d'abord contre lui une accusation de génocide. La multitude de ces animalcules pose, il est vrai, un écrasant problème moral. « On ne pouvoit se résoudre à croire, poursuit Roussel, que la nature établît l'existence d'un animal sur la destruction de plusieurs autres milliers d'animaux, et qu'un de ces animalcules ne pût vivre qu'en sacrifiant, comme un sultan cruel, tous ceux qui avoient les mêmes droits que lui [2]. » La grande *Encyclopédie* exprime une opinion semblable et s'indigne de ce que le plus fort, au prix « d'un massacre général, parvienne à s'emparer seul de la matrice ou de l'œuf [3] ».

Fort bien, rétorquent les avocats de l'animalcule. Mais pourquoi lui reprocher une prodigalité dont la nature offre partout de multiples exemples? « Combien de milliers de glands tombent d'un chêne, se dessèchent et pourrissent, pour un très petit nombre qui germera et produira un arbre [4]? » « Cette analogie, tirée des végétaux regardés communément comme insensibles, ne rassuroit pas tout à fait [5]. » Les végétaux, souligne l'oviste Michel Procope Couteau, n'ont pas d'âme. D'ailleurs : « Les fruits, les graines que rapporte un arbre, une plante, ne germent pas

1. *Système philosophique de la constitution de l'état organique de la femme*, 1755, p. 73.

2. *Ibid.*, p. 74.

3. T. VII, art. « Génération », p. 567.

4. *Maupertuis : Vénus physique*, p. 32.

5. *Roussel*, op. cit., p. 74.

tous. Cependant, ils peuvent tous germer : leur mère commune, la terre, leur offre un champ assez vaste pour les contenir et les faire fructifier tous. » Et puis ces fruits, ces graines, « sont l'aliment des habitants de la terre et de l'air : au lieu que les animaux spermatiques deviennent d'une inutilité parfaite[1] ».

L'immoralité de l'animalcule procréateur et la sagesse malthusienne de la nature sont à la base de notions toujours bien établies dans la première moitié du XIXe siècle. En 1830, Bory de Saint-Vincent s'insurge à l'idée du triomphe d'un seul sur des millions d'individus[2], et Burdach écrit, dans son *Traité de physiologie*, qu'il est inadmissible que « chaque homme porte en soi des millions d'hommes déjà vivants, dont plusieurs milliers doivent périr à chaque copulation[3] ».

Seconde accusation, la laideur de l'animalcule. Certes, « le papillon et plusieurs espèces d'animaux sont d'abord une sorte de ver[4] ». Mais l'homme a trop d'amour-propre pour accepter d'être issu d'un misérable vermisseau. L'idée qu'il porte en lui des rejetons qui, à peu de chose près, ressemblent à ceux du crapaud, est proprement intolérable. C'est un sentiment fort bien exprimé par Michel Procope Couteau : « Comment, dit-il, cet orgueilleux tyran de tout ce qui respire, peut-il se reconnaître au travers de déguisemens si vils et se donner des vers pour successeurs[5] ? »

Troisième élément versé au dossier de l'accusation : l'animalcule défie la logique et les lois de la nature. Si l'insecte spermatique est effectivement le germe du fœtus, comment expliquer la ressemblance avec la femelle? « Dira-t-on que c'est pour en avoir reçu la nourriture et le logement? En ce cas, pourquoi les troupeaux ne ressembleraient-ils pas aussi aux prairies[6] ? » Poursuivant son réquisitoire, Michel Procope Couteau réfute l'analogie du ver spermatique tissant son placenta et de l'insecte tisserand : « On en voit bien se tisser des espèces de tombeaux, mais on en a, je crois, encore vu aucun bâtir son berceau. Est-ce avant que d'éclore que les oiseaux font leur nid[7] ? » Et puis, comment justifier le défaut de proportion entre le volume des animalcules observés dans la semence de divers animaux et le volume des animaux eux-mêmes? Leeuwenhoek n'a-t-il pas avoué n'avoir trouvé aucune différence de taille entre les animalcules des plus petits et ceux des plus grands animaux?

Bien d'autres questions restent sans réponse. Quel est

1. *Michel Procope Cous teau: L'Art de faire de- garçons, Paris, 1745, éd. de 1755, p. 65.*

2. *Dictionnaire d'histoire naturelle, art. « Sperme ».*

3. *T. II, p. 289 (1838).*

4. *Maupertuis : Vénus physique, p. 36.*

5. *L'Art de faire des garçons, p. 62.*

6. *Ibid., p. 53.*

7. *Ibid., p. 67.*

le mode de reproduction de ces vermisseaux? Comment peuvent-ils survivre dans un état de perpétuel mouvement? (Buffon). Pourquoi Vallisneri n'en a-t-il pas trouvé dans de la semence injectée dans une matrice? (*Istoria della generazione.*) Pourquoi le sperme de certains animaux comme le cochon d'Inde ou le coq n'en contiennent-ils pas? (*Encyclopédie.*) Comment un être doué d'une prodigieuse vitalité peut-il se résigner à un immobilisme de neuf mois? (Voltaire.) La liqueur contenue dans l'œuf ne devrait-elle pas, inévitablement, s'échapper par le petit trou que l'animal doit percer avant d'y pénétrer? (Dionis)...

En prenant sa défense dans *L'Homme machine*, La Mettrie achève, malgré ses bonnes intentions, de discréditer l'animalcule. « L'homme, dans son principe, écrit-il, n'est qu'un ver qui devient homme, comme la chenille papillon... Tous les curieux l'ont vu dans la semence de l'homme et non dans celle de la femme; il n'y a que les sots qui s'en soient fait scrupule[1]. » Qu'un auteur matérialiste s'érige en défenseur de l'animalcule dans un ouvrage sacrilège, brûlé sur les marches de la Sorbonne, c'était consommer sa perte, c'était le rendre justiciable de la Sainte Inquisition.

Le verdict de la majorité des savants fut écrasant. Certains allèrent même jusqu'à douter de l'existence animale des vermisseaux. De La Motte explique leur agitation par les effets de ces mêmes esprits dont est chargé le sang. Si les globules sanguins ne sont pas en mouvement, c'est que « les esprits ne sont pas enchaînés dans la substance du sang comme dans celle de la semence », qui est d'une consistance « visqueuse et mucilagineuse ». Le mouvement des animalcules n'est donc pas sans rappeler les soubresauts « des parties nerveuses et membraneuses » d'un animal qui vient de mourir. Cette ultime agitation a pour origine l'obstacle opposé par ces parties à « la sortie de ces esprits, qu'elles tiennent comme enchaînés[2] ».

Dionis ne s'embarrasse pas de considérations si subtiles. Il compare les animalcules, injure suprême, à de fines particules de poussière qui voltigent dans le rayon de soleil qui pénètre à l'intérieur d'une pièce sombre, et que l'on prendrait volontiers pour de petits animaux vivants si l'on n'en savait la nature exacte[3].

Verheyen estime que ce sont des bulles d'air mues par les esprits de la semence. Linné les prend pour des particules de graisse que le mouvement intestin du sperme paraît animer[4]. Needham y voit des êtres simplement

1. La Mettrie : L'Homme machine, Leyde, 1748, p. 135.

2. De La Motte : Dissertations sur la génération..., 1718, p. 79.

3. Dionis : Dissertation sur la génération de l'homme..., 1698, p. 32.

4. Cité dans La Génération... de Haller, 1774, t. II, p. 15.

vitaux produits par une « force végétatrice » qu'il attribue à la matière[1]. Il y en eut même pour nier tout bonnement l'existence même de ces animalcules. « Plusieurs curieux ont cherché à les voir et n'ont rien vu du tout, dit Voltaire. Enfin, on s'est dégoûté non pas de fournir à ces expériences, mais d'user ses yeux à contempler dans une goutte de sperme un peuple si difficile à saisir et qui probablement n'existoit pas[2]. »

Pourtant dès la fin du XVIIIe siècle, une expérience réalisée par Spallanzani et reprise, au début du XIXe siècle, par Prévost et Dumas, aurait dû consacrer le pouvoir générateur de l'animalcule. On s'aperçut, en effet, que le sperme de grenouille filtré donnait un filtrat stérile et un résidu capable de féconder les œufs. Mais la domination de l'esprit de système était si puissante que personne ne songea à tirer de l'expérience les conclusions qui s'imposaient[3].

La plupart des savants qui niaient le pouvoir procréateur de l'animalcule n'en avaient pas moins la certitude qu'il était cependant un animal, que cet animal était un parasite, et que ce parasite vivait heureux.

1. *Nouvelles Observations microscopiques, Paris 1750, p. 145.*

2. *Dialogues d'Evéhmère, p. 83.*

3. *Spallanzani : Expériences pour servir à l'histoire de la génération..., 1785, et Prévost et Dumas : Troisième Mémoire sur la génération, 1824.*

Le spermatozoïde : un parasite

Les prétentions procréatrices de l'animalcule ne suscitaient qu'indignation et répugnance. Paradoxalement, l'animalcule parasite n'éveille qu'un sentiment de sympathie. « Eussions-nous soupçonné, écrit Spallanzani, que cette liqueur précieuse qui est le principe reproducteur des grands animaux, étoit en même temps l'élément destiné à la nourriture et aux plaisirs d'une multitude innombrable de très petits êtres vivans? » L'abbé Spallanzani idéalise l'origine de ces petits animaux. Ils sont les créatures d'une « sagesse suprême », d'une « sagesse adorable qui s'est plu à multiplier les êtres sentans, et à ne laisser déserte aucune portion de la nature[4] ».

Beaucoup plus prosaïque, Haller leur assigne une origine moins glorieuse. Ces « insectes » naissent dans les sucs pourris. On les trouve en grande quantité dans la liqueur séminale car les testicules sont proches des gros intestins et dans une situation favorable à la pourriture[5].

Que l'origine de ces vers s'inscrive dans le grand dessein du Créateur ou procède, plus vulgairement, d'un voisinage fécal, presque tout le monde s'accorde sur leur nature

4. *Opuscules de physique animale et végétale, Pavie, 1787, t. II, p. 123.*

5. *Préface de l'Histoire naturelle de Buffon. Réflexions sur le système de génération de M. de Buffon, Genève, 1751, p. 30.*

animale. Bonnet souligne que « toutes les odeurs et les exhalaisons qui nuisent aux insectes, nuisent pareillement aux vers spermatiques. L'étincelle électrique les tue, comme elle tue les animalcules des infusions. Nous avons donc ici, affirme-t-il, de nouvelles preuves directes de l'animalité des vers spermatiques [1]. »

On s'extasie d'ailleurs devant la vivacité de ces petites bêtes. « Leur mouvement n'est pas sans volonté, écrit Haller, car elles se meuvent en avant, et elles tendent vers un endroit particulier; ensuite, elles reviennent en sens contraire, se heurtent, se séparent, suivant chacune leur route et vont ensemble ou dans un sens contraire... Elles remuent leur queue à la manière des serpens, la recourbent comme des têtards [2]... » Pour Spallanzani, elles sont aveugles et leurs mouvements sont en fait moins bien coordonnés que ne le dit Haller. La vue, dans leur séjour obscur, ne leur serait d'ailleurs d'aucune utilité. « Les animaux se heurtent contre tous les obstacles qu'ils rencontrent; quand ils sont au milieu d'eux, ils s'agitent, ils y font mille contorsions jusqu'à ce qu'ils en soient dehors, ils suivent enfin la route où ils éprouvent la plus petite résistance [3]. » Parfois, la queue de plusieurs animalcules s'entortille et on les voit s'agiter dans l'espoir frénétique de se délivrer [4].

Mais c'est lorsque le sperme, en se desséchant, se coagule, que se joue le drame le plus pathétique. Mille petits grumeaux sont autant de pièges mortels pour les vers spermatiques. En voici quatre dont les appendices se sont agglutinés à un grumeau. Ils font des efforts désespérés pour s'en affranchir : « On les voyoit, note Spallanzani, tantôt monter, tantôt descendre; ils se tordoient à droite et à gauche, mais ils restèrent immobiles. » Un à un, pourtant, ils réussissent à se détacher. Mais c'est pour se jeter, inexorablement, contre d'autres grumeaux où les attend une fin certaine [5].

Bonnet s'efforce d'analyser le mécanisme de locomotion des animalcules. « Les mouvements par lesquels ils s'élèvent ou se plongent dans la liqueur peuvent dépendre principalement de l'augmentation ou de la diminution du volume de leur corps, à peu près comme les poissons. A l'égard des autres mouvements, ils tiennent sans doute à une méchanique intérieure qui nous est inconnue. Peut-être même qu'ils s'opèrent par des organes extérieurs, que leur extrême petitesse ne nous permet pas d'appercevoir [6]. »

Surtout, le bonheur de ces petites créatures ne laisse pas

1. *Charles Bonnet : Œuvres d'histoire naturelle et de philosophie, t. V, : « Considérations sur les corps organisés », Neuchâtel, 1774, p. 242.*

2. *Haller : La Génération..., p. 19.*

3. *Opuscules..., t. II, p. 9.*

4. *Ibid., p. 67.*

5. *Opuscules..., t. II, pp. 6-7.*

6. *Considérations sur les corps organisés..., p. 242.*

les observateurs indifférents. Michel Procope Couteau constate que, de toutes les « liqueurs animales », seul le sperme abrite la vie. L'urine, le sang, la salive, les larmes en sont dépourvus. Ce savant ne s'est jamais penché sur un microscope pour observer les animalcules. Mais c'est un grand connaisseur en matière de sperme. Si les vermisseaux y ont élu domicile, « c'est une preuve qu'ils sont gourmets et qu'ils se connoissent en liqueurs. Ils choisissent pour nourriture la portion la plus exquise, la plus épurée de notre sang. Apparemment, ils ne trouvent pas les autres fluides à leur goût ni assez délicats ». Certes, leur vie est éphémère, mais « respirer un quart d'heure parmi eux est le sort d'un Mathusalem. Peut-être ont-ils trouvé pendant ce temps celui de faire l'amour, d'en goûter les douceurs et de laisser des héritiers[1]. »

Charles Bonnet, voulant à tout prix démontrer que ces animalcules spermatiques vivent heureux, imagine une forme de vie dont les dimensions nous échappent encore. Il rappelle que les conceptions de l'économie animale se sont élargies avec la découverte du microscope, et que personne n'est en mesure d'assurer « qu'il n'existe point d'animaux d'une petitesse presque infinie, de figure sphérique ou ellyptique, sans aucun membre, sans aucune partie extérieure, dont les sens, tous intérieurs, se bornent uniquement à découvrir ce qui se passe au dedans de l'animal et non ce qui se passe au dehors... Qui pourroit prouver que ces animaux ne gouttent pas un aussi grand plaisir à sentir ce qui se passe dans leur intérieur, que l'est celui que les autres animaux gouttent à voir ce qui se passe autour d'eux? Qui sait si le simple mouvement des liqueurs auquel la vie de ces animalcules a été attachée, ne leur procure pas des sensations aussi vives que le sont celles que l'impression des objets extérieurs procure aux autres animaux[2]? »

Avec un peu de bonne volonté, poursuit Bonnet, ne pourrait-on pas prolonger la vie de ces animalcules? Imaginons que la liqueur séminale, après avoir séjourné un certain temps dans les vaisseaux spermatiques, transite dans d'autres parties du corps; dans de telles conditions, rien ne s'oppose à ce que nos créatures adhèrent aux parois de ces vaisseaux, telle la « galinsecte qui se fixe sur une tige ou sur une branche et passe sa vie dans une parfaite immobilité ». En bonne justice, « pourquoi refuserions-nous au plaisir de prolonger l'existence des êtres sentans? Les animalcules dont nous parlons, collés aux parois d'un vaisseau

1. *L'Art de faire des garçons*, p. 77 et suiv.

2. *Considérations sur les corps organisés...*, pp. 219-220.

séreux ou sanguin, y jouiront de toutes les douceurs attachées à cette existence. Ils y représenteront les orties de mer fixées aux rochers d'un détroit[1]. »

Les animalcules resteront des parasites pendant une bonne partie du XIXe siècle. En 1827, Burdach les range dans la classe des entozoaires. Il précise que, comme les autres infusoires, « ils se meuvent et se reposent par moments, vont tantôt d'un côté, tantôt de l'autre, se fuient les uns les autres... [2] ». Trois ans plus tard, Bory de Saint-Vincent n'y voit que de simples gymnodes cercariés[3]. En 1841, Cuvier les prend également pour des microzoaires, et d'autres savants, Czermak, Orfila, de Blainville, sont du même avis.

Les animaux spermatiques n'étant que de simples parasites, il fallait bien en revenir au système des œufs.

1. *Ibid.*, *pp.* 221-222.

2. *Traité de physiologie*, *t. I*, *pp.* 135-136.

3. *Dictionnaire d'histoire naturelle*, *art.* « *Sperme* ».

CHAPITRE V

TRIOMPHE DE L'ŒUF, MOLÉCULISME ET PERSISTANCE DU DOUTE

L'œuf triomphe

Dès le début du XVIIIe siècle, le système des œufs est de nouveau à la mode. Tout concorde pour en restaurer le crédit : « L'uniformité générale de la nature dans les opérations semblables, l'existence incontestable d'œufs chez les femelles de tous les animaux, la situation des ovaires, leur convection avec la matrice... les œufs trouvés tantôt prêts à quitter l'ovaire, tantôt déjà tombés dans le canal formé pour leur donner passage... le nombre égal à celui des cicatrices faites à l'ovaire[1]... »

L'analogie est l'argument suprême de l'*Encyclopédie*. « La comparaison se soutient à tous égards entre ce qui se passe pour la génération des animaux vivipares et des animaux ovipares; que comme les œufs de ceux-là ont besoin de l'incubation, pour que la chaleur y prépare les sucs nourriciers de l'embryon qui y est contenu, et le dispose à prendre de l'accroissement, à se fortifier assez pour sortir de sa prison et devenir ensuite un animal parfait; de même les œufs fécondés dans les vivipares sont retenus dans la matrice, pour y être gardés et exposés à une véritable incubation au même degré de chaleur pendant un terme plus ou moins long, pour les mêmes effets que le poulet, par exemple, éprouve dans l'œuf couvé. » Sans doute la coquille des œufs de femme n'a-t-elle pas la rigidité de la coquille des œufs de volatiles. Mais « les œufs des serpens, des tortues, des lésards et des poissons n'ont point d'enveloppe dure et n'en ont qu'une mollasse et flexible[2] ».

Les convictions ovistes sont d'ailleurs renforcées par d'étranges observations. Plusieurs savants ont effective-

1. *M. Procope Couteau : L'Art de faire des garçons, 1745, chap. IV : « En faveur des ovistes », p. 84.*

2. *T. VII, art. « Génération », pp. 568-569.*

ment découvert dans des ovaires de femmes des éléments de fœtus. On y trouve assez fréquemment, écrit Haller, « non seulement des masses charnues, cartilagineuses, osseuses et des poils... mais aussi des dents entières, ou seules, ou avec la mâchoire; enfin, on en a trouvé avec toute la tête. C'étoient sans doute les débris d'un fœtus, dont tout le corps, excepté les dents, est tombé en putréfaction et a disparu [1]. »

En 1696, le docteur Venette signale que « M. de Verny, anatomiste du roi, fit voir à Paris, en 1691, un testicule de femme qui contenoit une espèce de tête dans laquelle on remarquait la fente d'un œil avec deux paupières garnies de glandes ciliaires, et d'une espèce de sourcil orné de poils, qui étoit au dessus; un front d'où sortoit un toupet de cheveux, avec une éminence garnie de trois dents molaires, disposées en triangle, de la grosseur de celles d'un enfant de quatre ans; trois autres dents dans la face antérieure de ce monstre, et à la postérieure, cinq autres... [2] ».

Les *Mémoires de l'Académie royale des sciences* font mention d'une foule d'observations analogues. En 1701, Littré prétend avoir vu dans un ovaire de femme un fœtus monstrueux comprenant : « La tête, le trou de la bouche, une petite éminence à la place du nez, et enfin le tronc qui se terminoit en sa partie inférieure par deux petits moignons [3]. » En 1743, un chirurgien de Strasbourg, Riche, y trouve « une pelote de cheveux de la grosseur d'un citron. Les cheveux étoient presque de la longueur d'un doigt et liés entre eux par du suif, et au milieu, un os de figure très irrégulière à l'extrémité duquel il y avoit trois dents bien distinctes enchassées dans leurs alvéoles [4]. »

Les grossesses extra-utérines s'expliquent bien mieux dans le cadre de l'ovisme. Les fœtus qui s'attachent par leur placenta aux parois du bas-ventre n'ont d'autre origine que la chute d'un œuf qui aura malencontreusement glissé à côté du pavillon de la trompe de Fallope. Certains œufs, par un mystérieux cheminement, se faufilent même jusque dans l'estomac et l'intestin. C'est ainsi que Haller parle d'une femme devenue grosse par l'anus [5]. Santorini a même disséqué une femme qui, depuis vingt-trois ans, portait un fœtus dans son ventre. Elle ne cessa pourtant de concevoir [6].

Au nombre des grossesses extra-utérines, les grossesses tubaires ont fait, elles aussi, l'objet d'observations qui confirment les thèses ovistes. Riolan, Duverney, Mauri-

1. *La Génération..., t. I, pp. 408-409.*

2. *Tableau de l'amour conjugal, l. III, chap.* IV, *art.* IV *: « Premier degré de la formation de l'homme », p. 321.*

3. *Mémoires de l'Académie royale des sciences, 1701, pp. 42-43.*

4. *Ibid., année 1743, p. 88.*

5. *La Génération..., t. II, p. 370.*

6. *Joseph Dominique Santorini : Observationes anatomicae, 1739.*

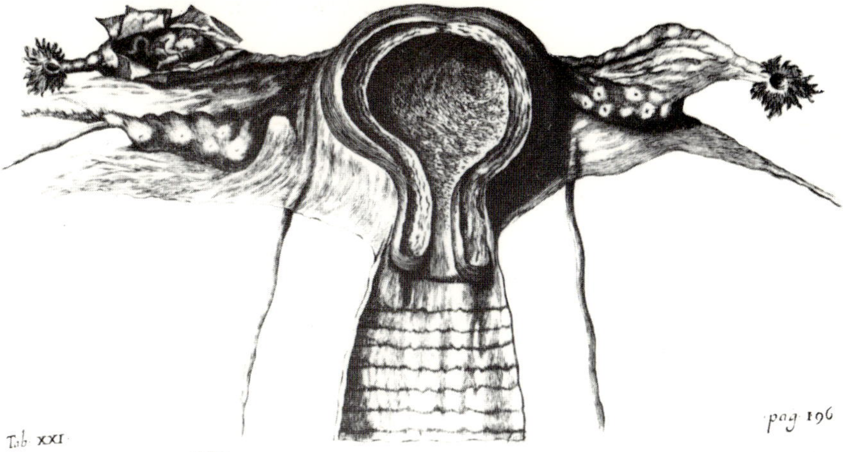

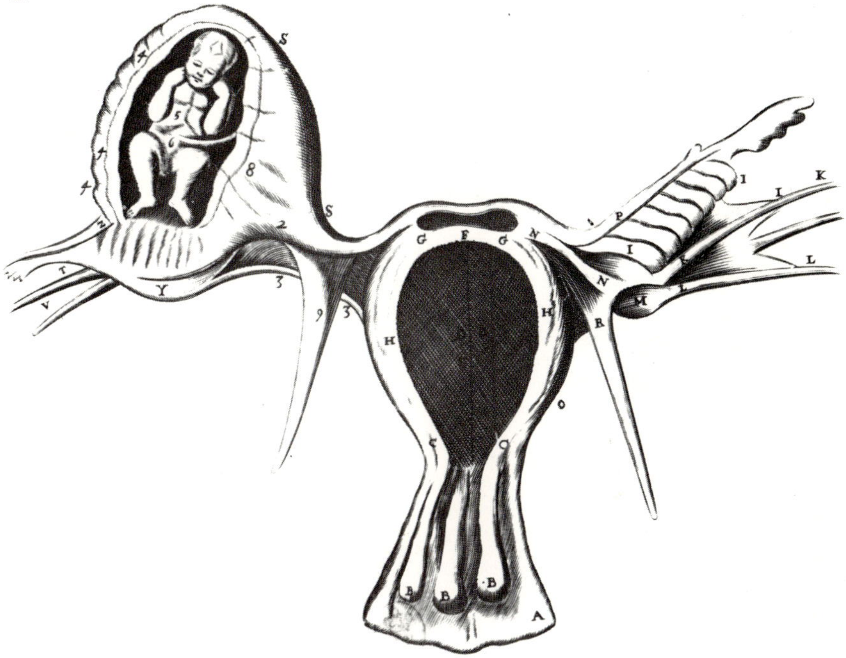

Les premières observations de grossesses tubaires

Fig. 19

Autre fœtus observé par De Graaf, « Nouveau traité des parties génitales de la femme », Lyon 1672

L'observation de ces grossesses extra-utérines a confirmé les théories ovistes. Seul un œuf prenant accidentellement son essor dans une trompe de Fallope pouvait expliquer l'origine du phénomène.

Fig. 20

« Observation sur un fœtus humain trouvé dans le trompe gauche de la matrice par M. Littre (22 février 1701) »
Planque, « Bibliothèque de médecine », Paris 1762

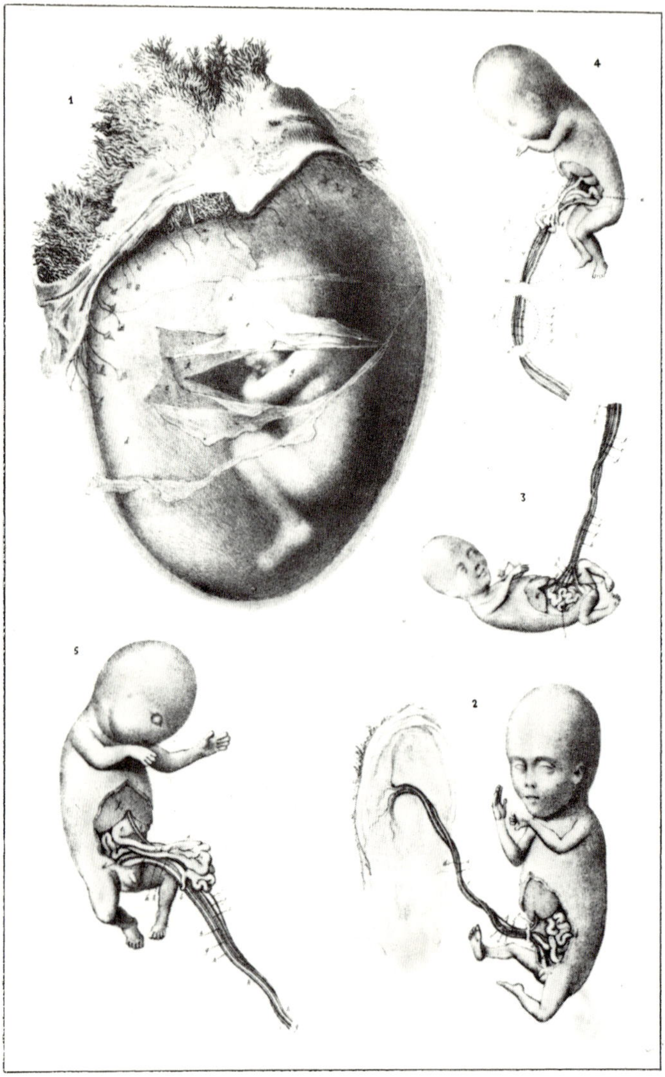

Fig. 21

L'ovisme en 1833

Velpeau, « Embryologie ou ovologie humaine, contenant l'histoire descriptive et iconographique de l'œuf humain », Paris 1833

1. Oeuf de 3 mois, 2. Fœtus d'environ 9 semaines, 3. Fœtus d'environ 10 semaines, 4. Fœtus d'environ 10 semaines, grossi du double. Fœtus de 6 à 7 semaines.

ceau, Dionis, Douglas en signalent l'existence dès le XVIIe siècle. En 1692, Anton Nuck va au-devant des accidents de la nature en les provoquant. Ayant lié la trompe d'une chienne trois jours après la copulation, il trouve, trois semaines plus tard, deux fœtus entre l'ovaire et la ligature. Le passage de l'œuf par les trompes ne faisait plus de doute [1].

1. Adenographia curiosa et uteri foeminei anatomia 1692, p. 68 et suiv.

Ces observations donnaient à l'ovisme des assises moins spectaculaires mais apparemment plus solides que celles de l'animalculisme. L'attachement à Hippocrate restait cependant si fort que certains tentèrent de concilier séminisme et ovisme. A ce titre, Michel Procope Couteau, qui soutient lui-même cette idée, les appelle « semin-ovistes ». Selon eux, les deux semences se mélangent non pas dans la matrice, comme le dit Hippocrate, mais dans l'œuf. Les semin-ovistes furent peu nombreux et leur pensée resta sans lendemain.

Mais dans tout cela, quel était le rôle de l'homme?

Les effluves spiritueux du sperme

A l'origine, tout germe de vie animale réside, il est vrai, dans un œuf qui contient un fœtus préformé mais inerte dans l'attente de la fécondation. Ce sont les effluves immatériels et vivifiants du sperme qui l'animent.

Fabrice Aquapende (1537-1619) en a, l'un des premiers, soupçonné l'existence chez les oiseaux. Il montre, en effet, que le jaune de l'œuf ne change pas d'aspect après la conjonction du coq et de la poule. C'est donc une puissance invisible qui a donné son impulsion au fœtus.

Quelques décennies plus tard, Venette compare le sperme au levain. Comme lui, il se compose de deux substances. L'une, grossière, est de même nature que la matière inerte. L'autre, plus volatile, produit les esprits et les enfants [2]. Mais Venette se situe encore dans l'optique des Anciens et ces émanations spiritueuses n'animent pas encore de fœtus préformé dans l'œuf.

2. Tableau de l'amour conjugal, 1696, p. 396.

C'est De Graaf qui, le premier, les associe à l'ovisme et les baptise du nom d'*aura seminalis*. « Selon nous, écrit-il, les œufs contenus dans les testicules sont fécondés par l'*aura seminalis;* celle-ci, s'élevant de l'utérus jusque dans les testicules par les ouvertures des trompes de Fallope, y excite dans les œufs la fermentation nécessaire et modifie la substance des testicules de manière à provoquer l'expulsion des œufs. Ceux-ci, recueillis par les franges terminales des trompes, sont ensuite conduits par ces dernières jusqu'à l'utérus[1]. »

En 1700, l'oviste Daniel Tauvry soutient que le sperme se compose de deux éléments, l'un grossier, l'autre subtil. Le « corps grossier » a pour fonction d'empêcher la dissipation de l'« esprit séminal », qui anime le fœtus de l'œuf. D'ailleurs, si la semence tout entière était l'agent de la génération, elle serait détruite en raison du voisinage de l'urine et des matières fécales. En outre, c'est l'*aura seminalis* qui, en pénétrant le corps féminin, provoque les troubles de la grossesse[2].

C'est aussi cette vapeur fécondante qui, selon Haller, imprègne sous forme de « particules fétides » la chair de l'animal, l'infecte, et rend inapte à la consommation les mâles dont on n'aura pas sectionné les testicules. L'*aura seminalis* donne aux mâles tous les attributs de la virilité. Les bois de cerfs ne poussent que si « la vapeur alcalescente fétide de la semence, en repassant dans le sang », y exerce une stimulation nécessaire. Elle peut ensuite pénétrer dans le corps des femelles et y provoquer « les nausées et les vomissements d'une femme qui a conçu[3] ».

Au début du XIXe siècle, Lamarck parle encore du « feu éthéré » du sperme. Lambin écrit que « la fécondation des vésicules s'opère par une émanation du produit spermatique ». Ses théories traduisent d'ailleurs la confusion des esprits. La génération, selon lui, serait le fruit de l'interaction d'un « principe fécondant », qui n'est que « l'atmosphère odorante du principe spermatique », et du « principe fécondé », dont il ne donne aucune définition. Un peu plus tard, Grasmeyer affirme que « la partie essentielle de la semence est absorbée par les vaisseaux lymphatiques du vagin, et se rend à l'ovaire comme le virus de la scarlatine à la gorge[4] ».

La persistance de ces idées est d'autant plus surprenante que, dès la fin du XVIIIe siècle, Spallanzani avait clairement montré, au cours d'une série d'expériences remarquables, que le contact matériel du sperme et de l'œuf de grenouille est rigoureusement nécessaire à la génération[5].

Dès lors qu'il est fécondé, l'œuf emprunte les trompes de Fallope et la génération devient moins mystérieuse. Michel Procope Couteau souligne le caractère merveilleusement

1. *Nouveau traité des parties génitales de la femme*, éd. 1672, pp. 240-241.

2. *Traité de la génération...*, 1700, p. 71.

3. *La Génération...*

4. Lambin : *Le Système de la génération*, 1813, pp. 15 et 24. Grasmeyer : *Commentatio... de conceptione et fecundatione humana.*

5. Spallanzani : *Expériences pour servir à l'histoire de la génération des animaux...*, 1785, p. 216.

fonctionnel de ces « canaux ». « Non seulement ils sont tortueux mais d'autant plus étroits qu'ils approchent de la matrice, de peur que, s'ils eussent été droits, perpendiculaires ou à peu près, et d'un diamètre cylindrique, égal dans toute leur longueur, leur descente n'eût été trop rapide pour les œufs et ne les eût fait arriver dans le lieu destiné à les recevoir, avant que la nature y eût fait les préparations nécessaires[1]. »

Maupertuis donne du phénomène une description encore plus précise. « L'œuf (fécondé), jusque-là fixement attaché à l'ovaire, s'en détache; il tombe dans la cavité de la trompe, dont l'extrémité, appelée pavillon, embrasse alors l'ovaire pour le recevoir. L'œuf parcourt, soit par sa seule pesanteur, soit plus vraisemblablement par quelque mouvement péristaltique de la trompe, toute la longueur du canal qui le conduit enfin dans la matrice. Semblable aux graines des plantes ou des arbres, lorsqu'elles sont reçues dans une terre propre à les faire végéter, l'œuf pousse des racines qui, pénétrant jusque dans la substance de la matrice, forment une masse qui lui est intimement attachée, appelée placenta. Au-dessus, elles ne forment plus qu'un long cordon, qui, allant aboutir au nombril du fœtus, lui porte les sucs destinés à son accroissement[2]. »

Désormais, le développement du fœtus dans la matrice intéresse les savants, mais il ne les intrigue pas outre mesure. L'emboîtement des germes, qui était l'un des aspects fondamentaux de l'ovisme, soulevait par contre un épineux problème et suscitait, chez les savants, les passions les plus vives.

Épigenèse ou emboîtement?

C'est vers la fin du XVIIe siècle que les ovistes suggèrent l'idée d'une préexistence des germes et de leur emboîtement continu. Ceux que Michel Procope Couteau appelle les « infinitovistes » prétendent que chaque œuf abrite un fœtus minuscule. Ce fœtus est unique s'il est mâle, mais il contient de mère en mère tous ses descendants emboîtés les uns dans les autres s'il est femelle. Maupertuis évoque l'analogie avec ces « petites statues renfermées les unes dans les autres comme ces ouvrages du Tour[3] où l'ouvrier s'est plu à faire admirer l'adresse de son ciseau, en formant cent boîtes qui, se contenant les unes les autres, sont toutes contenues dans la dernière[4] ».

1. *L'Art de faire des garçons*, 1745, pp. 98-99-100.

2. *Vénus physique*, 1745, p. 23.

3. *Allusion aux œuvres des compagnons du Tour de France.*

4. *Vénus physique*, p. 18.

La génération ne serait donc qu'une évolution successive de germes préexistants. A la limite, Eve aurait porté dans ses ovaires tous les individus nés et à naître, ou, si l'on veut, l'humanité tout entière. L'idée était lancée dans un contexte favorable. Avec la généralisation des observations microscopiques, la révélation de formes de vie nouvelles, de mondes nouveaux dont la perception aurait jusque-là échappé totalement à l'observation directe, ne heurtait plus personne. Les animalculistes n'avaient-ils pas imaginé, eux aussi, un système plaçant le germe préexistant dans l'animalcule? Leeuwenhoek et Hartsoeker furent les premiers partisans de ce préformisme animalculiste. Le préformisme oviste obtint néanmoins la caution de la plupart des savants. Son auteur, Swammerdam, lui assigne des limites : la fin du monde serait marquée par la naissance du dernier homme. L'emboîtement, selon lui, n'irait pas jusqu'à l'infini.

Après lui, Malpighi renforce le système en montrant qu'un œuf de poulet non fécondé abrite déjà l'embryon. Le préformisme oviste stimule l'imagination de Haller et lui inspire un calcul démographique à la fois étrange et naïf. La terre est vieille, selon la Bible, de six mille ans. Une trentaine d'années séparent deux générations. Vers 1770, le monde est donc peuplé d'un milliard d'habitants, et ils étaient deux cents milliards logés à l'état de germe dans les ovaires d'Eve.

Quant aux théories de Bonnet, l'apôtre passionné de la préexistence des germes, elles sont largement teintées de mysticisme. « Pour moi, s'écrie-t-il, dans un épanchement lyrique, j'aime à reculer le plus qu'il m'est possible les bornes de la création. Je me plais à considérer cette magnifique suite d'êtres organisés, renfermés comme autant de petits mondes les uns dans les autres. Je les vois s'éloigner de moi par degrés, diminuer suivant certaines proportions, et se perdre enfin dans une nuit impénétrable. Je goûte une secrète satisfaction à contempler dans un gland le germe d'où naîtra, dans quelques siècles, le chêne majestueux à l'ombre duquel les oiseaux de l'air et les bêtes des champs iront se réjouir. J'ai encore plus de plaisir à découvrir dans le sein d'Émilie le germe du héros qui fondera, dans quelques milliers d'années, un grand empire[1]... »

En dépit des apparences, Bonnet n'a rien du visionnaire mégalomane. Penché sur son microscope dix jours de suite, il découvre le phénomène surprenant de la parthénogenèse du puceron. Il montre que cet insecte peut se reproduire

1. *Considérations sur les corps organisés*, pp. 206-207.

en l'absence de toute conjonction sexuelle, ce que la seule préexistence des germes peut expliquer. Il résout élégamment le problème de l'hérédité paternelle en soutenant que les caractères du père se répercutent sur l'enfant grâce à l'intervention de « molécules nourricières ». Contenues dans le sperme, ces molécules pénètrent le germe préformé et agissent électivement sur telles ou telles parties du fœtus. Ainsi, lorsque les « particules nourricières » du sperme d'âne pénètrent dans un fœtus de jument, elles y allongent les oreilles. Les « particules nourricières » de cheval qui pénètrent dans le fœtus de l'ânesse y font pousser la queue... Mais Bonnet, en insistant sur la nécessité d'une structure fortement organisée à la base de la génération, a le mérite d'avoir, peut-être, pressenti l'existence de la cellule. Finalement, il détenait déjà une parcelle de vérité [1].

Il n'est pas sans importance que la théorie de l'emboîtement ait par ailleurs corroboré la vision biblique de la Création. « Il n'y a point d'hommes, écrit l'abbé Sennebier, point d'animaux, de plantes, d'animalcules d'infusion qui n'aient existé, je dirai presque vécu depuis six mille ans, et qui, depuis ce temps-là, n'aient éprouvé un développement successif dans le sein des femelles où ils étoient disposés... L'historien sacré nous apprend que Dieu cessa de créer à la fin du sixième jour. L'expérience de tous les siècles nous apprend que Dieu ne crée rien de nouveau [2]. »

Enfin, il faut bien reconnaître que l'idée d'une préexistence des germes avait quelque chose de flatteur pour la paresse. Dès lors que le fœtus existe préformé, l'observation patiente et difficile de son développement devient sans objet. A ce titre, le triomphe du préformisme oviste, en sapant les bases de l'épigenèse séculaire, aura durablement enrayé les progrès de l'embryologie.

Depuis l'Antiquité, les savants pensaient en effet que les organes se forment progressivement et s'ajoutent les uns aux autres. Empédocle d'Agrigente professe déjà, au ve siècle av. J.-C., que le cœur se forme en premier et les ongles en dernier. Son contemporain Alcméon soutient que le fœtus commence à se former par la tête. Galien (IIe siècle ap. J.-C.) compare l'embryon à un navire dont on construit d'abord la partie vitale : la carène. Au XVIIe siècle, des épigénistes comme Descartes ou Harvey montrent comment les organes primordiaux du fœtus s'assemblent pour former le cœur ou « punctum saliens [3] ».

Au XVIIIe siècle, en plein triomphe préformiste, le natu-

1. « Palingénésie philosophique », t. VII des Œuvres d'histoire naturelle, 1783, pp. 89 et 279.

2. Jean Sennebier : Préface de l'ouvrage sur les expériences de l'abbé Spallanzani, 1785, pp. 29 et 31.

3. Schweighaeuser : Tablettes chronologiques, 1806.

raliste allemand Caspard Friedrich Wolff (1733-1794) observe patiemment la formation microscopique des vaisseaux sanguins à partir des lacunes creusées dans le blastoderme [1] et celle de l'intestin de poulet à partir d'une mince pellicule membraneuse qui s'enroule sur elle-même pour former un tube [2]. Au prix d'un effort écrasant, Wolff réalisait les premiers travaux d'embryogénie descriptive. Mais son œuvre devait passer totalement inaperçue en raison de la force du courant préformiste. Ce n'est qu'en 1812 que la traduction en allemand de ses travaux consacrait, enfin, le triomphe de l'épigénie.

1. *Theoria generationis, 1759.*

2. *De formatione intestinorum, 1768.*

Mais, dès le XVIIIe siècle, la théorie de la préexistence des germes avait été combattue, sur un tout autre plan, par les moléculistes.

Les moléculistes : Maupertuis et Buffon

C'est le refus presque angoissé de céder au vertige de l'infiniment petit qui pousse Maupertuis et Buffon à rejeter l'idée d'une préexistence des germes pour s'engager dans la voie du moléculisme. « L'homme, dit Buffon, seroit plus grand par rapport à l'embryon contenu dans l'œuf de la sixième génération en remontant, que la sphère de l'univers ne l'est par rapport au plus petit atome de matière qu'il soit possible d'apercevoir au microscope. Que seroit-ce si l'on poussoit ce calcul seulement à la dixième génération [3]? » Le même raisonnement s'applique à l'animalcule qui correspond à la milliardième partie de l'homme. Pour Buffon, les infinis ne sont en fait que des abstractions de l'esprit qui n'existent pas dans la nature [4].

3. *Histoire naturelle, t. III, chap. V.*

4. *Histoire naturelle, t. II, p. 155 et suiv.*

Maupertuis, peu auparavant, avait lui aussi, au nom de la raison, réfuté la préexistence des germes et leur emboîtement à l'infini dans l'œuf [5] ou dans l'animalcule [6].

5. *Vénus physique, p. 17.*

6. *Ibid., p. 109.*

Mais c'est incontestablement l'Anglais Needham qui, dès 1730, imagine le « moléculisme » qui va servir de base aux théories de Maupertuis et Buffon. Selon Needham, la génération n'est que l'agencement de corps vermiformes (les prétendus animalcules) ou « molécules organiques » nutritives et réparatrices, dont la structure est invariable d'une espèce à l'autre [7].

7. *Abbé John Tuberville Needham : Nouvelles observations microscopiques avec des découvertes intéressantes sur la composi-*

Maupertuis s'inspire, d'une façon d'ailleurs inavouée, des idées de Needham, mais partisan des théories de Newton, il fait appel aux lois de l'attraction. Celles-ci *tion et la décomposition des corps organisés, Paris, 1730, p. 145 et suiv.*

régissent non seulement le mouvement des astres, mais encore celui des particules de la matière. « Lorsque l'on mêle, dit-il, de l'argent et de l'esprit de nitre avec du mercure et de l'eau, les parties de ces matières viennent d'elles-mêmes s'arranger pour former une végétation si semblable à un arbre, qu'on n'a pu lui en refuser le nom (arbre de Diane) » (*Vénus physique*, p. 100). La génération procède d'un phénomène identique. Les semences mâles et femelles sont constituées de « particules organiques » soumises à une attraction réciproque. Les particules de ces deux semences qui sont destinées à former le cœur, la tête, les entrailles, les bras, les jambes, ont entre elles un plus grand rapport d'affinité. Elles sont d'ailleurs douées d'un instinct animal, « elles se rapprochent de ce qui les intéresse et fuient ce qui leur est nuisible » (p. 111). Quant aux prétendus animalcules, ils n'ont d'autre fonction que de faciliter, par leur mouvement, l'attraction moléculaire (p. 109).

Maupertuis pose enfin avec force le principe de l'indestructibilité de la particule élémentaire de la matière vivante. « Je me demande, écrit-il, si, à la mort, cette partie ne survivroit pas? Et si, dégagée de toutes les autres, elle ne conserveroit pas inaltérablement son essence; toujours prête à produire un animal, ou pour mieux dire, à reparoître revêtue d'un nouveau corps » (p. 114).

Les idées de Maupertuis furent reprises et développées par Buffon[1]. La matière organique est disséminée dans l'univers sous forme de molécules primaires inaltérables et indestructibles. Ces molécules sont entraînées dans un cycle perpétuel de formation et de décomposition des corps vivants. Elles prennent, en s'associant, des formes diverses grâce à l'intervention d'un « moule intérieur » qui donne à chacun des corps sa spécificité. La matière vivante est donc toujours prête à se mouler pour produire des êtres semblables à ceux qui la produisent. La génération de l'homme n'échappe pas à ce processus.

1. *Histoire naturelle*, t. III, chap. II, III, IV, VII, VIII et t. IV, chap. X et suiv.

Buffon réfute l'existence animale des vers spermatiques. Leur appendice en forme de queue est étrangère au corpuscule. Ce n'est qu'un portioncule de la matière filamenteuse de la semence que le globule spermatique entraîne derrière lui et dont il parvient tôt ou tard à se débarrasser. Ces prétendus animaux sont en fait des molécules organiques de la matière en voie de formation. A l'autre extrémité du cycle, lorsque l'organisme a cessé de vivre, elles réapparaissent sous la forme d'une grande variété de globules mouvants, d'infusoires, de vers, d'asticots, d'ascaris.

De telles molécules existent dans la semence de la femme. Par contre, on n'en trouve ni dans les testicules des enfants, ni dans ceux des vieillards. Dans sa phase de croissance, l'individu ne peut procréer car toutes les molécules organiques sont nécessaires à la formation du corps. La croissance terminée, il y a un excédent de molécules et chacun des membres, porté à sa perfection, en renvoie le surplus aux testicules mâles et femelles. Ceux-ci seraient donc, en quelque sorte, des magasins où des molécules spécifiques de chaque membre attendraient de servir à la génération.

Lorsque la génération met en contact les molécules des deux sexes, il se forme, sous l'impulsion du « moule intérieur », un être nouveau. On peut définir ce « moule intérieur » comme un phénomène d'attraction sélective qui agglomère un nombre plus ou moins grand de molécules selon la densité du membre en formation. Les os se forment par agglomération d'un grand nombre de molécules. Un réseau moléculaire beaucoup plus lâche constitue la texture des chairs et des parenchymes.

Comme Maupertuis, Buffon pense qu'un puissant rapport d'affinité ordonne la juxtaposition des molécules de la main, du nez, des yeux, avec leurs homologues de l'autre semence. Seules les molécules organiques des parties sexuelles s'excluent radicalement et conservent leur nature sans mélange. Dans un tel système, le problème de l'hérédité se résout de lui-même.

Le marquis de Sade a trouvé dans les théories de Buffon, pour lesquelles il professait une admiration sans mélange, une redoutable justification du crime. A travers cette justification se dessine, en une fresque admirable, une étonnante illustration littéraire du moléculisme.

« Le crime, dit-il, n'offense en rien la nature. Le pouvoir de détruire n'est pas accordé à l'homme; il a tout au plus celui de varier les formes, mais il n'a pas celui de les anéantir, or toute forme est égale aux yeux de la nature; rien ne se perd dans le creuset immense où ses variations s'exécutent; toutes les portions de matière qui y tombent en rejaillissent incessamment sous d'autres figures, aucun crime ne l'outrage sans doute, aucun ne saurait l'offenser... Eh! qu'importe à sa main toujours créatrice que cette masse de chair conformant aujourd'hui un individu bipède se reproduise demain sous la forme de mille insectes différents?... Tous les hommes, tous les animaux, toutes les plantes croissant, se nourrissant, se détruisant, se reproduisant par les mêmes moyens, ne recevant jamais une mort réelle, mais une simple variation dans ce qui les modifie, tous, dis-je, paraissant aujourd'hui sous une forme, et quelques années ensuite sous une autre, peuvent, au gré de l'être qui veut les mouvoir, changer mille et mille fois dans un jour, sans qu'une seule loi de la nature en soit un instant affectée[1]. »

De telles idées consacraient en fait un retour très élaboré aux théories d'Hippocrate. Mais peu nombreux en furent les adeptes. Les molécules organiques de la semence de femme n'avaient jamais existé, disait-on, que dans l'imagination de Buffon. Spallanzani crut avoir réfuté le moléculisme en prouvant l'animalité des animalcules spermatiques et leur caractère parasitaire. Haller formula les critiques les plus dures en dénonçant le caractère superficiel de la théorie du « moule intérieur ». « Rien n'empêche l'œil, disait-il, de n'aller s'agréger aux genoux, l'oreille aux cuisses, le pied au nez[2] ». D'ailleurs, un homme dont le membre amputé ne peut renvoyer de molécules organiques aux testicules n'engendre-t-il pas un être accompli[3] ? Et Bonnet, une fois de plus, se retrancha derrière sa mystique préformiste. « Cette admirable machine (l'homme), écrit-il, a été d'abord dessinée en petit par la *Main* qui a tracé le plan de l'univers. Lorsque j'ai voulu essayer de former un corps organisé sans le secours d'un germe primitif, j'ai toujours été si mécontent des efforts de mon imagination, que j'ai très bien compris que l'entreprise étoit absolument au dessus de sa portée. »

En tout cas, la fin du XVIIIe siècle n'apportait aucune solution précise au problème de la génération!

1. *Justine ou les malheurs de la vertu, 1790, coll. 10-18, 1972, p. 80. C'est sans fondement que Jean Deprun proclame l'adhésion de Sade à l'animalculisme. Ses conceptions misogynes, sa justification du matricide, la supériorité évidente qu'il attribue au mâle dans la génération n'impliquent aucune prise de position en faveur des thèses animalculistes. C'est en vain, d'ailleurs, qu'on chercherait dans l'œuvre de Sade la moindre allusion à l'animalcule.* (*Cf. l'article de Jean Deprun : « Sade et la philosophie biologique de son temps », Centre aixois d'études et de recherches sur le XVIIIe siècle, Le Marquis de Sade, collectif, pp. 193-196, Aix, 1966.*)

2. *Préface de la traduction allemande de l'Histoire naturelle de Buffon, 1751, p. 30.*

3. *Ibid., p. 37.*

Le trouble des esprits : l'opinion de Voltaire

Pis! Nombreux étaient ceux qui, comme l'abbé de Lignac, pensaient que les secrets de la génération ne sont pas accessibles à l'humanité. Plusieurs thèses de médecine portent d'ailleurs sur cet aspect du problème jusqu'à la fin du XVIIIe siècle. Leurs conclusions sont généralement négatives. La grande *Encyclopédie* se fait, pour sa part, l'écho d'un profond scepticisme. « La théorie de Buffon, lit-on à l'article « Génération », ne sert qu'à prouver de plus en plus que le mystère sur ce sujet est impénétrable de sa nature; puisque les lumières de l'auteur n'ont pu dissiper les ténèbres dans lesquelles la faculté reproductrice semble être enveloppée. Le peu de succès des tentatives que les plus grands hommes ont faites pour l'en tirer, n'a cependant pas rendu nos physiciens plus réservés à cet égard[1]. » Et en 1817, Viray écrit encore que les efforts de trente siècles ont été vains.

1. *Encyclopédie, t. VII, p. 572.*

Ce désarroi, l'opinion de Voltaire le reflète. Dans *L'homme aux quarante écus*, il souligne le caractère plus ou moins dérisoire des divers systèmes de génération en usant d'une ironie sarcastique, mais sans doute injuste[2].

2. *L'Homme aux quarante écus, s.l., 1768, chap. : « Le mariage de l'homme aux quarante écus. »*

L'homme aux quarante écus, dont la femme est enceinte, interroge le géomètre sur la génération.

« *L'homme aux quarante écus :* — Ah, Monsieur le savant, ne pourriez-vous point me dire comment les enfants se font?

Le géomètre : — Non, mon ami; mais, si vous voulez, je vous dirai ce que les philosophes ont imaginé, c'est-à-dire comment les enfants ne se font point.

« Premièrement, le révérend Sánchez, dans son excellent livre *De matrimonio*, est entièrement de l'avis d'Hippocrate; il croit comme un article de foi que les deux véhicules fluides de l'homme et de la femme s'élancent et s'unissent ensemble, et que dans le moment l'enfant est conçu par cette union... Malheureusement, il y a beaucoup de femmes qui ne répandent aucune liqueur, qui ne reçoivent qu'avec aversion les embrassemens de leurs maris, et qui cependant en ont des enfants. Cela seul décide contre Hippocrate et Sánchez... Le célèbre Harvey qui, le premier, démontra la circulation, et qui était digne de découvrir le secret de la nature, crut l'avoir trouvé dans les poules : elles pondent des œufs; il jugea que les femmes pondaient aussi. Les mauvais plaisants dirent que c'est pour cela que les bourgeois et même quelques gens de la cour appellent leur femme ou leur maîtresse « ma poule », et qu'on dit que toutes les femmes sont coquettes, parce qu'elles voudroient que les coqs les trouvassent belles. Malgré ces railleries, Harvey ne changea point d'avis, et il fut établi dans toute l'Europe que nous venons d'un œuf[3]... Elles (les femmes) ne pondent point en dehors, mais elles pondent en dedans; elles ont des ovaires comme tous les oiseaux; les juments, les anguilles en ont aussi. Un

3. *Voltaire, comme beaucoup de ses contemporains, connaît mal le problème. Il attribue à Harvey ce qui revient à De Graaf,*

œuf se détache de l'ovaire et il est couvé dans la matrice...

« On s'est lassé, à la longue, de ce système : on a fait les enfants d'une autre façon. Deux Hollandais s'avisèrent d'examiner la liqueur séminale au microscope, celle de l'homme, celle de plusieurs animaux, et ils crurent y apercevoir des animaux déjà tout formés qui couroient avec une vitesse considérable. Ils en virent même dans le fluide séminal du coq. Alors, on jugea que les mâles faisoient tout et les femelles rien; elles ne servoient plus qu'à porter le trésor que le mâle leur avoit confié.

véritable fondateur de l'ovisme.

L'homme aux quarante écus : — Voilà qui est bien étrange. J'ai quelques doutes sur ces petits animaux qui frétillent si prodigieusement dans la liqueur, pour être ensuite immobiles dans les œufs des oiseaux, et pour être non moins immobiles neuf mois, à quelques culbutes près, dans le ventre de la femme; cela ne me paroit pas conséquent. Ce n'est pas, autant que j'en puis juger, la marche de la nature. Comment sont faits, s'il vous plaît, ces petits hommes qui sont si bons nageurs dans la liqueur dont vous parlez?

Le géomètre : — Comme des vermisseaux. Il y avoit surtout un médecin nommé Andry, qui voyoit des vers partout et qui vouloit absolument détruire le système de Harvey. Il auroit, s'il avait pu, anéanti la circulation du sang, parce qu'un autre l'avoit découverte. Enfin les deux Hollandais et Monsieur Andry, à force de tomber dans le péché d'Onan et de voir les choses au microscope, réduisirent l'homme à être chenille...

« On s'est dégoûté d'être chenille. Un philosophe extrêmement plaisant a découvert dans une « Vénus physique » que l'attraction faisoit les enfants; et voici comment la chose s'opère. Le germe étant tombé dans la matrice, l'œil droit attire l'œil gauche, qui arrive pour s'unir à lui en qualité d'œil; mais il en est empêché par le nez, qu'il rencontre en chemin, et qui l'oblige de se placer à gauche. Il en est de même des bras, des jambes et des cuisses. Il est difficile d'expliquer, dans cette hypothèse, la situation des mamelles et des fesses...

« D'autres philosophes ont imaginé d'autres manières qui n'ont pas fait une très grande fortune; ce n'est plus le bras qui va chercher le bras; ce n'est plus la cuisse qui court après la cuisse; ce sont de petites molécules, de petites particules de bras et de cuisse qui se placent les unes sur les autres. On sera peut-être obligé d'en revenir aux œufs, après avoir perdu bien du temps...

« Si la question avoit été débattue entre des théologaux, il y auroit eu des excommunications et du sang répandu ; mais entre les physiciens, la paix est bientôt faite ; chacun a couché avec sa femme, sans penser le moins du monde à son ovaire, ni à ses trompes de Fallope. Les femmes sont devenues grosses ou enceintes, sans demander comment ce mystère s'opère. C'est ainsi que vous semez du blé et que vous ignorez comment le blé germe en terre. »

Persistance du doute au XIXe siècle : génération chimique et électrique

Séminisme, ovisme, animalculisme, moléculisme, épigenèse, préexistence des germes... Rien n'illustre mieux le climat d'incertitude que la multiplicité et la diversité des systèmes de génération. De surcroît, la porte reste ouverte à de nouvelles inventions. Celles de Tinchant, en 1822, et de Burdach, en 1838, sont peut-être les plus curieuses du XIXe siècle.

La génération chimique de Tinchant repose sur un axiome élémentaire. L'air contient le principe et la source de toute vie. Inspiré par le mâle, il purifie le sang noir au niveau des poumons et l'enrichit en oxygène. Désormais, le sang rouge devient une « substance organique » chargée d'esprit vital. En se mélangeant au chyle, « substance animale » dépourvue de vie, il se transforme en sperme. Le sperme est « germe de vie parce que produit de la décomposition de l'air et que l'oxygène est le principe radical de l'existence ».

Ce germe de vie devient fœtus dans les parties génitales de la femme par un phénomène de « condensation du principe de vie », ce qui correspond, nous dit Tinchant, à une « véritable sécrétion ». Cette condensation intervient sous l'effet du « calorique de l'utérus » et se manifeste par un dégagement d'hydrogène et de carbone. Ces deux substances forment, en se condensant, les membranes et les eaux[1].

Exégèses et variations sur ce même thème se multiplient sur plus de quatre cents pages. Mais, par-delà ce verbiage stérile, l'aspect le plus intéressant de l'ouvrage repose sur une réminiscence évidente des grands thèmes misogynes.

1. *Jean-Michel Tinchant : Doctrine nouvelle sur la reproduction de l'homme*, Paris, 1822.

C'est l'homme qui inspire le principe de vie contenu dans l'air. C'est lui qui le distille dans son sang et le transforme en sperme, « germe de vie » par excellence. La femme ne fait que « condenser ». Elle ne fournit que l'hydrogène et le carbone qui forment les membranes et les eaux. La voilà, de nouveau, « gîte et couvert » séculaire, « dépositaire d'un précieux trésor »... Hélas! jargon et connaissances chimiques mal digérés se substituent ici à la poésie des Anciens.

On ne saurait en dire autant du système de Burdach qui, en dépit de l'intrusion insolite de l'électricité au niveau de la procréation, garde une certaine beauté.

Ce système se présente d'abord sous la forme d'un magma informe de pensées confuses : « Notre théorie, écrit Burdach, a donc pour axiome la manifestation de l'infini dans le fini. Comme l'infini est l'absolu, l'unique, et que le fini est le relatif, le multiple, il n'y a non plus que deux formes primordiales essentielles de toute l'activité naturelle, celle dans laquelle le multiple procède de l'unité, et celle dans laquelle le multiple retourne à l'unité[1]. »

Malgré tout, çà et là, quelques idées percent le brouillard. Burdach s'en réfère d'abord à Harvey, sous l'invocation duquel il place son système. Mais l'électricité se substitue ici à la force aimantée. « La propagation sexuelle est un acte dynamique, qui consiste dans un conflit des sexes, c'est-à-dire dans les deux membres de l'espèce opposés l'un à l'autre comme les deux pôles d'un aimant, et fait place à l'acte chimique de formation. » L'attirance de l'homme pour la femme ne fait que croître à mesure que leurs deux corps se rapprochent, « de même que la tension croît dans les deux corps électriques animés d'une polarité inverse lorsqu'ils sont rapprochés l'un de l'autre sans pouvoir se décharger » (p. 332).

Tout, dans l'acte sexuel, évoque d'ailleurs le phénomène électrique. Le contact électrique qui parcourt le corps tout entier lors de la conjonction des personnes qui s'aiment semble provoquer une commotion électrique et « un conflit électrique se manifeste dans la puissance du regard de deux êtres enchaînés par les liens de l'amour » (p. 342). « La femme qui a conçu dépeint ce qu'elle a ressenti comme une décharge électrique » (p. 344).

D'ailleurs, lors de la fécondation, une connexion électrique s'établit entre le testicule et l'ovaire. La matrice et l'oviducte se comportent à l'égard du sperme comme

1. Burdach : Traité de physiologie, t. I, p. 332.

des conducteurs humides, « en vertu du liquide qu'ils émettent et de leur propre substance vivante ». Une connexion électrique qui se propage à travers les nerfs lombaires et sacrés de la moelle épinière puis le long du cordon rachidien unit les parties génitales du cerveau. Ainsi, les organes génitaux, que l'on peut considérer comme le « pôle matériel », transmettent une « force plastique » à l'âme, siège du « pôle idéal ». Et tandis que les âmes mâles et femelles se réunissent en une seule pensée, en un seul sentiment, les deux individus forment un cercle fermé d'activité qu'on peut représenter par le tableau suivant (pp. 344-345) :

PÔLE IDÉAL

imagination cerveau moëlle épinière	de l'homme	imagination cerveau moëlle épinière	de la femme
TESTICULES		OVAIRES	
canaux déférens		oviductes	
vésicules séminales		matrice	
pénis		vagin	

PÔLE MATÉRIEL

Parabole romantique de visionnaire, ce système a quelque chose de sublime. Mais en dépit de ses apparences scientifiques, il n'en reste pas moins un système de pensée, un fruit de l'imagination où la part d'idéalisation donne la mesure véritable du mystère qui entoure la génération.

Une large fraction de l'école allemande de médecine soutint d'ailleurs, dans la première moitié du XIXe siècle, la thèse de la génération électrique [1].

1. *Josephi : Uber die Schwangenschaft ausserhalb der Gebaermutter, p. 30 et suiv. Wagner, Von der Natur der Dinge, § 321. Link : Elementa philosophiae botanicae, p. 413.*

On en était là, trente ans avant les découvertes fondamentales de Van Beneden. Ce n'est qu'en 1875 que la véritable nature de la fécondation est établie. On s'aperçoit alors que les deux noyaux trouvés dans l'œuf fécondé proviennent de l'œuf lui-même et du spermatozoïde qui l'a pénétré, le phénomène s'achevant par la fusion des deux noyaux. Alors, la génération sort du baroque. Elle s'affranchit peu à peu de ses mythes. C'est le début, deux siècles après De Graaf et Leeuwenhoek, d'une seconde révolution.

CHAPITRE VI

SYSTÈMES EXTRAVAGANTS, GROSSESSES MASCULINES, ERREURS DE LA NATURE

Parthénogenèse humaine, génération par graine et par bouturage

En marge des grands systèmes traditionnels de génération, la prolifération de systèmes extravagants et l'existence de grossesses masculines illustrent un autre aspect du climat d'incertitude qui règne en matière de génération. A défaut de rigueur scientifique, ces systèmes doivent à l'imagination de leurs auteurs une certaine beauté surréaliste.

C'est peut-être une illusion d'optique qui est à l'origine du système de la parthénogenèse humaine. Gautier, dans une *Zoogénésie ou génération de l'homme et des animaux* datée de 1750, lance l'idée d'un fœtus intégralement élaboré sous une forme fluide dans les testicules du mâle par le concours du sang purifié et des esprits. Deux éléments composent la liqueur séminale. L'un, transparent, ne joue aucun rôle dans la génération. L'autre, plus lié et plus cuit, forme le fœtus. « Dans un jet de matière séminale humaine, on ne distingue qu'un fœtus et quelquefois deux, mais dans les quadrupèdes, qui sont d'une plus grande fécondité, on en distingue plusieurs qui nagent dans une liqueur claire et gluante que les prostates fournissent. » D'ailleurs, si l'on agite la semence, on aperçoit très bien les membres du fœtus disloqués (p. 13).

C'est pourquoi l'éjaculation correspond, en quelque sorte, à un « accouchement masculin ». Gautier y voit même un phénomène de « parthénogenèse » vivipare. L'homme, sur ce point, ne diffère guère du puceron ou du polype. Mais, tandis que ces êtres tirent leur nourriture des plantes qui leur servent de placenta, le fœtus se nourrit de la liqueur sécrétée par les prostates d'abord, de la semence féminine ensuite, du sang menstruel enfin (p. 12).

Mais il n'est point de théorie valable que l'expérience ne corrobore. Gautier immerge de la semence masculine dans une eau claire et froide. Il observe, « même sans le secours de verres (microscope), un fœtus blanc de matière opaque et fluide, dont la tête étoit d'un tiers plus forte que le corps; il pendoit aux quatre extrémités du tronc, quatre filets qui formoient les bras et les jambes » (pp. 16-17). Le savant répète la même expérience avec la semence d'un âne, et cette fois, ô merveille, il aperçoit le petit ânon formé d'une matière jaunâtre, épaisse et fluide. « On y discerne aisément, dit-il, une tête fort grosse, les quatre pattes et la queue : le tout nageant dans un liquide verdâtre » (pp. 17 et 18).

Un autre naturaliste, Le Camus, estime que la génération des animaux est en tous points analogue à celle des végétaux. La graine est leur agent commun de reproduction. Chez l'homme, c'est le cerveau qui est la source de toute fécondité. « Graine animo-végétale », il contient d'ailleurs le principe générateur de toutes les espèces animales. Il est comme le noyau qui se trouve enfermé dans le fruit des plantes, et qui contient le germe de l'espèce qu'il doit reproduire [1].

On peut pousser l'analogie plus loin. L'amande est enfermée dans une écorce dure et ligneuse, et protégée par une enveloppe membraneuse. Le cerveau est de même « défendu par une boëte osseuse; l'intérieur de cette boëte est tapissé par des méninges qui servent à leur tour d'enveloppe au cerveau » (p. 12). La noix présente aussi une ressemblance frappante avec le cerveau. On y trouve deux hémisphères contenant chacun deux lobes bien séparés par une espèce de diaphragme. Le cerveau est pareillement partagé en plusieurs chambres par des cloisons particulières (p. 13).

De la graine partent des tiges qui se divisent en plusieurs branches. Les prolongements nerveux du cerveau se partagent en une infinité de ramifications, en sorte qu'une planche de névrologie évoque irrésistiblement l'arbre dépouillé de ses feuilles (p. 15).

Le cerveau produit des graines, comme les plantes. Ces graines se présentent sous la forme de petits êtres animés qui sont autant de cerveaux minuscules. Il s'agit en fait

1. *Le Camus : Mémoires sur divers sujets de médecine, 1760, premier mémoire, p. 11.*

des animalcules spermatiques qui descendent du grand cerveau de l'animal. L'une de ces petites « graines animo-végétales » s'enracine en un endroit de la matrice qui lui paraît favorable. Ce germe se gonfle et ne forme d'abord qu'un cerveau ou une tête d'où poussent des excroissances qui deviennent les membres (pp. 19-20). On connaît la suite...

Ici aussi, l'expérience étaie la théorie. Le Camus parle d'une jeune femme de vingt-quatre ans qui, à la suite de rapports sexuels illicites, avait absorbé des « emménagogues » pour provoquer l'avortement. Elle rejette un caillot de sang, notre médecin l'examine et y découvre la présence d'une bulle. « A une extrémité de cette bulle, écrit-il, je vis de très petites appendices filamenteuses; je l'ouvris, et il n'en sortit qu'un espèce de glaire blanchâtre. Tout m'indiquoit que c'étoit une tête qui renfermoit déjà le cerveau auquel je venois de donner l'issue » (p. 25).

Preuve était faite!

Au terme d'une série d'observations anatomiques, un troisième anatomiste, Alphonse Leroy, explique d'une façon singulière la formation du fœtus dans les ovaires [1]. Le « germe » humain est une extrémité nerveuse, membraneuse et vasculaire qui appartient essentiellement à l'ovaire des femelles. C'est une « bouture » infiniment ténue de tous les systèmes de l'économie animale. Effectivement, la femme devenue grosse perd dans son ensemble et dans chacun de ses organes une portion d'existence au profit du fœtus. L'existence de ce dernier est alors étroitement liée à celle de la mère. « On pourroit comparer la mère et l'enfant, précise Leroy, à deux instruments inséparablement unis; l'un grand et fort; l'autre petit et foible; mais du reste parfaitement homogènes entre eux, parfaitement à l'unisson... Dans le principe, il (l'enfant) n'est qu'une graine; il devient un végétal, puis un amphibie... L'enfant dans le principe, étant une espèce de végétal, est nourri par un suc peu animalisé, et presque végétal lui-même. C'est pour former ce suc nouveau, que toutes les liqueurs de la femme se décomposent, et qu'enfin l'animal rétrograde dans ses solides et dans ses fluides... »

1. Essai sur l'histoire naturelle de la grossesse et de l'accouchement, Genève, 1787, pp. 19-24.

Grossesses masculines

Le fœtus peut se former et se développer dans les entrailles d'un homme. Le phénomène est exceptionnel mais tout à fait possible. Le recours aux différents systèmes de génération en honneur au XVIIIe siècle permet d'ailleurs d'en donner une explication satisfaisante.

L'une de ces grossesses eut son siège dans le scrotum que tritura un nommé Saint-Donat, « chirurgien major de l'armée d'Italie ». L'affaire nous est racontée par Dionis et par l'auteur anonyme des *Deux Parergues anatomiques*, sur le rapport du chirurgien en question [1]. C'est l'histoire d'un gentilhomme qui prit la liberté de badiner avec une dame, sans en venir à l'acte. Il ressentit une vive douleur au testicule droit, mais, au bout de quelques heures, le mal s'émoussa. Sans le savoir, cet homme venait de concevoir et un fœtus était en formation dans son scrotum. « Ses liqueurs, explique l'auteur des *Deux Parergues*, furent émuës et excitées à s'unir pour sortir, mais cet amant n'en étant point venu à l'action, elles restèrent au milieu de la carrière. » La nature fit tout ce qu'elle put pour concevoir selon les formes qui lui sont propres, mais, faute de mieux, le fœtus dut se contenter d'artères spermatiques en guise de vaisseaux ombilicaux. Il en fallait, bien davantage pour faire un enfant, et l'ouvrage demeura imparfait (p. 52).

Malgré tout, le fœtus prit une telle extension que le scrotum devint plus gros que la tête d'un enfant. Le chirurgien y vit une tumeur qu'il fallait extirper. Mais quelle ne fut sa stupeur lorsqu'il se trouva en présence « d'une masse de chair toute spermatique, très solide, et d'os très durs dans toute la masse [2] ». Dionis juge toutefois le fait peu probable. Le chirurgien aura vu un fœtus dans ce qui n'est qu'un sarcome. « On aura cru voir, dit-il, un crâne et la figure d'un enfant, comme on s'imagine souvent voir des figures d'hommes et d'animaux dans un marbre jaspé, quoiqu'il n'y ait rien d'approchant. »

L'auteur des *Deux Parergues* estime au contraire que « c'est faire trop d'injustice à Monsieur de Saint-Donat, que de le croire visionnaire... De la chair et des os, écrit-il, sont palpables et frappent assés fortement la vue pour n'y point causer d'illusion... On ne dissèque pas de simples figures aussi superficielles que celles que produisent les couleurs du marbre jaspé; pas plus qu'on y trouve de la chair et des os ». D'ailleurs, poursuit-il, n'a-t-on pas observé un lièvre imprégné d'un fœtus et certains coqs ne pondent-ils pas des œufs? (pp. 49-50).

L'accouchement du brasseur Isach Sleck de Dordrecht est encore plus inattendu. Les documents qui en font mention semblent sérieux et de bonne foi. Ils sont accom-

1. *Dionis : Dissertation sur la génération de l'homme, 1698, p. 41 et suiv. Deux parergues anatomiques, 1705, p. 48 et suiv.*

2. *Deux Parergues.*

pagnés de rapports de chirurgiens et d'un certificat rédigé par le greffier de Dordrecht et portant la signature du bourgmestre Joan Van Hutten, et de tous les membres du conseil municipal[1].

Depuis le mois de janvier 1759, Isach Sleck, âgé de trente-deux ans, se plaignait de douleur au ventre et ressentit des tressaillements qu'on prit d'abord pour des convulsions d'entrailles. Le docteur Schenk, appelé à son chevet, lui administre un traitement contre l'hydropisie. Mais la maladie suit un cours singulier. De jour en jour, le ventre prend une ampleur toujours plus considérable, les tressaillements se font de plus en plus vifs et surtout, l'absence de fluctuations d'eau reste inexpliquée. Désemparé, le docteur Schenk appelle deux professeurs à la rescousse. L'un d'eux, le professeur Higens, dresse un diagnostic d' « hydropisie enkystée ». Aussitôt, le premier chirurgien de la ville, Jacques Arnold, en pratique l'opération avec succès. Au grand étonnement de tout le monde, aucune eau ne s'écoule. Par contre, on finit par extraire un enfant mâle, vivant et à terme. Le fœtus, disent les rapports, s'était développé entre le diaphragme et la partie supérieure des intestins. Il n'adhérait à aucun arrière-faix, mais relié par un petit boyau au fondement du père, il en recevait, selon toute vraisemblance, sa nourriture[2].

« L'opinion la plus unanime jusqu'à présent, dit l'un des rapports, est que ce garçon devoit avoir un jumeau; que le germe qui devoit produire son jumeau étoit incorporé en lui, et qu'il a été fécondé par la chaleur de la liqueur prolifique du malade. » Mais, « information faite de sa conduite et de sa déposition reçue, il paroît constaté que ledit malade est vierge...! Quoi qu'il en soit, il y a tout lieu de craindre qu'il ne meure bientôt, car il y a des accidens qui annoncent une fin prochaine. La dissection de son corps sera curieuse et attire déjà du monde ici[3]. »

Cinquante ans plus tard, l'événement, relaté dans *Le Journal de Paris* du 20 messidor an XII (1804), suscite encore des commentaires[4]. La même année, le docteur Verdier Heurtin se montre sceptique. « Avec quelles parties le fœtus avoit-il des adhérences?... Quelle nourriture pouvoit-il recevoir par l'intestin? L'idée en est aussi répugnante que dépourvue de raison. Enfin, on sent le ridicule d'une enquête pour affirmer la virginité du malade, car ce n'est pas en présence de témoins que l'on se prostitue. » Le scepticisme de Verdier Heurtin reste néanmoins plein de crédulité. « Cependant, conclut-il, il est possible,

1. *Deux lettres de Dordrecht sur un événement extraordinaire, Dordrecht, 21 et 28 août 1759.*

2. *Lettre du 21 août, pp. 3, 4, 5.*

3. *Ibid., p. 7.*

4. *Le Journal de Paris, pp. 1915 et 1916.*

si le fait est avéré, que ce brasseur ait été une femme intérieurement[1]. »

1. *Dissertation sur le fœtus trouvé à Verneuil dans le corps d'un enfant mâle, Paris, 1804, pp. 41 et 42.*

Le fœtus de Verneuil

L'idée que le corps d'un homme de bonne conformation extérieure puisse abriter des parties génitales de femme, n'avait rien d'invraisemblable au XVIIIe siècle. Petit, célèbre chirurgien parisien, écrit, en 1720, qu'il a découvert dans le corps d'un soldat de vingt-deux ans, dont il vient de faire la dissection, une matrice, des trompes de Fallope et tout l'appareil génital d'une femme. Il mentionne même le cas de l'un de ses clients qui, pourvu lui aussi d'une matrice cachée, était réglé par la verge et urinait du sang tous les vingt-huit jours sans le moindre inconvénient[2].

2. *Histoire de l'Académie royale des sciences, 1720, pp. 38, 39, 40.*

Le Journal de Paris du 23 messidor an XII (1804) cite également le cas d'un soldat morave brusquement pris de nausées, de lassitude, de dégoûts, bref, de tous les symptômes qui affectent les femmes enceintes. Bientôt, son ventre se met à enfler. On le soigne, en vain, comme hydropique. Six mois après le début des troubles, on tente une ponction qui n'est suivie d'aucune évacuation d'eau. Les saignées restent, elles aussi, sans effets. Enfin, le malheureux expire dans de cruelles souffrances. Au cours de la dissection, on aperçoit dans la cavité abdominale un kyste. On l'incise. C'est alors qu'apparaît un fœtus mâle bien conformé, avec son placenta, les membranes et les eaux. Le kyste était en fait un utérus dont l'orifice communiquait par un conduit avec le rectum. Dans le cas présent, il n'existait donc aucun germe de jumeau dans le corps du malheureux. Celui-ci avait bel et bien été fécondé, et l'on devine par où[3].

3. *Le Journal de Paris, 1804, pp. 1931, 1932.*

On dispose de documents plus précis sur la grossesse qui coûta la vie à un adolescent de quatorze ans, le jeune Bissieu, de Verneuil. *Le Journal de Paris* des 17, 19, 20 et 23 messidor en fait un compte rendu précis à partir de pièces émanant des autorités médicales et administratives. L'autopsie de Bissieu fut exécutée par deux membres du jury médical de l'Eure, Brouard et Delzeuzer, que le préfet avait nommément désignés. Le procès-verbal en fut adressé au gouvernement et à l'École de médecine de Paris.

Depuis l'âge de deux ans, dit le rapport préfectoral, le garçon en question avait le ventre considérablement tendu et douloureux. On le crut atteint d'« hectisie mésentérique ». A l'âge de sept ans, on put cependant constater une amélioration de son état de santé qui lui laissa un répit de quelques années. A quatorze ans, il ressentit de vives douleurs au côté gauche et six semaines avant sa mort, il rendit par les selles « une pelotte de cheveux de la grosseur d'un petit œuf de poule; ces cheveux étoient pelotonnés, comme dans les égagrophiles qui se trouvent dans les estomacs des jeunes veaux ».

Le rapport d'autopsie mentionne la présence de deux masses appliquées l'une contre l'autre, juste au-dessous de la rate, « l'inférieure, toute composée d'une forte poignée de cheveux, et la supérieure à peu près de même volume, dure, osseuse, couverte de peau avec des poils ou cheveux, avec six ou sept dents disposées en sens contraire, une sorte de tête informe, une sorte de bras ou jambe avec trois appendices représentant des doigts, sur l'un desquels on voit un ongle, qui paroît humain, bien marqué : on aperçoit aussi quelques traces d'œil, ou plutôt d'orbite d'un côté, et d'oreille de l'autre, avec une sorte de museau. Cette tête informe se termine par une masse osseuse et charnue, tenant place de poitrine et de ventre confondus, sans presque d'apparence d'organisation. »

Les autorités, par la voix du préfet de la Seine-Inférieure, donnèrent du phénomène une explication rationnelle. « Tout ce que ce fait présente d'extraordinaire, dit le communiqué officiel, se réduit à deux germes soudés ensemble, dont l'un s'est emparé du plus foible et s'est développé, tandis que l'autre a végété. »

L'analyse du docteur Verdier Heurtin est légèrement différente. Selon lui, la mère avait conçu deux jumeaux. Leurs deux germes fécondés tombèrent dans la matrice, et avant de s'y attacher, l'un des deux pénétra dans le corps de l'autre, où se forma un placenta. Il trouva un milieu favorable à son développement et tira de son frère la nourriture qu'une mère ne lui aurait pu fournir[1].

La nature de ces grossesses prouve en tout cas l'insatiable propension de la matière vivante à se reproduire en dépit d'obstacles qui paraissent, à première vue, insurmontables. D'ailleurs, la génération peut se manifester, chez les hommes, dans des conditions encore plus baroques. Un tailleur de Hanovre, Albert Hancke, après de longs malaises, « vomit, parmi plusieurs ordures, deux petits chats blancs, qui ne voyoient point encore clair, et qui avoient un reste de vie ».

1. *Dissertation sur le fœtus trouvé à Verneuil dans le corps d'un enfant mâle*, Paris, 1804, p. 28.

Un pêcheur de baleines hollandais meurt, à son retour du Groenland, de violentes douleurs à l'hypogastre. On le dissèque et l'on découvre, « au fond de l'estomac, un monstre qui avoit la figure extérieure d'un chien marin, et qui étoit tout couvert de poils ». Les deux hommes avaient sans doute avalé accidentellement des germes de chats et de chiens marins [1].

Le Journal des Sçavans de 1677 signale un fait analogue. Un capucin de Florence rejette, en urinant, « une vipère assez longue et assez grosse... Les connoisseurs ont cru qu'en mangeant de la salade, il avoit pu avaler quelque œuf de vipère, qui s'étoit trouvé sur la feuille de quelque herbe, et que la chaleur naturelle du moine l'avoit ensuite formé [2]. »

1. « Observations de Valentin-André Mollenbroc sur quelques faits surprenans tirés du Journal d'Allemagne », dans Planque : Bibliothèque de médecine de France, 1762, t. I, art. « Accouchemens monstrueux », pp. 352-353.

2. Le Journal des Sçavans, juin 1677, p. 192.

Les erreurs de la nature

Les grossesses masculines surprennent d'autant moins, au XVIIIe siècle, que la génération est quotidiennement prodigue d'écarts encore plus singuliers. Au fond, un fœtus prenant accidentellement son essor dans les entrailles d'un mâle est un phénomène peut-être moins extravagant qu'un nouveau-né à deux têtes ou un enfant à quatre jambes. Les monstres font alors partie de la vie de tous les jours. Pour les parents, ils sont souvent une source providentielle de lucre et font l'objet d'exhibitions foraines. Pour les naturalistes, la tératologie a servi à confirmer ou infirmer les divers systèmes de génération. C'est à ce titre que les monstres sont surtout dignes d'intérêt. Mais d'abord, quelles sont les principales monstruosités ?

Depuis l'Antiquité, on distingue trois grands types de monstres : les monstres par excès, qui présentent des parties doubles ou surnuméraires; les monstres par défaut, que la nature a privés d'un ou de plusieurs membres; les monstres par renversement ou fausse position des organes. C'est la classification traditionnelle, celle que reprend Buffon, dans son *Histoire naturelle*, et Formey dans l'article « Monstre » de la grande *Encyclopédie* [3].

3. Buffon : Histoire naturelle, t. III. Encyclopédie, t. X, p. 671.

Quelques savants, Moreau de la Sarthe, Chaussier ou Dubuisson la complètent en y associant les monstruosités relatives à la grandeur, à la position, à la couleur ou à la texture de la peau.

Les plus choyés, mais non pas les moins à plaindre

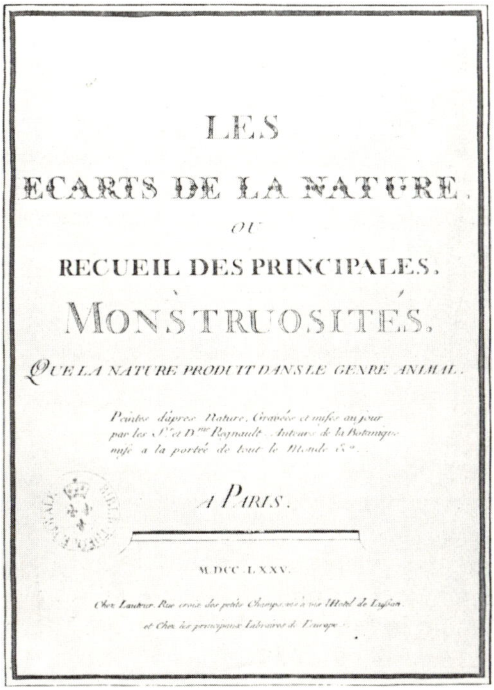

LES

ECARTS DE LA NATURE,

OU

RECUEIL DES PRINCIPALES,

MONSTRUOSITÉS,

QUE LA NATURE PRODUIT DANS LE GENRE ANIMAL.

Peintes d'apres Nature, Gravées et mises au jour
par les S.r et D.me Regnault. Auteurs de la Botanique
mise a la portée de tout le Monde &c.

A PARIS.

M.DCC.LXXV.

Chez Lauteur. Rue croix des petits Champs, vis à vis l'Hotel de Lussan.
et Chez les principaux Libraires de l'Europe.

Fig. 22

Régnault, « *Les écarts de la nature* », *1772*

« Les monstruosités les mieux caractérisées formeront cette collection, & l'on n'y rencontrera point de ces Monstres merveilleux, enfants de l'imagination, que l'ignorance adopte & que la crédulité propage. Chaque objet est marqué au coin de la vérité, & l'on cite, au bas des planches, les sources où l'on a puisé, comme les Cabinets ou autres, de maniere que chacun pourra s'assurer de l'existence des sujets.

On a cherché, dans cet ouvrage, à effacer les rides imprimées par le temps; & les Monstres sont représentés, non dans l'état où les a réduits la vétusté, mais dans celui où la Nature les a produits; par ce moyen, on a sauvé le hideux qui rebute souvent dans les objets même les mieux conservés. »

(*Note de l'éditeur*)

Fig. 23, 24, 25, 26

Monstres par excès, (*Régnault*)

Pour l'Ecole d'Hippocrate, ces monstres ont pour origine un excès de semence. Les ovistes expliquent le phénomène des monstres doubles par la conjonction accidentelle de deux œufs et les animalculistes par celle de deux animalcules dans un même œuf.

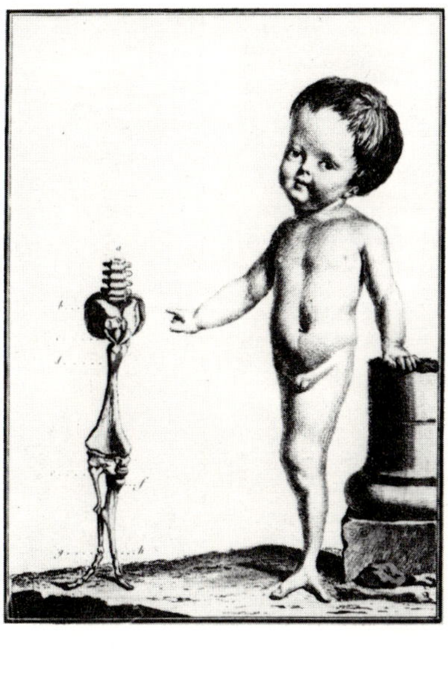

Fig. 27 et 28

Monstres par défaut, (*Régnault*)

Hippocrate explique qu'une insuffisance de semence est à l'origine de ces monstres. Les ovistes y voient la conséquence d'un accident survenu à l'œuf et les animalculistes, à l'animalcule.

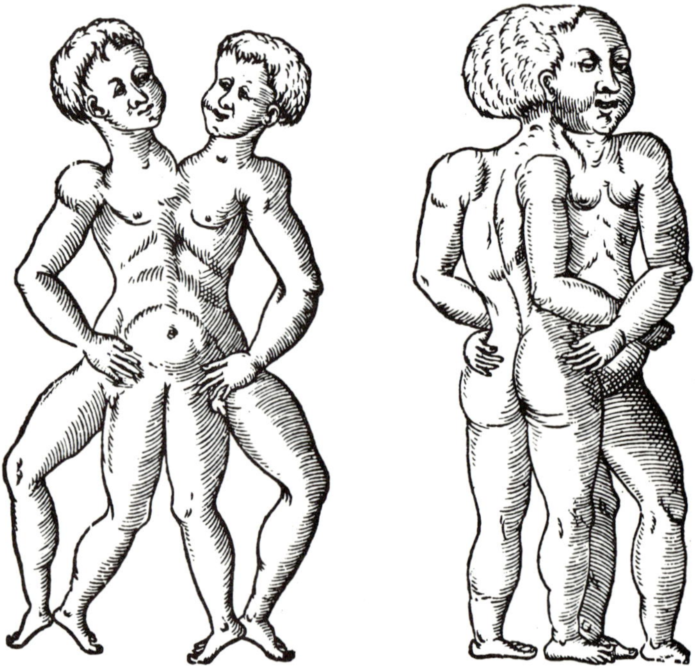

Fig. 29 et 30

Monstres doubles
Ambroise Paré, XXVe livre, « Des monstres », Paris 1585

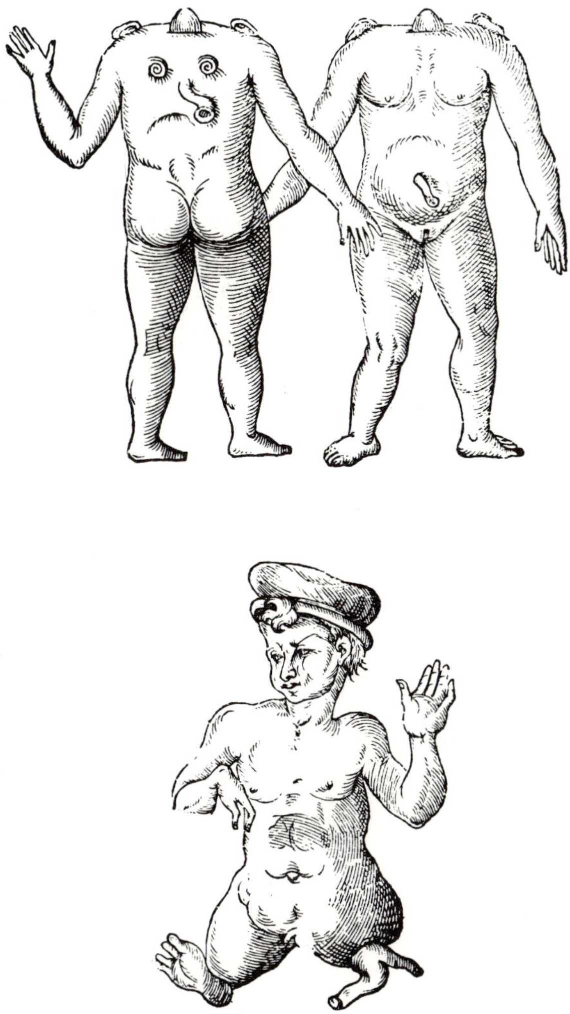

Fig. 31

Monstres par défaut

Ambroise Paré, XXVe livre, « Des monstres », Paris 1585

des monstres par défaut, furent sans doute ces nains qui servaient à l'amusement des souverains. Dans l'Antiquité, Auguste et Tibère leur permettaient les réflexions les plus hardies. A une époque plus récente, Catherine de Médicis essaya d'unir entre eux des nains mâles et femelles afin d'en perpétuer l'espèce. L'épouse de Frédéric Ier de Prusse se livra à une expérience du même genre, mais, dans les deux cas, la tentative se révéla peu féconde.

Parmi les centaines de monstres qui ont été analysés et disséqués, les plus curieux sont incontestablement les monstres doubles. Le cas de Judith et d'Hélène est en apparence banal. Ces deux siamoises, citées par Buffon, naquirent en Hongrie et furent vendues par leurs parents à un forain, alors qu'elles avaient à peine neuf ans. Leurs deux corps, unis à la hauteur des reins, étaient pourvus d'un anus commun. L'émission de matières fécales ne posait aucun problème. Chacune disposait, par contre, d'un urètre indépendant. Il s'ensuivait de fréquentes querelles car leur envie d'uriner n'était pas synchronisée.

La monstruosité de Jean-Baptiste et de Lazare Colloreti, qui naquirent en 1617 dans la région de Gênes, est à l'origine d'un drame encore plus pathétique. Les frères Colloreti vinrent au monde reliés par le ventre. Mais Jean-Baptiste, deux fois et demie plus petit que Lazare, n'avait qu'une jambe et trois doigts à chaque main. Son existence était exclusivement végétative. Les aliments absorbés par Lazare étaient rejetés sous forme d'excréments par la bouche, le nez et les oreilles de Jean-Baptiste. Ce dernier avait, écrit Hartsoeker, « les parties animales et vivantes distinguées de celles de son frère, puis qu'il dormoit, suoit ou se mouvoit dans le tems que son frère veilloit, se reposoit ou ne suoit pas. Ses yeux étoient presque fermez et sa respiration presque insensible, car en touchant ses lèvres avec une plume elles se remuoient, et en approchant la main, on y sentoit une petite haleine chaude. Il avoit la bouche entre ouverte, et les dents un peu avancées en dehors. » Jean-Baptiste était d'un physique répugnant. Sa tête était volumineuse et laide, ses cheveux pendants, sa barbe négligée. Il salivait sans cesse. Cette circonstance rendait la conjonction d'autant plus dramatique que Lazare était intelligent, beau et coquet. Il était vêtu d'un large manteau dont il se servait pour couvrir et cacher son frère. Il vécut dans une anxiété permanente, car il savait qu'il ne survivrait pas à la mort de son jumeau dont la corruption et la décomposition

Fig. 32

Jean-Michel et Lazare Colloreti
Hartsoeker, « Conjectures physiques », Amsterdam, 1708.
Ce monstre double est l'un des plus fameux du XVIIe siècle.
On l'a exhibé dans toute l'Europe.

Fig. 33

Monstre double dans l'espèce animale
« Mémoires de l'Académie royale des Sciences », *année 1733*

Lièvre capturé dans la région d'Ulm. « Il avoit deux têtes, quatre oreilles, huit pieds, mais ce qu'il y a de plus agréable c'est que quand il étoit poursuivi et qu'il étoit là de courrir d'un côté, il se tournait adroitement de l'autre et courroit de nouveau frais ».

marqueraient la fin de sa vie [1]. Le célèbre anatomiste Winslow décrit, dans les *Mémoires de l'Académie royale des sciences* de 1733, le cas assez semblable d'une fillette de douze ans au bas-ventre de laquelle était attachée l'extrémité inférieure d'un petit corps dont les fesses étaient toujours enveloppées d'un linge en raison d'un écoulement permanent de matières fécales [2].

Les monstres doubles se retrouvent, moins tragiques et plus cocasses à nos yeux, dans l'espèce animale. Vers 1677, on présenta au duc de Hanovre un lièvre qui avait été capturé dans la région d'Ulm. « Il avoit deux têtes, quatre oreilles, huit pieds, mais ce qu'il y a de plus agréable c'est que quand il étoit poursuivi et qu'il étoit las de courrir d'un côté, il se tournoit adroitement de l'autre et courroit de nouveau frais [3]. » Trois ans plus tard naquit, dans la région de Rennes, un étrange poussin. Il avait deux têtes et quatre pattes, en sorte qu'il « se trouvoit toujours deux pieds en haut, de quelque côté qu'il se tournât... Mais un jour, la poule, frappée plus qu'à l'ordinaire à la vuë de ce petit poulet, et s'imaginant sans doute qu'il étoit renversé par terre et hors d'état de se relever, le tourna plusieurs fois de part et d'autre sens dessus dessous, mais voyant toujours des pieds et des ailes de tous les côtez, comme si l'horreur l'eût emporté sur la tendresse maternelle, elle le tua à grands coups de bec [4]. »

Une dernière monstruosité humaine retiendra notre attention. Elle est en rapport avec la texture de la peau d'un malheureux qu'on appelait « porc-épic ». Et pour cause : son corps était criblé de verrues piquantes. « Ces piquans étoient d'un brun rougeâtre et en même tems durs et élastiques au point de faire du bruit lorsqu'on passoit la main dessus. » Ces excroissances mesuraient un centimètre et demi; elles tombaient chaque hiver pour renaître au printemps [5]!

L'origine des monstres

Ces monstres, qui font l'émerveillement et l'amusement du public, plongent les savants dans un abîme de perplexité. On implique fort communément, dans les milieux populaires et éclairés, les effets ponctuels de l'imagination maternelle sur le fœtus. Mais cette croyance, sur laquelle il convient de revenir en détail, n'explique pas tout. Jusqu'à la fin du XVIIe siècle, on s'en réfère exclusivement à Hippocrate qui voyait, à l'origine de ces diverses mons-

1. *Hartsoeker : Conjectures physiques, Amsterdam, 1708, l. VII, pp. 192-193.*

2. *Mémoires de l'Académie royale des sciences, année 1733.*

3. *Le Journal des Sçavans, année 1677, p. 61.*

4. *Le Journal des Sçavans, année 1681, p. 132.*

5. *Dubuisson : Additions au tableau de l'amour conjugal, 1812, t. II, p. 119.*

truosités, un excès ou une insuffisance de semence mâle ou femelle. Les monstres doubles trouvent dans ce lien direct de cause à effet une origine logique. Lorsqu'une quantité excessive de semence est jetée dans une matrice trop étroite, la nature, qui désire souvent créer deux enfants, est contrariée et « la semence étant contrainte et serrée, se vient lors à coaguler en un globe, dont se forment deux enfans ainsi joinsts et unis ensemble [1] ». C'est le défaut de semence qui explique la formation des nains, des fœtus mutilés et des organes atrophiés.

L'animalculisme et l'ovisme ont naturellement bouleversé ces conceptions. Hartsoeker prétend que deux animalcules qui s'introduisent dans un même œuf provoquent la formation d'un monstre double. « Le plus fort, dit-il, et qui croît d'abord le plus, écrase quelque partie du plus foible, ou la partie la plus forte entraînant tout le sang et le suc nourricier, la partie la plus foible se dessèche et meurt. Il en peut naistre un monstre avec deux têtes sur un même corps, ou avec deux corps qui n'auront qu'une seule tête [2]. »

C'est le système des vers spermatiques qui permet de donner une explication assez satisfaisante de l'extraordinaire naissance de sept monstres lors d'un même accouchement. En 1708, une femme met au monde quatre garçons et trois filles. Chaque fille était liée à un garçon par une sorte de « cordon de saint François ». Le quatrième garçon, solitaire, était assis et tenait dans l'une de ses mains un petit bâton. Sa tête était couverte d'un bonnet en forme de mitre. Les médecins, interloqués, en conclurent que ces enfants avaient été conçus sous le signe des Gémeaux. Les femmes, pendant cette période, sont sujettes à la conception de telles monstruosités [3].

L'animalculisme inspire à la *Bibliothèque de médecine* une autre explication. Quatre œufs avaient mûri dans les ovaires de la mère. Six petits vers les convoitaient. Le plus gros prend possession d'un œuf à lui tout seul. Les autres, moins fortunés, doivent faire bon ménage deux par deux dans un même œuf. Inconfortablement installés, ils s'entortillent dans le cordon ombilical. La mitre qui couvrait la tête de l'un des nouveau-nés n'était en fait qu'un lambeau de l'amnios et le petit bâton qu'il tenait à la main un reste de chorion. Ingénieuse mais naïve, cette explication n'en marque pas moins un progrès réel par rapport au vocabulaire théologique et aux considérations cosmologiques du *Mercure de France* [4].

1. *Paré : Toutes les œuvres, liv. XXV : « Des monstres », p. 1025.*

2. *Conjectures physiques, p. 130.*

3. *Le Mercure de France, nov. 1708, p. 306.*

4. *Bibliothèque de médecine, t. I, art. « Accouchemens », p. 342.*

Les ovistes soutinrent, en revanche, que tout monstre provient d'un œuf lui-même monstrueux. Mais cette monstruosité est-elle fortuite ou préexistente? Ce fut le thème d'un débat mémorable qui opposa deux anatomistes philosophes, tous deux partisans du système des œufs. Le premier, Lémery, soutenait que les monstres ne sont jamais que le produit de quelque accident survenu aux œufs par l'effet d'un mouvement ou d'une contraction de la matrice, de compressions, de coups, d'efforts, de violences extérieures... Le second, Winslow, prétendait au contraire qu'il existe des œufs originairement anormaux, qui contiennent des monstres aussi bien formés que les autres œufs contiennent des animaux parfaits. On discuta là-dessus quatorze ans et chacun des polémistes publia ses raisons dans les *Mémoires de l'Académie royale des sciences* [1]. Les arguments de Lémery avaient le mérite de la clarté. L'œuf est mou, facilement altérable, le moindre accident peut provoquer la formation d'un monstre par défaut. L'union ou la confusion de deux œufs ou de deux germes d'un même œuf produit des monstres par excès ou des enfants qui naissent avec des parties superflues. Les siamois seraient formés de deux jumeaux unis par une adhérence partielle. Aucune partie de l'œuf n'aurait été détruite. Les monstres à deux têtes sur un seul corps ou à deux corps pour une seule tête auraient pour origine des destructions graves. Dans le premier cas, elles auraient affecté le germe de l'un des corps, dans le second, celui de l'une des têtes. A la limite, un sixdigital serait un monstre issu de deux œufs dans l'un desquels toutes les parties, excepté celle correspondant au doigt surnuméraire, auraient été détruites.

Obstinément, Winslow répondait que tous les monstres qu'il avait disséqués lui paraissaient inexplicables par un désordre accidentel, et Lémery, au terme de chacun de ses raisonnements, se trouvait devant un nouveau cadavre de monstre à combattre.

En désespoir de cause, on en vint aux arguments métaphysiques. Dieu, dans sa perfection, ne pouvait, selon Lémery, avoir créé des germes monstrueux. Winslow, sans se laisser éblouir par la lumière de cet argument, rétorqua que c'était restreindre singulièrement la puissance de Dieu que de la cantonner dans une parfaite uniformité. Le débat s'éternisa et chacun resta sur ses positions.

Là-dessus, le Danois Bartholin attribua aux comètes l'origine des monstres. « C'est une chose curieuse, dit

1. *Mémoires de l'Académie royale des sciences*, années 1724, 1733, 1734, 1738 et 1740.

Formey, mais bien honteuse pour l'esprit humain, que de voir ce grand médecin traiter des comètes comme des abscès du ciel et prescrire un régime pour se préserver de leur contagion[1]. »

1. *Encyclopédie, t. X, art. « Monstres », p. 671.*

CHAPITRE VII

PEUT-ON PROCRÉER SANS HOMME ?

La procréation des femmes à l'exclusion de tout contact masculin plonge la génération dans une atmosphère de fantastique et de mystère. L'idée qu'une femme puisse concevoir seule, avec une autre femme ou avec le Diable stimule l'imaginaire, lui ouvre un champ d'action privilégié en dehors du réel, lui offre, en deux mots, la possibilité de s'épanouir pleinement. La procréation sans homme est une question étrange, aux multiples facettes aussi, car située aux confins de la science, du droit, de la théologie et de la poésie.

La femme, reproductrice solitaire : la panspermie

Le 13 janvier 1637, le parlement de Grenoble innocentait Magdeleine d'Automont d'Aiguemère de toute accusation d'adultère. Cette chaste épouse venait pourtant de mettre au monde un garçon qu'elle avait forcément conçu en dehors des caresses de son mari, absent depuis quatre ans. Cependant, précisait l'arrêt, « s'étant imaginé en songe la personne et l'attouchement dudit sieur d'Aiguemère, son mari, elle reçut les mêmes sentiments de conception et de grossesse qu'elle eut pu recevoir de sa présence [1] ». Les parlementaires avaient sans doute puisé leur inspiration dans la pensée de saint Thomas. Celui-ci assure que dans l'état d'innocence, les enfants se faisaient par la seule intention des idées. Ce n'est qu'après le péché originel que les hommes auraient été affublés de « parties honteuses », marques tangibles d'infamie [2].

Mais la déposition des médecins de l'auguste faculté

1. *J. F. Fournel : Traité de l'adultère considéré dans l'ordre judiciaire, Paris, 1778, p. 196.*

2. *Pierre Sue : Essais historiques... sur l'art des accouchemens, Paris, t. I, p. 232.*

de Montpellier avait un caractère nettement plus scientifique. « On suppose, disait-elle, que la nuit du songe de la dame d'Aiguemère étoit une nuit d'été, que sa fenêtre étoit ouverte, son lit exposé au couchant, sa couverture en désordre, et que le Zéphir au sud-ouest duement imprégné de molécules organiques d'insectes humains, d'embryons flottans, l'avoit fécondé [1]. »

En fait, les médecins s'en référaient implicitement au système de la panspermie des Anciens ou de la génération solitaire. Ce système repose sur une extension abusive à l'espèce animale du mode de reproduction des végétaux. L'air et l'eau seraient peuplés de « molécules organiques » fécondantes. Introduites dans le corps de la femme ou de toute autre femelle par voie digestive ou respiratoire elles parviendraient jusqu'aux organes de la génération.

C'est vers la fin du VIe siècle av. J.-C. que le Grec Héraclite enseigne pour la première fois que l'âme divine de l'univers est dispersée dans tout ce qui nous environne, et qu'elle parvient dans le corps portée par l'inspiration pulmonaire [2]. Virgile a une vision poétique de la panspermie. « Les juments andalouses, dit-il élégamment, portent la tête au vent, et s'arrêtant sur les montagnes, elles y respirent le Zéphyr au lever du soleil. De là il arrive souvent, par un effet qui tient du prodige, que sans être accouplées, elles conçoivent par la seule influence du vent [3]. » Brantôme tourne en dérision ce « vent fécondant ». Épiloguant sur le sort des maris cocus, il imagine que plusieurs d'entre eux « désireroient fort que leurs femmes trouvassent un tel vent qui les rafraichist et leur fist passer leur chaleur, sans qu'elles allassent chercher leurs amoureux et leur faire des cornes fort vilaines [4] ».

En dépit d'une certaine incrédulité, la procréation solitaire eut toujours ses adeptes. Et ceux-ci ne se recrutaient pas exclusivement dans les milieux scientifiques. On en trouvait aussi parmi les théologiens. L'existence de germes non fécondés et préexistants cadrait beaucoup mieux avec la vision biblique de la création du monde. Mais la panspermie, à la fin du XVIIe siècle, reste surtout attachée au nom de son apôtre, Claude Perrault (1613-1688). Dans un *Mémoire pour servir à l'histoire des animaux ou traité sur la méchanique des animaux* (1676), il soutient l'idée d'une dissémination des germes dans l'univers. A la base de son système, on voit d'ailleurs se profiler le grand dessein du Créateur. « La formation de la machine animale, dit-il, est un ouvrage trop merveilleux pour ne pas partir immé-

1. *Troussel : Elémens de droit, Avignon, 1771, p. 242.*

2. *Schweighaeuser : Tablettes chronologiques, 1806, p. 6.*

3. *Géorgiques, liv. III, vers 273 et suiv.*

4. *Brantôme : Histoire des Dames galantes. Deuxième discours : Des maris cocus.*

diatement de Dieu. » Une liqueur, quelle qu'elle soit, et quelque fermentation qu'on y suppose, ne peut former de corps organisé aux parties différenciées si nombreuses. A l'origine de toute vie animale, on imagine mieux de petits êtres invisibles, déjà formés mais sans vie, qui attendent de rentrer en contact avec une liqueur assez subtile pour les vivifier. Une femme peut donc procréer toute seule, mais le plus souvent, le concours de l'homme est nécessaire puisque la « substance éthérée et saline de la liqueur séminale » désignée sous le nom d'*aura seminalis* devient cette cause occasionnelle grâce à sa qualité excitante [1].

A la même époque, la découverte de l'œuf et celle de l'animalcule ne découragent pas les partisans de la panspermie et de la génération solitaire. En 1777, Fournel, dans son *Traité de l'adultère*, range De Graaf au nombre de ces derniers. « Il y a des femmes, aurait-il dit, constituées avec des organes si sensibles, qu'elles peuvent concevoir à la seule odeur : *Aliquot virgines tantum ad seminis odorem concipiunt* [2]. » Si telle a été la pensée de De Graaf, il est probable qu'il ne faut pas lui attribuer une signification panspermiste. Sans doute aura-t-il voulu dire que certaines odeurs (peut-être émanées de mâles) ont sur les ovaires le même effet que l'*aura seminalis*.

C'est dans une optique purement oviste que Daniel Tauvry développe, dans son *Traité de la génération et de la nourriture du fœtus* (1700), une doctrine dérivée de la panspermie. « L'air, écrit-il, est sans doute un magasin rempli d'une infinité de germes. Les graines de plusieurs plantes sont répandues dans l'air et l'on sait que souvent il les transporte d'une région à une autre. Il est encore certain que plusieurs œufs d'insectes sont mêléz à l'air et à nos alimens, les animaux qui tombent avec les pluies sont des preuves incontestables que leurs germes avoient été élevez en l'air, les poissons qu'on trouve quelquefois sur le haut des montagnes nous prouve encore la même chose [3]. »

La découverte de l'animalcule renforce paradoxalement la théorie de la panspermie. Le sperme émis *ex vaso* libère, après évaporation de sa partie non fécondante, des germes de vie desséchés qui, flottant dans l'air et ballottés au gré du vent, attendent la rencontre d'un réceptacle fécondant. Ce sont ces « animalcules spermatiques » doués d'une âme qu'imagine l'auteur anonyme d'un *De originae animae* (1711). Idée plaisante et d'un grand secours au

1. Schweighaeuser, p. 61, et Histoire de l'Académie royale des sciences, 1679, p. 279.

2. Fournel : Traité de l'adultère, p. 195.

3. Tauvry : Traité de la génération, pp. 5 et 6.

beau sexe, ironise La Mettrie à la lecture de l'ouvrage. « Que les femmes se tournent seulement vers le vent favorable pour être enceintes incognito [1]. »

Le savant et moraliste anglais Wollaston reprend la même idée dans son *Ebauche de la religion naturelle* (1726). Selon lui, des animalcules fécondants flottent dans l'air, mais ce sont les mâles qui les avalent ou les respirent; après quoi, ces germes vont se loger dans les vaisseaux séminaires d'où ils seront dardés, par la verge, dans la matrice de la femme [2]. L'insémination directe n'est cependant pas exclue et c'est la lecture de Wollaston qui inspire à John Hill *Lucina sine concubitu*, une satire mordante de la crédulité des milieux médicaux.

1. *La Vénus métaphysique, 1752, p. 5.*

2. *Ébauche de la religion naturelle, pp. 151-152.*

En 1740, Pierre Gerike, professeur à Helmstedt, démontre encore dans les *Fundamenta chymiae rationalis* l'origine atmosphérique d'animalcules spermatiques qui se logent parfois dans l'organisme des femelles. La même année, Bonnet découvre la parthénogenèse du puceron. Un puceron, élevé en parfaite solitude depuis le moment de sa naissance, met au monde quatre-vingt-quinze petits répartis sur six générations. Cette prodigieuse faculté, qui faisait du puceron, selon les termes de Haller, « une être important en physique », renforçait en même temps les positions des partisans de la génération solitaire.

Le préjugé de la dissémination des germes dans la nature, fussent-ils humains, demeure si vivace, qu'un médecin du milieu du XIXe siècle, A. Debay, essaie de lui donner une assise rationnelle. Aux théories de l'*aura seminalis* et de l'animalcule spermatique, il substitue l'hypothèse de la « molécule odorante» ou « spermatine ». Les odeurs sont le fait de molécules invisibles et impalpables qui se dégagent de certains corps et viennent affecter notre odorat. Ces molécules ont aussi la propriété de pénétrer par les issues les plus minimes, de s'attacher à tout ce qu'elles touchent, de se mélanger aux fluides. Or, la molécule odorante du sperme, une fois arrivée dans l'utérus, s'insinue dans les trompes, rejoint l'ovaire qu'elle imprègne et féconde. Cette vésicule, une fois fécondée, se gonfle, éclate après cinq ou six jours, et laisse échapper un ovule qui s'engage dans l'oviducte et se retrouve dans la matrice.

Pour A. Debay, « cette facilité, très concevable, avec laquelle la molécule odorante monterait à l'ovaire pour y féconder les vésicules en maturité, explique certaines grossesses réputées impossibles ». Une jeune paysanne, après avoir fané toute la matinée, dormait étendue sur un amas de foin. Elle avait, l'imprudente, relevé sa jupe, car la chaleur était caniculaire. Non loin d'elle, une autre faneuse « jouait à l'amour » dans les bras de son amant. Une molécule odorante, emportée par le vent, s'en alla féconder l'innocente dormeuse qui se retrouva enceinte et enfanta neuf mois plus tard[1].

Malgré tout, il y avait des sceptiques.

1. *Histoire des métamorphoses... humaines*, Paris 1845, pp. 333-335.

Les sceptiques : « Lucina sine concubitu »

La génération solitaire était sans doute de ces choses auxquelles on croit sans y croire. Personne n'en fit jamais de réfutation systématique et c'est à peine si l'on se contenta de formuler quelques critiques fortuites.

Au XVIIIe siècle, l'avocat Troussel dénigre les balivernes énoncées en 1637 par la sentence du parlement de Grenoble évoquant la chasteté de la dame d'Aiguemère. « De telles histoires, écrit-il, ne feroient pas aujourd'hui fortune, et si une femme devenue grosse en l'absence de son mari ne proposoit d'autres causes de sa grossesse que des exhalaisons aériennes, elle courroit grand risque de n'être pas écoutée et d'être condamnée sans autre forme de procès[2]. » En réalité, c'est au XVIIe siècle que les sottises du parlement de Grenoble devaient se heurter à l'incrédulité des milieux parlementaires. C'est pourquoi Fournel reproche à son collègue Troussel d'avoir cité la fameuse sentence sans en avoir évoqué les suites. En effet, le Parlement de Paris la trouva si bizarre qu'il invita le parlement de Grenoble à réviser son jugement. C'est dans ces circonstances qu'intervint l'arrêt du 13 juillet 1637 qui déclara celui du 13 février de la même année « faux, supposé, calomnieux et injurieux à l'honneur du parlement ». Une cérémonie purificatrice était même prévue, comme pour laver la honte d'une telle infamie. Il fut ordonné que « la copie imprimée dudit arrêt seroit remise entre les mains de l'exécuteur de la haute justice pour être par lui biffée, lacérée, jetée au feu et brûlée devant la grande porte du palais, dans la place publique de Saint-André[3] ».

2. Troussel : *Élémens de droit*, 1771, p. 243.

3. *Traité de l'adultère*, 1778, p. 195.

Il faut préciser que les héritiers du lointain mari, les nommés de la Forge et Bouglemont, avaient grand intérêt à contester la légitimité d'une naissance si suspecte. La mère, de son côté, n'aurait sans doute pas vu d'un mauvais œil le détournement de l'héritage paternel vers ce rejeton tombé du ciel. On imagine les sordides tractations, la corruption et les jeux d'influence qui ont dû intervenir avant la rédaction de l'extravagante sentence[1].

L'incrédulité s'exprime d'une autre façon à travers le chef-d'œuvre satirique que John Hill publie en 1730 sous le pseudonyme d'Abraham Johnson : *Lucina sine concubitu ou Lucine affranchie des loix du concours.* Le sous-titre est plus explicite. Il s'agit d'une « lettre adressée à la Société royale de Londres, dans laquelle on prouve par une évidence incontestable, tirée de la raison et de la pratique, qu'une femme peut concevoir et accoucher, sans avoir de commerce avec aucun homme »[2].

Singulier personnage que ce John Hill (1716-1775). Tour à tour pharmacien à Westminster et médecin, botaniste et homme de lettres, souvent sérieux, souvent frivole et insolent, on le retrouve tantôt riche, tantôt pauvre. Il poursuit pendant quinze ans (de 1759 à 1775), au milieu de mille polémiques, son œuvre maîtresse, *Le Règne végétal* (26 vol. *in-fol.*, 1 600 planches). En récompense, le roi de Suède lui décerne l'ordre de Vasa. Ruiné par ce travail écrasant, il se lance dans la confection de remèdes miraculeux les plus divers, ce qui lui permet de redresser sa situation financière. L'un d'eux, contre la goutte, se vendit fort bien. Mais c'est précisément de la goutte qu'il mourut en 1775. John Hill est donc bien placé pour dénoncer le charlatanisme de ceux qui prétendent qu'une femme peut procréer sans homme.

Le docteur Abraham Johnson, le narrateur et principal personnage de *Lucina sine concubitu*, est appelé au chevet d'une jeune fille de famille honorable. Son diagnostic est formel : elle est enceinte. Le déshonneur accable les parents. La malheureuse, pourtant, proteste de son innocence, de sa virginité. Abraham Johnson, touché par la sincérité de ses accents, entreprend de prouver qu'il est possible de concevoir en dehors de tout contact sexuel. Les recherches s'avèrent difficiles. Au bord du désespoir, le bon docteur tombe sur le fameux ouvrage de Wollaston, *Ebauche de la religion naturelle.* Il en tire la conviction qu'une femme peut concevoir sans homme. La lecture de Virgile et l'observation des concombres confirment sa certitude.

Il se lance aussitôt dans la construction d'une « machine cylindrico-catoptrico-rotondo-concavo-convexe » destinée à recueillir ces animalcules fécondants dont parle Wollaston. Au microscope, ils apparaissent « comme de petits êtres humains de l'un et l'autre sexe ». L'imagination exaltée d'Abraham Johnson l'entraîne dans une rêverie

1. *Ibid.*, *p.* *195.*

2. *Lucine affranchie des loix du concours, traduit de l'anglais d'Abraham Johnson par Moet, s.l., 1750, 57 p.*

romanesque : « Ce petit reptile, écrit-il, pourra quelque jour devenir un Alexandre; cet autre, une Faustine; celui-ci, peut-être un Cicéron, et celui-là un danseur de corde... Combien de héros, de législateurs, de monarques même étoient sur ma feuille de papier[1]. » Il s'agit, désormais, d'éprouver la fertilité de ces vermisseaux. Mais sur qui? Mille problèmes moraux assaillent le savant. Épouser une femme à seule fin d'en faire l'objet de ses expériences, il n'en est pas question, l'idée est répugnante. En désespoir de cause, une simple soubrette fera l'affaire. Abraham Johnson lui administre discrètement un bouillon d'animalcules par voie orale. Puis, il la cloître en prétextant une quelconque maladie. Il ne tolère même pas la présence d'un chien à ses côtés. Dans ce genre d'expériences, le doute n'est pas permis. Bientôt, la malheureuse s'aperçoit de sa grossesse. Il y a trois ans, confesse-t-elle à son maître, elle a été séduite par un pasteur. Et Abraham Johnson, qui connaît la véritable origine de l'enfant, décide de l'adopter.

1. *Notons, au passage, la critique satirique de l'animalculisme et des observations de Leeuwenhoek et Hartsoeker.*

Enfants de mère et de mère, grossesses d'étuves

Les femmes peuvent-elles procréer entre elles? C'est ce que soutient, en bon anatomiste, un certain docteur de Launay, vers la fin du XVIIe siècle. Il constate d'abord que certains clitoris présentent de frappantes analogies avec la verge. « On y voit une espèce de balanus ou gland à peu près semblable à celui de la verge masculine, recouvert aussi d'un prépuce. Ce corps s'allonge dans quelques femmes, de manière qu'elles en peuvent abuser avec d'autres; c'est ce qui les fait appeler des Grecs « tribades » et des François « ribaudes ». » Ce clitoris, aux dires des anatomistes, n'est pourvu d'aucun canal et la paillardise des femmes reste stérile. Or de Launay soutient le contraire. Il parle d'une femme qui, pourvue d'un splendide clitoris, s'en servait avec succès sur ses servantes et les engrossait régulièrement. Cette femme, affirme-t-il, aurait été formée du mélange des semences mâle et femelle. « Mais toutes les parties de la masculine auroient été confondues dans la féminine, à l'exception de celles qui pouvoient préparer et porter au dehors la semence masculine[2]. » Autant dire que cette femme de sexe masculin n'était qu'un homme!

La fécondité des conjonctions féminines est moins surprenante lorsque l'une des deux femmes est porteuse

2. *De Launay : Nouveau système concernant la génération, les maladies vénériennes et le mercure, Paris, 1698, pp. 13-14.*

d'un résidu prolifique de semence mâle. Des deux tribades de Thessalonique citées par Hartsoeker, « l'une étoit mariée et l'autre étoit veuve, et la mariée engrossa l'autre, en lui communiquant ce qu'elle tenoit de son homme ». Une affaire semblable défraya la chronique, à Lille, vers la fin du XVIIe siècle, et donna lieu à un procès célèbre intenté par l'intendant de Flandres. Hartsoeker donne du phénomène une explication que lui inspire l'animalculisme. « Si les animaux de la semence, dit-il, ont pu demeurer en vie, comme je l'ai déjà dit, pendant plus de dix heures dans un air froid au cœur de l'hiver, pourquoi n'auroient-ils pas pu être transportez, comme je viens de le raconter, et féconder des œufs descendus dans la matrice de ces deux femmes par leur commerce monstrueux[1] ? »

Une semence masculine véhiculée par l'eau est à l'origine des grossesses d'étuves attestées par certains auteurs du XVIe et d'une partie du XVIIe siècle. On comprend que la mode des étuves, importée d'Orient au temps des Croisades, décline au XVIIe siècle. Trop de jeunes vierges se plaignent d'y avoir effectivement conçu d'émanations prolifiques libérées dans l'eau par d'insouciants libertins. Quelques médecins de la Faculté n'ont-ils pas reconnu l'existence du phénomène ? Et l'Église, trop heureuse de discréditer ces lieux de débauche, n'a-t-elle pas approuvé ? De Graaf, le premier, estime « qu'il y a des vierges déjà nubiles, quoique non déflorées qui, fréquentant un bain ouvert aux deux sexes, recueillent par hasard un peu de la semence laissée par les hommes et conçoivent[2] ».

Pour Pierre Bailly, l'origine du préjugé ne fait aucun doute. Il affirme, dans ses *Questions naturelles et curieuses*, qu'il s'agit de filles qui, honteuses d'un forfait qu'elles n'osent avouer, incriminent les étuves. « Pour moi, ajoute-t-il, je maintiens que cela ne se peut, encore que le bain fust chaud. La raison est que les esprits qui accompagnent la semence, seroient aussitost dissipez en une quantité d'eau très grande, et à ceste occasion, je douterois mesme qu'une femme en l'exercice du coït y peust concevoir[3]. » Venette est du même avis. « Ces histoires et plusieurs autres, affirme-t-il, sont faites à plaisir pour couvrir la lascivité des femmes, et pour cacher le vice d'un amour impur[4]. »

Ce genre de croyance survit au XVIIIe siècle sous des formes encore plus aberrantes. Valentin André Mollenbroc soutient que des germes répandus dans l'eau peuvent féconder les femmes qui en boivent ou qui s'y trempent

1. Conjectures physiques, liv. I, disc. VII, p. 116.

2. Fournel, op. cit., p. 195.

3. Questions naturelles et curieuses... 1628, p. 44.

4. Tableau de l'amour conjugal, éd. de 1696, liv. IV, chap. V : « Si une femme peut devenir grosse sans l'application des parties naturelles de l'homme », p. 470.

imprudemment. L'accident se produisit aux dépens de la malheureuse qui but d'une eau dans laquelle une chatte avait failli se noyer. « Les œufs visqueux (de l'animal) ont pu s'attacher, explique Mollenbroc, aux parois et dans les plis du ventricule, s'y fermenter par la chaleur de cette partie, y pousser des racines et produire des petits tuyaux par lesquels ils reçoivent pour leur accroissement et leur nourriture un suc proportionné tiré du chyle de l'estomach, comme nous voyons qu'il arrive aux grains jettés sur les terres, même assez mal disposées; car ces grains y prennent racine, et s'élèvent toujours un peu [1]. »

Quoi qu'il en soit, cette propriété par laquelle à la semence garde ses vertus prolifiques en dehors du corps humain, a permis aux théologiens d'expliquer comment le démon pouvait engendrer dans le corps d'une femme.

1. *Planque : Bibliothèque de médecine, 1762, t. I, art. « Accouchemens monstrueux », pp. 352 et 353.*

Copulation diabolique

« Quand, dans les champs ou dans les bois, écrit le démonologue Jakob Sprenger à la fin du XVe siècle, on voit des femmes allongées sur le dos et nues jusqu'au nombril, on peut en déduire, d'après le mouvement de leurs jambes et de leurs cuisses, qu'elles s'accouplent avec un démon incube invisible [2]. »

On rirait si, sur de telles apparences, on n'avait condamné des millions de sorcières au bûcher. Le sexe, on le sait, est à l'origine du péché originel, et Dieu, pour en punir les hommes, tolère chez le Diable un pouvoir d'intervention dans le domaine sexuel d'autant plus grand. Satan le sait, il en abuse. En effet, « l'essentiel de son pouvoir se situe dans les reins et le nombril. Or, chez l'homme, la luxure a son siège dans les reins et c'est de là qu'est issue la semence, de même que chez la femme elle tombe du nombril [3]. » Mais le Diable n'agit pas seul, il est secondé dans ses œuvres par une cohorte d'incubes et de succubes, créatures originales extirpées du creuset théologique.

La théorie de l'incubat repose sur un amalgame hétéroclite de croyances païennes, d'exégèses bibliques et de sentences patrologiques. Incubes et succubes (étym. *in cubere*, « coucher sur », et *sub cubere*, « coucher sous ») sont des démons pervers qui, sous l'apparence empruntée de beaux hommes et de belles femmes, séduisent les fidèles et sèment la zizanie dans les familles. A l'origine,

2. *Malleus maleficarum, 1re éd. vers 1488. Ed. de Venise 1576, liv. II, Q. n. I, chap. IV, p. 203. L'ouvrage a été traduit en français par Amand Danet (Plon, 1973), sous le titre: Le Marteau des sorcières.*

3. *Ibid., liv. I, Q. n. I, chap. III.*

ce sont les faunes, les sylvains et les satyres des poètes latins. Sous la plume de saint Augustin, ces charmants génies sylvestres deviennent d'abominables suppôts de Satan : « C'est une opinion très répandue, écrit-il, et confirmée par les témoignages directs et indirects que les sylvains et les faunes, vulgairement appelés incubes, ont souvent tourmenté les femmes, sollicité et obtenu d'elles le coït. Il y a même de nombreux démons que les Gaulois appellent duses ou lutins qui se livrent très régulièrement à ces pratiques impures : ceci est attesté par des autorités si nombreuses et si graves qu'il serait impudent de le nier[1]. »

1. *La Cité de Dieu, liv. V, chap.* XXIII.

Voilà mieux! Ces démons peuvent engendrer. On l'admit, non sans peine, il est vrai, mais on l'admit quand même. Certains historiens de l'Antiquité attestent déjà le caractère surnaturel de la naissance d'hommes d'une trempe peu commune : Romulus et Rémus, Alexandre le Grand, Auguste... Aux yeux des théologiens du Moyen Age, ces hommes sont tout simplement des enfants d'incubes et de succubes. On reconnaîtra plus tard que Luther et Calvin n'ont pas d'autre origine. Certes, les incubes et les succubes sont, au même titre que les anges, des créatures aériennes. Le vent pourrait-il procréer? Il est dit, dans la *Genèse*, que les anges trouvèrent les filles des hommes à leur goût, les caressèrent amoureusement et conçurent la génération des Géants (*Gen.* IV). Aussi, les démons qui ne diffèrent des anges que par leur chute, peuvent de même, comme le souligne Lactance, attirer les femmes dans des plaisirs impudiques et les souiller par leurs embrassements.

On sait pourtant qu'une créature immatérielle ne peut donner naissance à un être matériel. C'est saint Thomas d'Aquin qui, inspiré par le génie, rationalisa l'irrationnel et tira les théologiens de l'embarras en inventant l'insémination artificielle. Le démon peut, à volonté, se faire incube ou succube. Il se transforme d'abord en succube et, sous l'aspect d'une belle femme, il séduit un homme dont il subtilise le sperme. Il se transforme ensuite en incube, séduit une femme et la féconde avec la semence ainsi recueillie[2].

2. *Summa theologiae, liv. I, Qn.* LI.

A la fin du XVe siècle, *Le Marteau des sorcières* développe inlassablement le thème de l'incubat. Ce livre est le chef-d'œuvre de deux inquisiteurs dominicains, Jakob Sprenger et Heinrich Institutor, que le pape Innocent VIII a délégués dans les États allemands pour y réprimer l'hérésie des sorcières. Michelet, dans *La Sorcière*, est intarissable sur leur bêtise [1]. Replacé dans l'esprit du XVe siècle, *Le Marteau des sorcières* est un ouvrage pourtant fort bien conçu, et les milliers de victimes dont il a justifié la condamnation en font foi. Il est vrai que l'un des deux inquisiteurs semble d'une débilité sénile [2]. Tous les deux, en tout cas, sont libidineux, et lorsqu'ils parlent de copulation diabolique, Sprenger et Institutor évoquent sans doute des problèmes qui leur sont propres :

« Les démons jouissent-ils entre eux ?
— Le plaisir vénérien est-il plus ou moins fort pendant cet acte ? [3] »
« Quels lieux, quelles heures le démon choisit-il pour copuler ?
— L'acte est-il toujours accompagné d'émission de semence ? [4] »

Les malheureux qui naissent de cette étrange conjonction ont d'ailleurs un aspect et un comportement singuliers. « Ils pleurent et souffrent toujours, ne sont jamais satisfaits ni rassasiés de lait. Quatre femmes ne leur suffisent pas. Ils sont gros, ne grandissent pas... On rapporte qu'ils disparaissent souvent [5]. »

Ce tissu d'inepties ne mériterait qu'une attention narquoise s'il n'avait tracé son sillage dans le sang. Avec l'épidémie de sorcellerie qui fait rage aux XVIe et XVIIe siècles, l'incubat devient l'un des thèmes favoris de la théologie [6]. Tous les démonologues admettent la réalité de la copulation diabolique. Parmi eux, il faut faire une place à part au père Sinistrati d'Ameno. Dans un ouvrage dont le manuscrit remonte à la deuxième moitié du XVIIe, ce dominicain développe des idées d'une hardiesse inouïe [7]. Pour lui, incubes et succubes sont des créatures intelligentes, attachantes, amies des arts et des sciences, qui entretiennent des armées, et bâtissent des villes. Surtout, elles jouissent d'un pouvoir de procréation autonome et peuvent engrosser des femmes sans avoir recours à la semence d'autrui. L'incube n'est pas nécessairement aux ordres de Satan. Le plus souvent, « c'est un amoureux passionné, n'ayant qu'un but : posséder charnellement la personne qu'il aime... Les femmes se laissent bientôt fléchir par ses prières, ses larmes, ses caresses ; c'est un amoureux fou, il faut lui céder... Et ce n'est pas seule-

1. Michelet reproche notamment à Sprenger la façon dont il prouve la bêtise de la femme. Issue de la côte incurve d'un homme, elle a nécessairement l'esprit tordu. Ce genre de sophisme est pourtant monnaie courante dans la littérature théologique du Moyen Age.

2. « L'âge me paraît l'avoir réduit tout à fait à l'état d'enfance, écrit l'évêque d'Innsbruck en parlant d'Institutor, je n'ai plus besoin de lui. » Cité dans Baissac : Les grands jours de la sorcellerie, 1885, p. 26.

3. Liv. II, Qn. I, ch. IV, pp. 203-205.

4. Liv. II, Qn. I, p. 202.

5. Liv. II, Qn. II, chap. VIII.

6. Del Rio, Bodin, de Lancre s'y attardent longuement. D'autres s'y spécialisent : Nicolas Scheidt : De incubo, 1618. Jacob Troppias : De incubo 1661. Franckenstein et Losius : Dissertatio de ephialte seu incubo. Fredericus : De incubo, 1665. Andreas Petermann : De ephialte seu incubo, 1668. Johann Philippus Jordis : De incubo, 1690...

7. De la démonialité des incubes et des succubes, traduit du latin par Isidore Lisieux, d'après le manuscrit original, Paris, 1875.

ment aux femmes qu'il s'attaque, mais aussi aux juments. Sont-elles dociles à ses désirs, il les accable de soins, il tresse leur crinière en une infinité de nœuds inextricables; mais si elles résistent, il les maltraite, les frappe, leur donne la morve, et finalement les tue, comme il est constaté chaque jour [1]. »

De telles extravagances justifient le scepticisme de plusieurs médecins, et Nicolas Venette estime que l'expérience des théologiens en matière de procréation est des plus rudimentaires. A son avis, incubes et succubes n'existent pas, et même s'ils existaient, ils seraient bien incapables de procréer. « Car si l'homme ne peut engendrer, selon l'avis de tous les médecins, parce qu'il a une petite verge qui ne porte pas assez loin la matière qui sert à la génération, et qui ne la darde qu'à l'entrée des lieux d'une femme, que peut-on espérer d'une semence éventée et froide, qui aura touché un cadavre, et d'un corps d'air, que le démon aura emprunté?... L'âme ou les esprits de la semence se dissiperoient, s'évanouiroient aisément, comme l'extrait de romarin se dissipe sur les champs. » Il n'en resterait qu'un « cadavre de semence ». D'ailleurs, les sorcières n'avouent-elles pas que la semence du démon est froide [2]?

Venette a le mérite d'avoir donné en outre du phénomène de l'incubat une explication bien sentie. Il observe justement que la continence est à l'origine du mal que les médecins appellent « incube ». De la semence corrompue s'exhalent des vapeurs qui provoquent des suffocations nocturnes. Une femme « amoureuse et mélancholique », dont l'esprit est de surcroît dépravé par toutes sortes de contes, s'imagine aisément qu'elle est la proie d'incubes lubriques [3]. Parfois, ajoute-t-il plus naïvement, l'esprit succube n'est qu'une « tribade » qui, sous le fallacieux prétexte de présenter une belle femme au Diable, l'endort, « l'embrasse étroitement et en jouit au lieu du démon dont l'autre pense être amoureusement caressée [4] ».

La floraison des systèmes extravagants, l'existence d'une procréation solitaire ou démoniaque, sont naturellement l'expression d'une incompréhension fondamentale. Mais incapable de percer le mystère de sa génération, l'homme n'en est pas moins certain d'être dans le secret des dieux lorsqu'il s'agit d'engendrer, selon les règles de l'art, de beaux enfants.

1. *Ibid.*, *pp.* 85 *et* 29.

2. *Tableau de l'amour conjugal, liv. IV, chap. V : « Si une femme peut devenir grosse sans l'application des parties sexuelles d'un homme, où l'on traite fort curieusement des incubes et des succubes », pp. 484-485. (Les sensations de froid éprouvées par les sorcières sont symptomatiques d'un état d'hystérie.)*

3. *Ibid.*, *pp.* 487.

4. *Ibid.*, *p.* 483.

CHAPITRE VIII

L'ART DE PROCRÉER

Une littérature prolixe

La procréation est une chose trop grave pour être laissée au hasard. Il y a donc un art de procréer comme il y a un art de faire de la bonne cuisine, et il existe des recueils de recettes pour faire de beaux enfants comme il en existe pour faire de bons plats. Peu importe, au fond, que le mystère de la génération échappe à l'entendement. Le résultat, seul, compte. Le cultivateur ne préfère-t-il pas une bonne récolte à la connaissance du phénomène de la germination?

Mais l'illusion de savoir bien procréer ne répond-elle pas précisément à l'incapacité de percer le véritable secret de la génération? Devant cette impuissance, elle prend le sens d'un palliatif, d'une réaction de compensation.

Plusieurs siècles avant Jésus-Christ, la mythologie grecque nous montre le centaure Chiron enseignant aux femmes de Thessalie la façon de faire de beaux enfants, et Démocrite fixe déjà les règles de la procréation des sexes à volonté. Les conseils, les formules, remplissent les ouvrages d'Hippocrate et de Galien. Les médecins de la Renaissance y puisent une inspiration féconde, mais aucun de ces ouvrages n'est jusque-là consacré exclusivement à l'art de procréer.

En 1655, *La Callipédie*, de Claude Quillet d'après l'ouvrage de l'Espagnol Juan Huarte, peut passer pour une innovation. Traduit un siècle plus tard en français, ce poème a longtemps été considéré comme la Bible des bons procréateurs. Mais c'est le XVIIIe siècle qui marque l'épanouissement de la procréation artistique dont les traditions survivent jusqu'en plein cœur du XIXe siècle.

En 1745, Michel Procope Couteau, reprenant le médecin arabe du IXe siècle Rhazes, formule, dans *L'art de faire des garçons*, les règles de la procréation des sexes à volonté. A la fin du siècle paraît un ouvrage anonyme qui se prétend un « manuel indispensable pour ceux qui veulent avoir de beaux enfans ». Il s'intitule pompeusement *De la propagation du genre humain*, mais son auteur ne fait que reprendre, presque mot pour mot, *La Callipédie*, se contentant de la compléter au besoin. A la même époque, le *Système complet de génération* de Millot corrige les « erreurs » de Procope Couteau sur la procréation des sexes à volonté. En 1801, *l'Essai sur la Mégalanthropogénésie*, de Robert le Jeune, porte l'ambition à son comble. Il s'agit tout simplement de dévoiler « l'art de faire des enfans d'esprit qui deviennent des grands hommes ». Huit ans plus tard, *La Philopédie* livre plus modestement le secret de faire des enfants sans passions. Dans *Les Secrets de la génération* (1824), Morel de Rubempré exalte et reprend le système de Millot. En 1849, Debay prétend avoir encore découvert une « nouvelle théorie de la procréation des sexes à volonté » qu'il expose dans *Vénus physique*. En fait, il en revient tout bonnement aux idées d'Hippocrate. La fin du XIXe siècle est paradoxalement marquée par un nouvel épanouissement de toute une littérature sur la procréation des sexes à volonté.

L'impact de ce genre d'ouvrage est difficile à apprécier. Le succès de quelques-uns semble attesté par de multiples rééditions. Millot cite nommément plusieurs de ses clients qui, grâce à lui, ont réussi à faire des mâles. Selon toute vraisemblance, l'art de procréer a eu ses fanatiques. Souvent, aussi, il inspirait un scepticisme courtois ou méprisant. Dubuisson y voit une entreprise philanthropique, mais il s'étonne que la race humaine ne s'en soit pas trouvée améliorée [1]. Debay évoque le « dédain moqueur qui accueille ordinairement ces sortes de publications ». Il justifie la parution de son système en se retranchant derrière les prières réitérées de plusieurs de ses amis qui en ont éprouvé les bons effets. C'est pourtant le jugement porté par Debay sur le système de Millot qui semble le mieux définir l'accueil réservé à tous les ouvrages du même genre : « Que sa théorie soit vraie ou fausse, nous disons aux incrédules : essayez, il en coûte si peu [2]. »

On y croyait sans y croire, parce qu'il n'y avait rien à perdre, et l'on accordait à l'art de procréer la même importance que celle que l'on accorde généralement à

1. *Tableau de l'amour conjugal, 1812, t. IV.*

2. *Histoire des métamorphoses humaines..., 1845, p. 423.*

une voyante. C'est dire que le succès de ces pratiques aura, peut-être, été plus important qu'il n'y paraît.

Procréation et bonne morale

Avant de procréer selon les règles des hommes de science, il faut se soumettre à celles de Dieu. Car du vice ne naissent que des enfants dégénérés. Le fruit d'une liaison interdite porte forcément la marque du péché. « On a trouvé par expérience, dit François Barbaro, que les enfans nés en légitime mariage sont plus jaloux de leur honneur, plus dociles, enfin meilleurs citoyens que les autres... Et au contraire, la mesme expérience nous fait voir que ceux qui sont issus d'une copulation illicite et honteuse sont d'ordinaire vicieux et malins, et plus enclins aux actions deshonnêtes[1]. » Pourtant, selon une tradition bien établie, les enfants illégitimes ont plus de sagacité et d'esprit que les autres. Jacques Bailly remarque que les bâtards sont « plus forts, meschans et gauchers pour la plus part ». Du moins a-t-il le mérite de ne pas mettre ces disgrâces sur le compte d'une tare congénitale ou de la vengeance divine, mais sur celui d'une mauvaise éducation et d'une frustration affective. Ces enfants ne sont d'ailleurs pas dépourvus de qualités. L'amour illicite est toujours plus ardent que l'amour conjugal et en raison des « mille ruses et inventions déployées par les parens pour s'accoupler », les bâtards sont formés d'une semence « spumeuse, bouillante et pleine d'esprits ». C'est pourquoi une meilleure éducation ferait d'eux des hommes « beaucoup plus habiles en toutes choses, voire meilleurs que les légitimes[2] ».

Le Camus donne du caractère des bâtards une explication assez semblable. Selon sa théorie, les enfants conçus en dehors des liens du mariage sont d'ordinaire le fruit d'un amour « industrieux ». Les parents, sans cesse « aiguisés » par les ruses nécessaires pour tromper la jalousie d'un mari ou la vigilance d'une mère, transmettent naturellement aux bâtards une grande partie des talents auxquels ils doivent le jour. Au contraire, les enfants nés dans l'indolente sécurité d'un amour permis, se ressentent de cet espèce d'abandon, de cette « inertie d'âme » avec laquelle on les a conçus[3].

Malgré tout, c'est le mépris qui l'emporte et le jugement du public est dur pour le péché d'adultère, comme pour

1. *Deux Livres de l'estat de mariage, traduits du latin par François Barbaro, gentilhomme vénitien, 1667, liv. I, p. 14. Première édition latine, La Haye, 1533.*

2. *Docteur Pierre Bailly : Questions naturelles et curieuses..., 1628, pp. 52-53.*

3. *Docteur Antoine Le Camus : La Médecine de l'esprit, 1753, t. I, p. 310.*

ses conséquences. D'ailleurs, ce genre de conjonction ne donne que des filles : « Ceux qui habitent avec les femmes à la desrobée, écrit Liébault, font le plus souvent des filles. Aussi voyons-nous plus de bastardes que de bastards [1]. »

Et que les époux n'aillent pas s'imaginer que le mariage leur donne tous les droits et les dispense de discernement moral. Qu'ils se montrent modérés, qu'ils bannissent toute espèce de volupté. « La conjonction du mary et de la femme a été inventée principalement pour avoir des enfans, rappelle François Barbaro. Que les maris fassent connoistre à leurs épouses qu'ils ne veulent pas estre les ministres de leur volupté, mais les aydes de leur nécessité [2]. »

Les rapports sexuels sont à proscrire les jours de fête religieuse. Les médecins n'hésitent pas, en l'occurrence, à se faire les interprètes de l'Église. Ces jours-là, selon Liébault, « on doit employer son esprit et corps à la contemplation des choses divines et à bonnes œuvres, non aux actions voluptueuses et charnelles. Autrement, Dieu vous fera bénédiction d'avoir enfans, ou si en avez, vous les aurez maladifs, chétifs ou morigénez [3]. »

Le coït trop souvent réitéré affaiblit la semence et donne des enfants débiles et imbéciles, qui, dans la plupart des cas, sont d'ailleurs des filles. Liébault affirme même que la « copulation énorme », la « détestable et immodérée incontinence », est une cause de monstruosité. Les enfants en naissent « mutilés, manques, difformes, tortus, bossus, boiteux, hernieux, stupides, hébétez... ». C'est un fléau qui sévit d'une façon endémique en Flandres, où les femmes de marins, « transportées d'une insatiable cupidité à raison de l'absence longue de leurs maris, reçoivent par trop lubriquement l'accointence de leurs maris à leur retour [4] ». Jacques Bury est du même avis lorsqu'il évoque le cas de ces enfants dont la monstruosité a pour origine la « punition et chastiment des offences et péchez des pères et mères, et principalement quand ils brutalisent ensemble, se comportant desordonnément au faict de génération [5] ».

Le préjugé est toujours aussi vivant au XVIIIe siècle. Dans un ouvrage approuvé par les autorités médicales de l'époque, l'abbé Cangiamila recommande aux sages-femmes d'enseigner à leurs patientes que « les avortemens, les monstres, les fœtus viciés sont souvent ou les tristes effets d'une coupable impudicité, qui pour se satisfaire emploie les voies plus ou moins illégitimes ou criminelles;

1. *Trois Livres des maladies... des femmes*, 1649, t. III, p. 564.

2. *Deux Livres de l'estat de mariage*, 1667, liv. II, pp. 124-125.

3. *Trois Livres des maladies... des femmes*, 1649, liv. I, p. 53.

4. *Ibid.*, liv. III, p. 625.

5. Jacques Bury : *Le Propagatif de l'homme*, Paris, 1623, p. 8.

ou les suites funestes d'un amour qui dégénère en une passion immodérée dans le commerce des deux époux. Elles en prendront l'occasion d'instruire les épouses de ce que la religion et la nature leur permettent ou leur défendent[1]. »

Quant à la proscription du coït pendant les règles, elle trouve sa justification dans des considérations d'hygiène physique et morale. L'Ancien Testament interdit déjà tout rapport sexuel pendant les règles. Une telle conjonction est « deshonnête et désordonnée » (Liébault), elle procède d'une « honteuse lubricité » (Quillet). Tous les médecins s'accordent sur la nature « pestifère » du sang menstruel. « S'il en tombe sur de jeunes vignes, sur de tendres fruits, sur des semences, tout se fane aussitôt... Si un chien altéré en avaloit, à l'instant il deviendroit enragé. » Enfin, des lépreux peuvent bien naître d'une copulation infectée de ce venin[2]. Liébault est plus précis. Il énumère une trentaine de calamités qui risquent de s'abattre sur les infortunés nourrissons conçus pendant les règles. Ils seront non seulement pestiférés, mais encore chétifs, moribonds, sujets à une infinité de maladies « fœtides, sordides et puantes ». D'un point de vue mental, « l'esprit seroit du tout stupide, morne, lourdaut, estourdy... ». Aux maladies du corps et de l'esprit s'ajoute l'éventail varié des difformités et des monstruosités en tous genres. Les enfants « prodigieux, monstrueux, difformes, bossus, boiteux, mutilés » sont également le fruit d'une copulation infestée par le sang menstruel[3].

Il existe donc une éthique de la procréation. Elle donne au lien charnel une dimension spirituelle et nul n'en peut transgresser les règles sans offenser Dieu. Au-delà de ces pieuses considérations, la procréation n'est plus que l'affaire d'un ensemble de choix délicats.

1. *Dom François Cangiamila : Abrégé de l'embryologie sacrée ou traité des devoirs des prêtres, des médecins, des chirurgiens et des sages-femmes envers les enfans qui sont dans le sein de leur mère, traduit de l'italien par l'abbé Dinouart, 1775, pp. 284-285. Première édition en italien : 1745.*

2. *La Callipédie, 1749, p. 72. Première édition latine : Leyde, 1655.*

3. *Liébault, Trois Livres des maladies... des femmes, pp. 4-5.*

Le choix de la personne, le choix du moment

Ces choix sont simples mais précis. Le plus élémentaire, celui de l'âge, est dicté par la nature. Une fille est nubile lorsque « les mamelles s'enflent et font naître de tendres désirs », dit l'auteur anonyme de la *Procréation du genre humain.* De même, « un jeune homme qu'un tendre duvet ombrage annonce la vigueur de la fécondité; il peut alors entrer en lice avec une jeune épouse ». Mais chez les trop jeunes gens, « les organes destinés à l'œuvre du mariage ne sont pas alors suffisamment remplis de la liqueur prolifique et spiritueuse propre à la fécondité : cette même liqueur ne s'occupe qu'à former leurs membres et à coopérer à l'accroissement de toutes les parties du corps [1] ».

Les enfants débiles et les femelles sont les fruits les plus constants d'unions précoces. La procréation est donc à proscrire chez les jeunes, comme d'ailleurs chez les personnes trop âgées. « La chaleur naturelle est trop foible dans les premiers, écrit le docteur Venette, pour cuir et perfectionner la semence : les derniers sont trop languissans, et la glace de leur âge s'oppose à l'abondance et à la chaleur des esprits qui doivent contribuer à former un garçon [2]. » Aussi, l'âge nubile est-il généralement fixé à douze ans chez les filles et quatorze ans chez les garçons.

Le choix de la personne requiert des qualités de jugement et de bon goût. Le docteur Goulin déplore que la plupart des mariages se fassent par convenance et par intérêt. La dignité de l'existence, dit-il, dépend presque toujours du hasard. « D'un côté la fortune et le rang, et de l'autre, les mœurs et un certain caprice sont les seules loix que l'on écoute. » Une jolie femme épouse un homme laid, une grosse, un maigre, une jeune, un vieux... De ces unions mal assorties naissent des enfants dégénérés, accablés de difformités congénitales, de tumeurs de naissance, de taches, de signes, d'envie, de boutons, de goutterose [3].

A la différence de Goulin, François Barbaro se montre fort peu soucieux d'unir les époux selon un choix réciproque et harmonieux. L'homme, seul, dicte sa volonté, et cette volonté repose sur des critères bien arbitraires. « Les femmes qui sont de petite stature, écrit-il, quoiqu'elles ayent d'ailleurs toutes les parties du corps bien formées, sont plus propres à l'office de courtisannes que de femmes mariées : car il semble qu'elles soient plus capables de donner du plaisir que d'engendrer de beaux enfans [4]. »

Une fois la personne choisie, toute hâte est à proscrire. La nature « enseigne aux philosophes que les productions du matin prennent une forme plus belle ». Claude Quillet interdit aux époux de se livrer à leurs ébats amoureux avant que la digestion ne soit achevée. « Vous n'employeriez, leur dit-il, que des matériaux faibles, dénués d'esprits et peu propres à servir de fondement à un bel ouvrage! Tranquilisez-vous donc, du moins pendant quelques heures, jusqu'à ce que les alimens suffisamment cuits et

1. *De la Propagation du genre humain*, 1799, pp. 16, 17, 18.

2. *Tableau de l'amour conjugal*, liv. IV, chap. VI : « S'il y a un art pour faire des garçons ou des filles », p. 358.

3. *Docteur Jean Goulin : Le Médecin des dames ou l'art de les conserver en santé*, 1771, p. 156.

4. *Deux Livres de l'estat de mariage*, p. 45.

triturés dans l'estomac aient distribué dans vos veines le suc nourricier[1]. »

La nature, toujours elle, dicte le choix de la saison. Le printemps, naturellement, contribue beaucoup à donner de beaux enfants. « C'est le prix des caresses que les époux se font dans cette saison brillante, pendant laquelle toute la nature est en travail, et l'air rempli de principes de vie. Au contraire, la chaleur de l'été enflamme la bile, énerve la vigueur des corps et dissipe beaucoup d'esprits emportés par la transpiration qu'elle augmente... Il en est de même de la saison pourrissante de l'automne et de la rigueur du froid de l'hiver[2]. »

Le choix des astres est plus délicat. Les Anciens avaient déjà remarqué la conjonction favorable de la lune avec le Cancer, le Scorpion et les Poissons, l'influence bénéfique de Jupiter et Vénus, les effets désastreux de Saturne et de Mars. Liébault accorde une importance particulière à la position de la lune. Il observe que « la conjonction du mary avec la femme est toujours malheureuse au déclin de la lune ou à la conjonction d'icelle avec le soleil ». Malheur à ceux qui sont conçus sous ce signe. Ils naissent « difformes, mutilés, chétifs, tortus, bossus, contrefaits et maladifs ». En outre, ils sont « stupides, sots, lourdaux, dépourvus de tous bénéfices et dons de la nature, de tous sens et entendement, de tout conseil, sagesse et jugement : en tout et pour tout sont mutilés, inhabiles[3]... ».

L'auteur anonyme de la *Propagation du genre humain* cite une multitude de personnes dont le destin, heureux ou tragique, a été directement influencé par la position des astres au moment de la conception[4]. On y voit, par exemple, que « jamais il ne fut de planète plus malheureuse que Saturne en conjonction avec Mars... ». Influencé par ces deux astres, un mari plonge un couteau dans le cœur de sa femme et de ses enfants. Les malheureux conçus sous le signe de Saturne et du Scorpion doivent périr, un jour ou l'autre, par le feu. Le signe du poisson est à l'origine de fatales noyades. Ceux qui en sont marqués ne peuvent passer devant un puits ou une rivière sans éprouver la tentation irrésistible de s'y précipiter. D'ailleurs ils ne parlent que d'aller se jeter à l'eau. Les Gémeaux, influencés par Saturne, donnent des hommes courageux. La Vierge, influencée par Mars, donne des poltrons. C'est pourquoi, deux frères, forts et vigoureux, montrent, sur les champs de bataille, un comportement si différent. « L'un d'eux, semblable au coursier belliqueux que monta

1. *Claude Quillet : La Callipédie, éd. de 1749, pp. 46-48.*

2. *Ibid., p. 68.*

3. *Trois Livres des Maladies des femmes, p. 54.*

4. *De la propagation..., p. 146 et suiv.*

le vainqueur de Darius, ne respire que les armes. » L'autre « verse des larmes comme une timide femme, il appelle sa mère à lui, il se met à ses côtés et remplit sa maison de lugubres cris; il raconte en sanglotant qu'il a fait, la nuit dernière, d'épouvantables rêves; qu'il a vu des fantômes, des spectres, des précipices... ».

Il serait nécessaire, dit l'auteur pour conclure, que les calendriers signalent les périodes fastes. Le 18 floréal (1799), « Mercure passera sous le disque du soleil ». Ce jour-là, entre « neuf heures vingt minutes du matin et quatre heures quarante-cinq minutes du soir », il faudra donner de grands hommes à la patrie!

Le choix de la façon

Plus que d'un choix, il s'agit d'un certain mode de savoir-faire. Et d'abord, il n'y a pas de bonne procréation sans mise en condition préalable. Aussi faut-il danser! Cette vieille tradition, extravagante à première vue, n'est pas dénuée de fondement. C'est du moins l'avis du docteur Venette. Car « les femmes s'étant agitées avant que de se joindre amoureusement à leurs maris, sont défaites d'une partie de leurs excrémens, et la chaleur qu'elles ont acquis en dansant a servi à dessécher leurs parties amoureuses, qui ne sont le plus souvent que trop humides, et qui, par ce moyen, ne sont pas disposées à la génération, car la trop grande humidité de ces parties est une des principales causes de la stérilité [1] ».

Puis, le mari n'entrera dans le lit conjugal « avant que le ventre et la vessie ayant rendu leurs excrémens, autrement le plaisir y sera bien petit, et l'effet que l'on souhaite quasi inutile et de nul succez, parceque le sperme ne peut estre expulsé librement quand la vessie est pleine d'urine, ou le boyau droict rempli de matière fécale [2] ».

Tandis que le mari se consacre à l'expulsion de ces déchets, « l'épouse fera une fomentation d'herbes chaudes, cuite en bon vin ou malvoisie, à ses parties génitales et mettra pareillement dedans le col de sa matrice un peu de musc et de civette : et lorsqu'elle sentira estre aiguillonnée et esmeue, le dira à son mary : adonc se joindront ensemble, et accompliront leur jeu doucement [3] ».

Mais que les époux ne s'y adonnent pas n'importe comment. Dans un chapitre qu'il intitule : « Si l'on doit caresser une femme par derrière » [4], le docteur Venette

1. Tableau de l'amour conjugal, liv. II, chap. VI : « A quelle heure du jour doit-on baiser amoureusement sa femme », p. 151.

2. Liébault : Trois Livres des maladies... des femmes, pp. 50-51.

3. Paré : liv. XXIV : De la génération, chap. IV : « La manière d'habiter et faire génération », p. 928.

4. Tableau de l'amour conjugal, liv. II, chap. X, p. 200 : « Si l'on doit caresser une femme par derrière lorsqu'il se trouve des obstacles qui empêchent de l'embrasser par devant ».

se livre à une minutieuse analyse des diverses positions de l'amour et de leurs incidences sur la génération. Les quatre variantes fondamentales du coït, l'amour debout, l'amour assis, l'amour face à face et l'amour par-derrière, n'ont pas toutes les mêmes effets sur la formation du fœtus.

« Nos parties amoureuses, dit ce médecin, n'ont pas été faites pour nous caresser debout, comme les hérissons. » Cette posture altère notre santé, provoque des éblouissements, des maux de tête, des tremblements de genoux. C'est une source de rhumatisme et de goutte. Surtout, la génération qui s'ensuit est imparfaite, car la semence, mal reçue dans la matrice, se façonne en un ouvrage souvent difforme.

L'amour assis n'est pas d'un meilleur effet. « Les parties naturelles ne se joignent qu'avec peine, et la semence n'est pas toute reçue pour faire un enfant accompli dans toutes ses parties. » C'est la femme qui, le plus souvent, inspire à l'homme cette posture impudique. Venette s'en indigne : « L'homme qui, selon les règles de la nature, doit avoir l'empire sur la femme, et qui passe pour le maître de tous les animaux, est bien lâche de se soumettre à une femme si cette femme est émue d'une passion déréglée. » L'amour assis rend stérile. Lorsque par hasard des enfants en naissent, ils sont « nains, boiteux, bossus, louches, imprudens et stupides ».

L'amour face à face est le plus licite. « On se parle bouche à bouche, on se baise et on se caresse quand on s'embrasse par devant. » Cette position est de surcroît la plus fonctionnelle, car « si un homme est trop pesant et que la femme soit délicate, il me semble qu'on n'agiroit point contre les loix de la nature, si l'on se caressoit de côté, à l'imitation des renards ». C'est ainsi qu'on éviterait suffocations et fausses couches.

Venette a longuement réfléchi avant de se prononcer sur l'amour par-derrière. Après avoir mûrement pesé le pour et le contre, il nous livre le fruit de ses réflexions. « Je mettrois ici la posture de caresser une femme par derrière parmi celles qui sont contre les loix de la nature, si un philosophe et deux médecins ne me disoient le contraire. » En effet, toutes les bêtes se joignent de la sorte, et « la matrice de la femelle est alors plus en état de recevoir la semence du mâle; elle la retient et la fomente plus commodément lorsqu'une femme est sur les mains et sur les pieds, que quand elle est sur le dos ». Cette position est même conforme à la morale, car « si une femme est naturellement si grasse qu'elle ait le ventre en pointe qui s'oppose à l'approche de son mary, fera-t-on une dissolution de mariage plutôt que de conseiller à cet homme de caresser sa femme par derrière? » C'est pourquoi saint Thomas d'Aquin recommande à « l'homme qui a pareillement le ventre trop gros de prendre sa femme par derrière ». Enfin, lorsque le mari « veut éteindre la concupiscence de sa femme sur la fin de sa grossesse », cette position vaut sans doute mieux que « d'étouffer l'enfant qui est sur le point de naître ou que d'aller ailleurs chercher à faire un crime ».

La semence versée, les époux ne sont pas au bout de leurs peines. Pendant un instant, ils doivent encore rester immobiles. « N'allez pas, quelle honte, s'écrie Quillet, troubler ce doux ouvrage par des mouvements impétueux. » Les secousses fréquentes altèrent la vertu des semences. La précieuse liqueur, répandue en pure perte, ressortirait à peine entrée. Et si le hasard la retenait dans la matrice, ballottée, dissociée de toutes parts, elle ne donnerait qu'un fruit sans force[1].

Paré insiste également sur la nécessité de veiller au bon mélange des semences. « Quand les deux semences seront jettées, l'homme ne doit promptement se disjoindre, afin que l'air n'entre en la matrice et n'altère les semences, et qu'elles se mixtionnent mieux l'une avec l'autre[2]. » Après le retrait de la verge, l'épouse doit assumer toute seule la phase ultime du chef-d'œuvre. Elle gardera une parfaite immobilité, prostrée dans une posture bouddhique. Elle devra « croiser et joindre les cuisses et jambes, les tenant doucement rehaussées, de peur que par le mouvement et situation décline de l'amarry (matrice), la semence ne s'escoule hors ». Et c'est pour les mêmes raisons qu'elle ne doit ni parler, ni tousser, ni éternuer, mais dormir aussitôt.

A ce niveau, la parfaite procréation n'est qu'une affaire de prudence et d'adresse. Concevoir des enfants sans passions et des hommes de génie requiert, par contre, une technique de la copulation hautement élaborée.

La Philopédie ou l'art de faire des enfants sans passions[3]

A la différence des ouvrages précédemment cités, *La Philopédie* n'est pas un recueil de recettes sur la façon de procréer. Car pour faire des enfants sans passions, il ne

1. *La Callipédie, p. 74.*

2. *Paré : livre XXIV : De la génération, chap. IV, p. 929.*

3. *L'auteur de La Philopédie (1807) s'est perdu dans l'anonymat. Dubuisson a dressé de l'ouvrage un compte rendu dont je donne ici le résumé (t. IV du Tableau de l'amour conjugal).*

s'agit pas seulement de dominer son corps, il faut élever son esprit et maîtriser son âme. Le but de l'auteur est de détruire l'irritabilité des nerfs au niveau de la conception. Par un examen scrupuleux des époux avant la génération et une étude particulière de la société, il démontre que la copulation consacre irrévocablement les qualités morales de l'être. C'est pourquoi il recommande aux jeunes époux de tempérer, au moment de l'union conjugale, les sentiments ardents qui les animent. Indépendamment de cette retenue, les époux doivent se préserver de toute nervosité avant le coït. La sagesse de leurs occupations, de leurs plaisirs, doit les garantir de toute impression fâcheuse qui pourrait altérer la sérénité de leur âme. C'est surtout la femme qui est responsable de la santé morale de l'enfant qui va naître. Qu'elle évite les spectacles et s'abstienne de danser et de jouer aux cartes pendant sa grossesse. Cela demande trop de jugement, de mémoire et d'attention. Par-dessus tout, qu'elle évite de lire. « Les lectures, dit l'auteur, ne présentent plus aujourd'hui qu'un amas confus de contes ridicules, d'illusions captieuses, d'aventures extraordinnaires et souvent criminelles qui émeuvent et ébranlent la sensibilité. » Par contre, les plaisirs tranquilles de la basse-cour ou le spectacle d'une fête champêtre sont particulièrement recommandés.

Il faudra veiller ensuite à ce que les effets d'une bonne procréation ne soient pas altérés par une alimentation inadéquate du nourrisson. Le lait maternel lui est néfaste. Au terme de sa grossesse, une mère n'obéit plus aux impératifs d'une vie sobre et réservée. Elle se livre de nouveau à ses passions et à ses plaisirs, et son lait en porte la marque. Le lait des nourrices est encore plus dangereux : « Ces femmes ont des passions que leur condition rend plus démonstratives et plus terribles. » Quant au lait de vache, il n'en est pas question, il transmettrait aux enfants une intelligence bovine. L'auteur propose donc une nouvelle nourriture qui a les avantages du lait sans en avoir les inconvénients. Il s'agit d'une décoction de fleur de riz assaisonnée de sucre et de sel. Aux dires de l'auteur, elle « seconde merveilleusement la prudence de la nature dans le développement des nerfs qui règlent l'harmonie des organes ».

Un tel ouvrage laisse sans doute une impression de perplexité. Du moins n'y trouve-t-on rien d'agressif. On ne saurait en dire autant de l'*Essai sur la Mégalanthropogénésie*, paru quelques années plus tôt.

La mégalanthropogénésie ou l'art de faire des génies

En 1801, le docteur Robert le Jeune publie un ouvrage qu'il affuble d'un titre grandiloquent : *Essai sur la Mégalanthropogénésie ou l'art de faire des enfants d'esprit qui deviennent de grands hommes.* L'auteur part du principe que l'homme, par son organisation physique et morale, tend vers la perfectibilité. La structure anatomique, le mécanisme des sens, l'excellence de sa nature sur celle des animaux, les produits nombreux et étonnants de son industrie, tout prouve la tendance de l'homme à se perfectionner. Mais cette tendance ne saurait s'affirmer que dans le cadre de mariages mégalanthropogénésiques.

Robert puise d'abord son inspiration dans la philosophie de Platon. « Lorsqu'on accouple de beaux étalons avec de superbes cavalles, dit-il, et si l'on ne choisit pas ce qu'il y a de meilleur dans les écuries, peut-on avoir autre chose que des haras détestables? » Du cheval à l'homme, la distance n'est pas grande. « Les mariages mégalanthropogénésiques, poursuit Robert, sont donc l'unique moyen de conserver la race pure des grands hommes, et de la perpétuer de siècle en siècle. Mariez un homme d'esprit avec une femme d'esprit, et vous aurez un homme de génie. Frédérik le Grand, uni à la Sémiramis du Nord (Catherine II de Russie), aurait-il pu produire autre chose qu'un nouveau César ou un moderne Alexandre? » Mais s'il arrive que le fils ressemble au père, combien de pères géniaux n'ont eu que des enfants insignifiants. L'explication est simple, c'est la femme qui gâche tout! « La dégénérescence des races se fait toujours par les femelles », affirme Robert d'un ton tranquille.

Or, pour grands qu'ils soient, les hommes de génie n'en ont pas moins des « caprices bizarres ». « Presque tous ont recherché dans leurs épouses plutôt les vertus du cœur que les talents de l'esprit; ils ont semé, pour ainsi dire, des terres ingrates et stériles; le germe de l'imagination n'a pu lever au milieu des ronces de l'ignorance. » Le cas de Jean Racine est exemplaire. Son fils, Louis, ne put jamais s'élever à sa hauteur. En effet, l'épouse du «Grand Racine», Catherine de Romanet, avait toujours ignoré les pièces de son époux. « Elle avoit une telle rouille dans les organes cérébraux, qu'on ne peut nier que la dégénérescence de la race ne soit faite ici par la femme. »

Pour éviter qu'un grand homme ne s'aille acoquiner à

une Catherine de Romanet, il serait donc souhaitable « que le gouvernement invite tous les hommes d'un talent supérieur à n'épouser que des femmes dont l'esprit sera (*sic*) cultivé ». Encore faut-il que le tempérament de l'épouse s'harmonise avec celui du mari et qu'un poète n'aille pas épouser la fille d'un mathématicien.

La conception des génies suppose aussi un régime de vie spécial. Il faut manger des viandes chaudes et sèches, faire de bonnes digestions, prendre un exercice modéré, ne remplir le devoir conjugal qu'une fois la semence bien élaborée, caresser sa femme quatre ou cinq jours avant les règles, faire en sorte que le sperme tombe du côté droit de la matrice pour concevoir des mâles, dépositaires exclusifs du génie.

Mais c'est surtout dans le sein de sa mère que l'homme puise son tempérament, ses passions, ses mœurs et son génie. Comment imaginer qu'un enfant qui vit, croît et se développe pendant neuf mois dans le sein de sa mère, ne participe en rien à ses affections. Or, la femme est par nature dépourvue de génie. Que l'homme insuffle donc son génie à son fils par le truchement de son épouse. Veut-il lui faire parcourir la carrière des armes ? Qu'il alimente l'imagination de la future mère des récits belliqueux des plus grands conquérants, qu'il lui fasse entendre, sans cesse, de la musique militaire. Veut-il qu'il soit poète ? Qu'il fasse lire à sa femme Homère, Virgile, Le Tasse, Voltaire... Veut-il un astronome ? Qu'il mette entre ses mains un télescope tourné vers les cieux...

Les nourritures spirituelles n'en doivent pas faire oublier pour autant les nourritures terrestres. Une alimentation délicate réveille les facultés intellectuelles. Le rôti, le gigot conviennent mieux aux femmes enceintes que la fade bouillie. Mais le poisson fait naître des constitutions apathiques.

Il n'est pas sans intérêt de dire deux mots des idées de Robert sur l'éducation des génies. Le lait d'une nourrice « mercennaire » est à bannir : « L'esprit ou la stupidité des nourrices se communique aux nourrissons. »

Surtout, l'État doit prendre en charge l'éducation des petits génies. Versés dans deux collèges d'élites ou « athénées » réservés à l'un et l'autre sexe, ils n'en sortiraient que pour se marier entre eux sous la présidence des consuls. L'enseignement, hautement spécialisé, serait basé sur une étude contemplative des bustes des grands capitaines et ponctué d'exhortations grandioses. « Enfans de la patrie, lancerait-on à l'adresse des génies en herbe, imitez ce héros, il fut le bienfaiteur de l'humanité; la gloire et l'orgueil national vous le commande, l'Europe vous contemple et l'immortalité vous attend... » Une musique guerrière porterait alors l'enthousiasme dans tous les cœurs. On s'en doute, « le buste de Bonaparte, couronné par la Victoire, seroit en face de la chaire du professeur ».

Plaisante idée, on ferait embaumer les grands hommes et leurs momies seraient alignées dans une « Galerie des héros ». « Imaginez, s'exclame Robert, l'effet produit sur un jeune homme par la momie d'un Buffon ou d'un Rousseau. »

On rirait de l'*Essai sur la Mégalanthropogénésie* s'il n'était le reflet d'une période inquiétante. Et puis, au-delà de la mégalomanie d'un esprit perverti et de l'expression caricaturale d'une idéologie débilitante, c'est l'éternelle misogynie qui apparaît comme l'un des thèmes favoris de Robert. Cette tendance s'exacerbe chez plusieurs auteurs avec l'obsession de procréer des mâles. Mais avant de passer à l'examen des techniques de procréation des sexes à volonté, il faut évoquer l'un des aspects les plus nouveaux des techniques de procréation au XVIIIe siècle : l'insémination artificielle.

L'insémination artificielle

Sur un fond folklorique se dégagent pourtant les premières tentatives fructueuses d'insémination artificielle. La première expérience du genre peut paraître bien puérile... ou géniale. Au XVIe siècle le Suisse Paracelse et le Portugais Amatus soutiennent que le fœtus peut se former en dehors des entrailles de la mère. Ils mélangent dans une fiole le sperme d'un homme et le sang menstruel d'une femme. Le tout est déposé sur du fumier. Au bout de quelques jours, ils observent l'embryon en voie de formation. Le docteur Venette juge l'expérience impie et refuse de prendre en considération le travail d'un imposteur et d'un Juif[1]. En tout cas, personne ne sut jamais ce que devint le premier bébé éprouvette.

Au XVIIIe siècle, les choses deviennent plus sérieuses. En 1763, Jacobi réalise avec succès l'insémination artificielle des poissons. Peu après, Spallanzani met au point la technique de fécondation artificielle des grenouilles dans des conditions de rigueur scientifique irréprochable.

1. *Tableau de l'amour conjugal*, liv. III, chap. IV : « De la formation de l'homme », p. 253.

Il revêt les mâles de « petits caleçons » et les soumet au coït. Il recueille le sperme, en humecte des œufs de grenouilles et constate que les larves se développent au bout de quelque temps. La même expérience, tentée en 1780 sur une chienne, est, elle aussi, couronnée de succès[1]. En 1799, Hunter réussit enfin la première fécondation artificielle d'une femme.

En 1804, le docteur Thouret réalise, l'un des premiers en France, une semblable opération. La relation qu'il en dresse constitue un document curieux par les conclusions que l'expérience lui inspire et les applications pratiques qu'il voudrait en tirer[2].

L'insémination est effectuée avec un soin minutieux et dans des conditions qui ne laissent rien au hasard. Thouret utilise une petite seringue en étain dont le piston, garni de filasse très fine, est passé au savon pour en rendre le mouvement plus facile et plus doux. Cette seringue est plongée perpendiculairement dans de l'eau portée à 50° centigrades pour éviter que le froid ne dissipe les « esprits prolifiques » du sperme. Le plus frappant est le souci avoué de reconstituer en laboratoire les conditions exacte de la copulation naturelle.

La femme est couchée sur le dos, un coussin un peu ferme sous les fesses, les cuisses entrouvertes et un peu élevées. Des actes préparatoires ont même pour but d'exciter, chez l'homme et la femme, « le délire du sentiment ». « Il étoit important, écrit Thouret, de le porter à l'excès chez la femme, et de provoquer, par des caresses voluptueuses, de légères titillations sur les parties les plus irritables de la génération, ces ravissantes extases qui, en ouvrant les sources du plaisir, achèvent de troubler tous les sens, et causent des contractions nerveuses, compriment les glandes distribuées abondamment dans la matrice et dans les lacunes du vagin, en exprimant ce liquide, ce mucus que les femmes répandent plus ou moins abondamment pendant le coït » (pp. 15-16).

Quant au mari, « des attouchements multipliés avoient dû le préparer à un épanchement abondant de liqueur séminale, mais il sut assez maîtriser ses sens pour l'arrêter au moment où elle étoit près de s'échapper, saisir rapidement la seringue, l'essuyer, déboucher l'ouverture de la canule, y substituer l'index de la main gauche qui tient en même temps perpendiculairement la seringue, placer le bout de la verge à l'entrée de la seringue, etc. » (p. 16).

La semence est ensuite vivement injectée dans la matrice

1. *Expériences pour servir à l'histoire de la génération des animaux...*, 1785, p. 160 et suiv.

2. *Application sur l'espèce humaine des expériences faites par Spallanzani sur quelques animaux*, an XI (1803), p. 37.

par une forte pression exercée sur le piston, ce qui opère un effet semblable à celui de l'éjaculation. Thouret souligne que la totalité du sperme émis est nécessaire au dégagement des émanations prolifiques et à la réussite de l'expérience. Il n'imagine pas, un seul instant, qu'une fraction de liquide puisse avoir le même effet (p. 17 et suiv.).

Les applications pratiques que le médecin imagine de tirer de l'insémination sont surprenantes. A son avis, elles seront de la plus haute importance, dès le XIXe siècle, pour la propagation du genre humain. Tout individu, « guidé par un esprit de curiosité », pourra réaliser l'insémination, « s'il trouve toutefois des femmes assez complaisantes pour s'y soumettre » (p. 24).

L'opération sera d'un grand secours « aux femmes froides, qui sont indifférentes sur les jouissances du mariage, qui même ont une antipathie pour l'homme et qui préfèrent la masturbation... aux femmes publiques qui, le plus souvent, ignorent l'impression que l'imprégnation fait sur les organes, mais qui n'en sont pas moins aptes à la conception[1] » (p. 26).

L'insémination apportera une solution aux problèmes d'incompatibilité physique et morale. Certaines femmes n'inspirent que répugnance à leur époux parce qu'elles ont « trop de négligence pour les soins qu'exige la propreté, une transpiration forte, une peau brune et huileuse, une odeur de punais, une haleine fétide, des dents défectueuses, une construction vicieuse; quelques défauts dans la physionomie, dans le regard, dans le langage, dans la taille, un esprit stupide... ».

Enfin, « un raccourcissement extraordinaire de la verge, la longueur démesurée du membre viril ou sa grosseur disproportionnée ne seront plus des obstacles à la génération ». De même l'insémination rendra un inestimable service à ceux qui, « très disposés pour l'érection, ont un embonpoint si excessif, qu'il leur est impossible d'approcher une femme, quelque svelte et quelque déliée qu'elle soit » (pp. 27-30).

1. *Thouret définit l'« imprégnation » comme « une impression extraordinaire, un frissonnement de tout le corps, un trouble subit, une espèce de vertige, une épilepsie momentanée qu'éprouvent souvent les femmes dans le coït, au moment où l'homme lance la liqueur séminale ». L'imprégnation est nécessaire à la génération.*

CHAPITRE IX

LA RAGE DE FAIRE DES MÂLES

« Il s'est vu des hommes qui n'ont rien épargné pour avoir des successeurs, principalement du sexe le plus noble. L'art qui enseigne ce secret ne sauroit être trop estimé, puisque c'est souvent de là que dépendent le bonheur des états et la tranquilité des familles [1]. » Ainsi s'exprime Nicolas Venette en 1685.

1. Venette : La Génération de l'homme ou tableau de l'amour conjugal, p. 336.

L'idée n'est pas nouvelle. Le désir de faire des mâles est de tous les temps et de tous les pays. Mais il s'exprime aux XVIIe et XVIIIe siècles avec un éclat sans pareil. Il n'est point d'ouvrage sur la génération qui n'en fasse mention comme d'une chose naturelle. Quant aux naissances des femelles, si elles n'inspirent, dans le meilleur des cas, que de gracieuses digressions, elles n'en sont pas moins, le plus souvent, envisagées comme des catastrophes. Et ce n'est pas sans raison!

Les femmes ont-elles le droit de naître?

C'est toute une littérature spécialisée qui, pendant deux ou trois siècles, développe inlassablement les grands thèmes d'une misogynie inspirée des Écritures, de l'observation scientifique et de la philosophie. La femme est à l'origine du péché originel, donc, de tous nos tourments. L'humidité de sa constitution physique la rend parfaitement inapte aux tâches qui demandent du caractère. Elle est également vicieuse, méchante, vaniteuse, dangereuse et bête. De surcroît, on n'est pas tout à fait sûr qu'elle ait une âme et c'est pour cette raison que, par prudence, les premières dissections humaines furent pratiquées sur des femmes.

L'un des premiers grands ouvrages misogynes de l'époque, l'*Alphabet de l'imperfection et malice des femmes* (1623), est un chef-d'œuvre du genre. L'agressivité de son auteur, Jacques Olivier, s'y déploie avec une violence inouïe. Les imprécations de l'« Épître dédicatoire à la plus méchante femme du monde » donnent le ton de l'ouvrage dans un style qui n'est d'ailleurs pas dénué d'une certaine beauté :

« Femme, si ton esprit altier pouvoit connoistre le sort de ta misère et la vanité de ta condition, tu fuirois la lumière du soleil, tu chercherois les ténèbres, tu entrerois dans les grotes, tu regretterois ta naissance et aurois horreur de toi même... Tu ressembles proprement à l'immonde araignée qui passe une demi journée à tirer de son ventre envenimé une frêle tissure pour prendre des mouches. Car tu employes toute une matinée à t'attifer, farder, frisotter, crépeler et parer pour prendre et surprendre les hommes lâches et efféminez...

« Ce ventre putride et fétide déclare les puanteurs de ta charogne exposée et prostituée aux esclaves de ton impudicité. Aussi te bâtise t'on de ce sale nom de putain qui est le dérivatif de « puto » signifiant puer et sentir mauvais [1]. »

Jacques Olivier fulmine sans doute sous l'empire de quelque frustration. Il n'empêche que les ouvrages de ce genre ont fait fortune et se comptent par dizaines, sinon par centaines. Dans de telles conditions, il est clair que la naissance d'une fille annonce une foule de calamités :

« Pour trois ou quatre belles raisons, écrit Jacques Olivier, les pères et les mères regrettoient anciennement la naissance des filles.

« La première est que si elles sont belles et agréables, il faut trop de soin et de vigilance pour les garder.

« La seconde parce qu'étant laides, difformes et contrefaites, il faut trop de moyens et de richesse pour les avancer au mariage.

« La troisième, pour ce qu'étant inhabiles aux sciences et arts méchaniques, elles ne peuvent pas faire profit aux maisons et Républiques...

« La quatrième est la vanité naturelle et coutumière des femmes [2]. »

Au XVIIIe siècle, Michel Procope Couteau incarne une autre forme de misogynie, moins terroriste, il est vrai, mais plus subtile. Il faut savoir que cet étrange médecin, plus soucieux de plaire que de sonder les mystères de la

1. *J. Olivier (Licencié es loix canons) : Alphabet de l'imperfection et malice des femmes, Rouen, 1623, éd. de 1630, p. 1 et suiv.*

2. *Ibid., p. 262.*

Fig. 34

« C'est un fils, Monsieur! ».
Gravure de Jean-Michel Moreau le Jeune (1776).

La rage de faire des mâles est de tous les temps. Mais elle s'exprime, au XVIIIe siècle, avec un éclat sans pareil. Une littérature prolixe est d'ailleurs consacrée à l'art d'engendrer des garçons.

nature, s'occupait fort peu de médecine mais fréquentait assidûment les théâtres. A l'occasion, il s'érigeait en critique littéraire et en auteur dramatique. Petit, contrefait, dénué de tout prestige physique, il sut, malgré tout, se faire aimer du beau sexe auquel il doit une partie de sa réputation. Sa verve et sa vivacité d'esprit égayaient plusieurs salons parisiens. La coquetterie se retrouve jusque dans ses œuvres de médecine dont la portée ne fut jamais à la hauteur des succès mondains.

A la différence d'un Jacques Olivier, les femmes ne lui inspirent aucune réaction épidermique. Au contraire, il ne cache pas sa prédilection pour ce « sexe plus volage que les zéphirs et plus charmant que volage ». Cela dit, il reconnaît implicitement que les femmes sont d'une parfaite inutilité sociale. Les philosophes et les plus beaux génies, dit-il avec amertume, perdent leur temps à chercher la cause du flux et du reflux de la mer, de la vertu magnétique de l'aimant, de l'origine des couleurs, « toutes connoissances parfaitement inutiles au bien de la société... Et nul de ces grands hommes ne songe seulement à découvrir le secret de faire des garçons ». Le mâle n'est-il pas la consolation des familles ? N'assure-t-il pas le soutien du trône et la tranquillité des peuples[1] ?

Voilà pourquoi Michel Procope Couteau intitule son livre *L'Art de faire des garçons*. Sans cette amorce, avoue-t-il avec ingénuité ou cynisme, personne n'aurait « jetté les yeux dessus » (p. 3). Galant homme, il s'en excuse d'ailleurs auprès de ce « sexe charmant, digne moitié du roi des animaux ». « Ne croyez pas, dit-il à ses lectrices, que je dise qu'on a pas besoin d'apprendre à faire des filles, je pense au contraire qu'il ne peut trop y en avoir. Les jolies sont si rares. » En guise de consolation, Procope Couteau intitulera l'un des chapitres de son ouvrage : « Sur le moyen de faire des filles. » Après une introduction badine, le maître n'y parlera d'ailleurs que de la façon de faire des mâles (p. 3).

La procréation des mâles reste l'une des marottes du XIXe siècle. *L'Art de procréer des garçons ou des filles à volonté*, de Morel de Rubempré, est réédité plusieurs fois entre 1824 et 1860, et toujours avec succès. Dans ce curieux ouvrage, l'auteur rend hommage à Millot. Grâce à la méthode de ce grand homme, « la patrie, quelque guerre sanglante qu'elle ait à éprouver, ne manquera pas de bras mâles pour défendre ses droits, et un père, jaloux de perpétuer son nom, n'aura plus à redouter que son épouse

1. *L'Art de faire des garçons, Paris, 1745, éd. de 1755, pp. 8-10.*

ne lui fournisse que des enfants femelles ». Trouvaille ingénieuse : « Lorsque nous aurons observé tous les préceptes nécessaires pour faire un garçon, ne devrons-nous pas décliner la paternité dans le cas où notre chère moitié ne nous offrirait qu'une fille [1]? »

1. *L'Art de procréer..., p. 124, éd. de 1824.*

L'origine des mâles et des femelles

Il serait vain de vouloir procréer des mâles à volonté sans une connaissance précise du mécanisme de la génération des sexes. Jusqu'à la fin du XVIIe siècle, on s'en réfère à Hippocrate qui reste « comme un oracle pour la discrétion des sexes » (Liébault). C'est un dosage subtil des deux semences qui oriente le choix du sexe. Au Ve siècle, Parménide donne du phénomène une explication fondée sur un rapport de force. Une fois jetées dans la matrice, les semences des deux parents entreraient en conflit. La semence victorieuse déterminerait le sexe de l'enfant.

Hippocrate et, plus tard, Galien reprennent un peu la même idée. Toute semence est porteuse d'une vertu prolifique plus ou moins forte. Celui des deux parents dont « la semence sera rendue plus copieuse et de plus grande vertu », donnera son sexe à l'enfant. Mais si les deux semences « sont de pareille et égale quantité et qualité, ce qui naistra retiendra nécessairement le sexe mâle : parce que la semence du masle est plus vertueuse [2] ».

Dans le détail, le processus est plus complexe. Toute semence, mâle ou femelle, se compose en fait de deux portions, « l'une, masculine, c'est-à-dire robuste, et propre à engendrer de masles, à sçavoir chaude et seiche..., l'autre féminine, c'est-à-dire débile et propre à engendrer des femelles, à sçavoir froide et humide [3] ». Que l'élément féminin domine dans la semence du mâle, il en naîtra des femelles. Que l'élément masculin domine dans la semence de la femelle, il en naîtra des mâles. Chaque individu aurait donc une tendance exclusive à ne procréer que des enfants d'un sexe déterminé. C'est pourquoi certaines femmes, qui n'ont que des filles d'un premier mari, n'ont que des garçons d'un second mariage. Le même raisonnement est naturellement valable pour l'homme.

Hippocrate complète son système par une localisation organique des mâles et des femelles au niveau de la procréation. Tout ce qui concerne la femelle se situe du côté gauche. La droite est spécifique du sexe masculin. Le mythe du côté gauche, côté « sinistre » par excellence, est

2. *Jean Liébault : Trois Livres des maladies et infirmitez des femmes, éd. de 1649, liv. III, chap. VII, p. 556.*

3. *Ibid.,*

ici l'expression d'un sentiment profondément misogyne. Le testicule gauche, chez l'homme comme chez la femme, donne des femelles. Le droit, distillant « une semence chaude et espoisse, plus digeste et plus spiritueuse », donne des mâles. Le fœtus d'une femelle se développe dans le côté gauche de la matrice, le fœtus du mâle, dans le côté droit. Que la semence du testicule droit aille se nicher dans le côté gauche de la matrice, il en naîtra une femme aux allures et aux penchants masculins. Le contraire donnera un efféminé.

D'autres médecins de l'Antiquité affirment que la semence est neutre. C'est la matrice qui, en façonnant le fœtus, détermine le sexe. Mais en définitive, c'est une fois de plus l'élément misogyne qui prend le dessus. On en vient à penser que c'est essentiellement la semence de l'homme qui contient tous les éléments constitutifs du mâle et que la nature providentielle se détermine toujours en faveur du sexe masculin. « Et de faict, dit Liébault, la vertu formatrice formera plutost un masle qu'une femelle pour son regard, veu que son intention en la génération des animaux, n'est autre que de tousjours faire un ouvrage accompli... Ainsi, comme nous voyons le grain de blé et d'orge estre converti en avoine stérile, et ainsi plusieurs grains dégénérer à cause du temps pluvieux et de la superflue humidité de la terre, ainsi pour certains la semence de l'homme, quoy que fut apte de soy à faire un masle, dégénère souvent en femelle par la froideur et l'humidité de la matrice...[2] »

D'une façon générale, tout ce qui est beau, sain, robuste, donnera des mâles. La semence génératrice de mâles est « chaude, blanche, spumeuse, splendide, claire, glutineuse, globuleuse et rondelette en forme de gresle allant au fond de l'eau ». L'homme conçoit des mâles s'il est « robuste, sanguin, bien tempéré, ayant de gros testicules, fort addoné au jeu des dames, ayant le testicule droict plus gros et plus ample que le gauche ». Les femmes génératrices de mâles sont « bien coulourées et belles, charneuses, plus blanches que rouges, brunettes, ny trop mollastres, ny trop rudastres : toutefois plus maigres que grasses, plus petites que grandes, ayant les mamelles fermes, pleines, enflées et rebondies : le corps agité, éveillé et bien adextre[3]... »

La révolution oviste et la découverte du spermatozoïde ne bouleversent pas ces conceptions. D'une façon générale, les mâles viennent toujours du testicule droit, et les femelles

1. *Ibid.*, *p. 564.*

2. *Ibid.*, *p. 560.*

3. *Ibid.*, *pp. 566-567.*

du gauche. On en savait assez pour procréer les sexes à volonté !

Pour procréer des mâles

Avant de procréer avec le maximum de chances de faire des mâles, il faut bien se pénétrer d'un principe : la femme est une erreur de la nature. Toute procréation réalisée selon les règles de l'art ne peut donner que des mâles. La femelle est toujours le fruit d'une imperfection, d'une maladresse que quelques précautions permettent souvent d'éviter.

« Que les deux époux, joyeux, remarquent les astres favorables à la production des mâles, dit Claude Quillet, et qu'ils profitent de leur aspect. Tels sont le Bélier, les Gémaux, le Lion [1]. »

Liébault soumet les époux à un régime alimentaire spécial. L'homme et la femme doivent ingurgiter du vin, blanc mêlé de poudre de matrice de lièvre. Si la femme, seule, en absorbe, elle mettra au monde un hermaphrodite. Les deux testicules rôtis d'un bouc sont excellents pour la procréation des mâles. Mais si l'homme et la femme n'en avalent qu'un seul avant de procréer, le mâle engendré n'aura lui-même qu'un seul testicule [2].

Les recommandations de Cardan sont encore plus insolites. L'homme, avant de procréer un mâle, doit attacher une bande blanche autour de son pied droit. Une bande jaune ne donnera que des femelles, « d'autant que les pieds ont grande alliance avec les testicules, ainsi qu'estime Aristote, qui dict que les animaux qui n'ont point de pied, n'ont aussi point de testicules ». Un mélange de graisse de canard et de térébenthine appliqué sur les parties génitales de la femme favorise aussi la procréation des mâles [3].

Le coït doit s'accomplir dans une atmosphère bien déterminée. « Les deux combattans doivent estre gais (la tristesse donne des femelles) et doivent combattre dedans un lict bien parfumé de musc, civette, d'oiselets de cyprès et d'autres bonnes odeurs, en une chambre bien clère et accoustrée tout à l'entour de plaisantes peinctures masculines. Tout deux doivent penser ardemment au sexe masculin, et lors que l'effusion du sperme faict, serrer les fesses et les joindre estroitement ensemble sans se bouger l'un ny l'autre [4]. »

1. *La Callipédie*, p. 82.

2. *Liébault : Trois Livres des maladies...*, p. 569.

3. *Ibid.*, p. 570.

4. *Ibid.*, p. 569.

Venette, qui s'inspire d'Hippocrate, explique tout par l'apport d'esprits. Une semence chargée d'esprits donne des mâles, celle qui en est dépourvue ne donne que des femelles. La femme est un mâle dégénéré, un garçon manqué, le résultat d'un régime de vie déséquilibré. « Si l'on mange et si l'on boit des choses succulentes, chaudes et pleines d'esprits, la semence a alors des dispositions pour faire un garçon. Mais si les alimens sont froids, elle n'aura tout au plus que des dispositions pour le corps d'une fille... L'excès cause des crudités, et l'on ne voit point d'hommes ni de femmes déréglés à table qui engendrent des garçons. Leur semence n'a presque point de chaleur ni d'esprits; et parce qu'elle est indigeste et imparfaite, elle n'est propre qu'à former des filles... »

Un amour déréglé provoque également des pertes d'esprits, « nous épuise et nous rafraîchit de telle sorte qu'après nos embrassemens réitérés, nous n'engendrons que des filles ». C'est pourquoi les jeunes mariés, qui se « caressent éperdûment », ne font à l'ordinaire que des femelles. S'il reste encore « quelques esprits vifs et pénétrans dans la matière qui doit servir pour faire un garçon, il sera fort petit et peut-être défiguré par le peu de matière et d'esprits que lui fournira son père ». Aussi l'homme doit-il s'abstenir de « caresser » sa femme plus de trois ou quatre fois par mois, s'il veut avoir des héritiers.

Venette constate par ailleurs que les pays méridionaux sont moins peuplés d'hommes que les régions nordiques. On y trouve six fois plus de femmes! « La chaleur des pays méridionaux diminue insensiblement la chaleur naturelle : elle dissipe continuellement des esprits, en tenant toujours ouverts les pores du corps. » Venette tire de cette observation une conclusion toute simple : il ne faut procréer que lorsque souffle le vent du Nord [1].

Mais comme, malgré toutes ces belles découvertes, les filles ne cessaient de naître, Michel Procope Couteau et Millot mirent au point des techniques de haute précision.

1. *Venette : La Génération de l'homme ou Tableau de l'amour conjugal, liv. III, chap.* VI *: « S'il y a un art pour faire des garçons ou des filles », p. 356, édition de 1696.*

Procréation acrobatique : Michel Procope Couteau et Millot

Ces techniques reposent sur un postulat vieux comme le monde : chacun des deux testicules procrée un seul sexe et il en va de même des ovaires. Michel Procope Couteau, qui se proclame l'auteur d'une telle trouvaille, écrit qu'il n'y aurait « qu'à se faire enlever le testicule ou l'ovaire correspondant au sexe dont on ne voudroit pas ». C'est une opération sans doute aussi douloureuse que l'arrachage d'une dent, mais elle est rarement mortelle. En tout cas, la thèse mérite vérification expérimentale. Les candidats, certes, seraient peu nombreux, mais ne pourrait-on pas « couper pendant quelques temps un testicule et un ovaire aux criminels condamnés à mort par la justice, marier ensemble ces semi-eunuques et leur enjoindre de travailler à devenir pères et mères, sous peine de subir l'exécution de la sentence prononcée contre leur vie »?

Faute de matériel humain, Michel Procope Couteau se retranche derrière une idée ingénieuse. L'homme ne peut certes pas faire couler à volonté le sperme de l'un ou de l'autre testicule. Mais la femme peut le diriger vers l'ovaire de son choix. Tant que l'ovaire ne sera pas arrosé par la semence du testicule correspondant, aucune fécondation ne se produira. Dans le cas contraire, un enfant du sexe choisi sera conçu.

Il est vrai que notre médecin ne sait pas exactement à quel sexe correspond chaque ovaire. Avec sa première femme, il procréait à l'étourdi, sans savoir ce qu'il faisait. Mais il obtint trois garçons de la seconde en l'inclinant du côté gauche. Si seulement la religion ne nous interdisait pas d'expérimenter plusieurs femmes à la fois! Charles Ier a bien sacrifié ses daines et ses biches à la curiosité de Harvey, pourquoi un généreux sultan ne céderait-il pas les beautés de quelques-uns de ses sérails à un habile anatomiste? Il pourrait toutes les essayer dans diverses positions jusqu'à ce qu'il découvrît la plus propre à faire des garçons. Mais « comme les Musulmans n'ont pas autant de goût que les peuples de Grande Bretagne pour les sciences, je doute, poursuit Michel Procope Couteau, qu'il règne jamais de prince mahométan capable d'imiter le monarque anglois ». En revanche, les anatomistes dévoués ne manqueraient pas. L'auteur se dit même persuadé que Maupertuis ferait fort bien l'affaire[1].

J. André Millot voit dans le système de Procope Couteau une source de graves mécomptes. Il évoque l'insuccès de plusieurs couples qui, obstinément attachés à sa méthode, firent coup sur coup cinq ou six filles de suite. Quant à certaines de ses idées, elles sont franchement inhumaines. Vouloir expérimenter les beautés d'un sérail, quel crime! Par contre, Millot « désire qu'un gouvernement savant abandonne à des expériences utiles les infâmes créatures

1. *L'Art de faire des garçons*, p. 135 et suiv.

qui, par leurs crimes, ont mérité la mort, comme les chauffeuses; ce serait enrichir les honnêtes citoyens, et donner à ces scélérates une mort bien douce[1] ».

Ce n'est pas seulement la méthode de Procope Couteau qui est fausse. Depuis Hippocrate, tous les naturalistes, Rhazi (médecin arabe du IXe siècle), Liébault, Quillet, Venette et bien d'autres n'ont cessé de se fourvoyer en conseillant aux femmes de s'allonger sur le côté droit pour avoir des mâles. Certes, c'est bien l'ovaire droit qui libère les œufs mâles. Mais voilà, en ce temps-là, on ne connaissait pas l'*aura seminalis*, la partie spiritueuse de la semence. On ne savait pas que cette portion de la liqueur séminale qui féconde l'œuf ne tombe jamais mais tend au contraire à s'élever. C'est pourquoi, en visant l'ovaire droit, on touchait le gauche. La procréation des sexes est donc une affaire autrement délicate. Le mari doit toujours coucher à la gauche de sa femme. Au moment de l'éjaculation, qu'il passe lestement la main gauche sous la fesse droite de son épouse, qu'il la soulève jusqu'à ce que la hanche forme, avec le plan sur lequel elle repose, un angle de vingt-cinq à trente degrés. Ce n'est pas tout, il faut tenir compte de l'élévation du lit, de la position du mari; s'il est debout et la femme couchée, par exemple. S'il est lui-même allongé, il devra modifier l'angle de tir du « canon de la vie » (c'est ainsi que Millot appelle la verge) en fonction de l'évasement des hanches de son épouse et de la profondeur du trou qu'elles creusent dans le matelas[2].

Un an plus tard, un certain docteur Guilhermond dénonçait, en des termes qui frisent l'insolence, les théories de Millot comme un ensemble de « sornettes ». Pour lui, l'*aura seminalis* ne monte pas, elle remplit la matrice. « Et qu'importe l'élévation du lit, que l'homme soit couché ou debout, que la femme soit plus élevée à cause de ses hanches, tout cela n'est pas capable de diriger l'*aura seminalis*[3]. »

La doctrine de Millot devait jouir, malgré tout, d'une certaine notoriété pendant toute la première moitié du XIXe siècle. La différenciation des sexes au niveau des ovaires et des testicules ne faisait pourtant pas l'unanimité. En 1829, Demangeon, qui en revient tout simplement aux idées d'Hippocrate, explique le phénomène par la forme physique et morale des parents. « Si, en général, il naît plus de garçons que de filles dans l'espèce humaine, c'est principalement parce que les femmes mariées sont ordi-

1. Jacques-André Millot : L'Art de procréer les sexes à volonté, ou Système complet de génération, 1801, p. 347 (1re éd., 1800). L'ouvrage a été réédité six fois jusqu'en 1828.

2. Ibid., p. 316 et suiv.

3. Lettre au citoyen Millot sur son système de la génération et sur l'art de procréer les sexes à volonté, Paris, 1802, p. 45.

nairement plus jeunes et moins dans la maturité de l'âge que les hommes[1]. »

Le savant remarque également que dans les communautés juives de Berlin, de Metz et de Bordeaux, les filles sont plus nombreuses, « probablement parce que dans cette nation les soucis et les soins du commerce sont plus le partage des hommes que des femmes; et l'expérience prouve que rien n'est plus contraire au développement du physique qu'une trop grande activité intellectuelle, hors de proportion avec l'exercice corporel ». Par contre, « on a remarqué que parmi les enfans de troupe, il y avait plus de garçons que de filles; ce qui doit être, puisque l'on prend les hommes les plus beaux et les plus forts pour le service militaire[2] ».

La Vénus physique de Debay (1849) est non moins rétrograde. L'auteur, qui prétend que son œuvre est le résultat de recherches « anatomico-physiologiques », semble avoir puisé son inspiration dans la pensée de Liébault. « On remarque, écrit-il, que les hommes robustes, mais gras, font plus de filles que de garçons, tandis que les hommes d'une constitution sèche et nerveuse procréent plus de garçons que de filles[3]. » La nature du sexe dépend en fait d'un conflit où s'affrontent la masculinité du père et la féminité de la mère. L'une et l'autre peuvent être renforcées par un régime alimentaire approprié. Pour faire un garçon, « pendant vingt ou vingt-cinq jours, l'homme prendra exclusivement des aliments substanciels et toniques; il se nourrira de consommés, de biftecks, de rosbifs, de côtelettes... La femme suivra un régime opposé. Elle se nourrira de soupes, de potages maigres, de viandes blanches... Pour procréer une fille, l'homme suivra un régime débilitant et la femme un régime tonique[4]. »

En 1868, le docteur Charles Warner publiait encore un ouvrage intitulé *De la procréation des sexes ou l'art d'avoir à volonté des garçons et des filles*. Une seule phrase en résume le contenu : « Pour avoir des filles, pratiquer les rapports sexuels immédiatement après la cessation des règles et s'en abstenir au bout de deux à trois jours. Pour avoir des garçons, éviter absolument les rapports sexuels pendant les cinq premiers jours qui suivent la cessation des règles et ne les pratiquer qu'à partir du sixième jour[5]. »

Trois siècles auparavant, Liébault écrivait : « Les masles sont engendrez depuis le jour que les mois ont cessé jusques au cinquième, depuis le cinquième jusqu'au huictième les femelles[6]!!! »

1. *Anthropogenèse ou génération de l'homme, p. 76.*

2. *Ibid., p. 77.*

3. *La Vénus physique, p. 15.*

4. *Ibid., pp. 21-23.*

5. *De la procréation..., p. 123.*

6. *Trois Livres des maladies... des femmes, liv. III, p. 562.*

CHAPITRE X

LE FŒTUS

Les anciennes descriptions anatomiques de fœtus remplissent de lourds folios. Truffées d'erreurs, elles présentent un intérêt relatif[1]. En outre les médecins se perdent en conjectures et se querellent sur des questions insolites et stériles. L'enfant dort-il ou veille-t-il dans le ventre de sa mère? Le fœtus est-il un membre de la mère ou un individu séparé? Est-il un animal ou vit-il à la manière d'une plante? Se contente-t-il de recevoir sa nourriture et de croître?...

1. En 1759, Jenty est l'un des premiers, sinon le premier, à donner de l'anatomie de la femme enceinte une représentation exacte.

Deux aspects du problème méritent cependant notre attention : celui des signes de grossesse et, plus encore, des effets de l'imagination maternelle sur le fœtus. Cette question a passionnément divisé les savants et les lettrés. De même, elle a suscité de multiples réflexions philosophiques et provoqué un véritable climat de psychose chez la plupart des femmes enceintes.

Les signes de conception

Une femme a-t-elle conçu? Jusqu'à la fin du XVIIe siècle la réponse est fournie par une multitude d'expériences, pour la plupart héritées de l'Antiquité, où l'extravagance et la superstition se côtoient à un très haut niveau. Bury, Liébault, Guillemeau et Venette font le point des connaissances.

Si, au moment du coït, l'homme « a recogneu un succement au bout de la verge, si elle a esté retirée du champ de la nature seiche, sans estre mouillée, la femme pourra estre grosse ». Si les parties génitales de la femme sont également sèches, la conception ne fait aucun doute[2]. Le

2. Jacques Guillemeau : L'Heureux Accouchement..., 1609, p. 5.

système d'Hippocrate permet de comprendre le phénomène. Le fœtus est formé du mélange intégral des deux semences mâle et femelle, aucune trace n'en doit donc subsister sur les organes génitaux après le coït.

Au moment de la conception, la femme ressent « un baillement, allongement et frémissement en dedans, tel que nous sentons à la fin de pisser, avec petite douleur autour du nombril et brouillement au petit ventre [1] ».

Alors, ajoute Venette, « la matrice, comme si elle avoit la joie d'avoir reçu l'humeur qui lui est propre, se resserre pour la retenir; ce qui cause à la femme je ne sais quel mouvement dans ses parties naturelles, duquel elle ressent du chatouillement et du plaisir [2] ».

« Ce même jour, précise Liébault, la femme sent plusieurs petits frissons et contractions, plusieurs hérissonnemens et froids, principalement entre les épaules, dos et lombes. » L'orifice intérieur du col de la matrice se resserre d'une telle façon « que la poincte d'une aiguille n'y pourroit estre admise [3] ».

Enfin, « si quelques temps après la sage-femme la touche et qu'elle rencontre une douce résistance, la matrice et son orifice ferme et mollet comme le cul d'une poule, ou le museau d'un chien naissant, il n'y a pas lieu de douter que la femme n'ait conçu [4] ».

On ne se contente pas d'observer. On se livre encore à toute une série d'expériences colorées. « Mettez, au soir, une teste d'ail dedans le col de la matrice, dit Liébault, si le lendemain matin elle ne sent ny au nez l'odeur, ny à la bouche, c'est signe de groisse (grossesse). » La même expérience peut être réalisée avec « parfuns de bonne senteur receus par le bas, par le moyen d'un entonnoir, le corps bien environné de toutes parts de vestemens à ce que l'odeur ou vapeur desdicts parfuns ne se puisse perdre ny pénétrer au nez par autre lieu que par dedans la matrice. Et si la vapeur desdicts parfuns ne parvient jusques au nez ou bouche, c'est signe certain de groisse [5]. »

D'autres conseillent de faire tomber quelques gouttes du sang de la femme que l'on présume enceinte, dans un récipient plein d'eau. Vont-elles au fond, c'est signe de grossesse. L'urine trouble et de la couleur d'un citron mûr « avec de petits atomes qui s'y élèvent et qui y descendent » laisse planer les mêmes présomptions. Une mixture d'urine et de vin blanc indique la conception si elle ressemble à du bouillon de fève. Enfin, on conserve l'urine d'une femme deux ou trois jours dans un bocal

1. *Liébault : Trois Livres des maladies..., p. 6.*

2. *Tableau de l'amour conjugal, liv. III, chap. III : « S'il y a de véritables signes de grossesse », p. 240.*

3. *Liébault, op. cit., pp. 546-547.*

4. *Venette, op. cit., p. 240 et suiv.*

5. *Liébault, op. cit., p. 553.*

hermétique avant de la filtrer à travers un taffetas clair. Des petites bêtes semblables à des poux s'y déposent si la femme est enceinte [1].

Ce sont des expériences du même style, avec une pointe de folklore misogyne en plus, qui permettent de conjecturer la naissance d'un mâle ou d'une femelle. Tout ce qui est lié à la grossesse d'un mâle respire la santé, la joie, la beauté. « La femme qui est grosse d'un masle est mieux colorée, a meilleur tainct, est plus gaye qu'elle n'avoit accoustumé d'estre [2]. » Et il n'est guère jusqu'aux mouvements de l'enfant qui ne soient plus gais. Venette précise qu'une femme qui attend un garçon se porte d'ordinaire beaucoup mieux que celle qui attend une fille. « La femelle, dès les premières actions de sa vie, commence à donner beaucoup plus de peine à sa mère que ne le fait un garçon pendant toute sa vie. » Une fois de plus, c'est le moment d'exploiter le fameux mythe du côté droit. Un mâle rendra robuste toutes les parties droites de la mère qui, « en voulant marcher se servira plutôt du côté droit, et, en voulant prendre quelque chose, agira plutôt de la main droite que de la gauche... On remarque encore dans son œil, dans la mamelle et dans son pouls du côté droit beaucoup plus d'éclat et beaucoup plus de changement et de force que du gauche [3]. » Le lait d'une femme grosse d'un mâle est toujours merveilleux. Déposé sur une surface lisse, « il s'y tient ferme en petits grains ronds comme perles, ou comme grains d'argent vif ». En pétrissant de la farine imbibée de ce lait, on obtient une pâte qui brûle au four. Au contraire, le lait d'une femme grosse d'une femelle fait lever cette pâte [4]. Naturellement, toute femme grosse d'une femelle aura « le teinct pire, la gayeté moindre, la mamelle gauche enflée... ».

Ces signes n'ont jamais reçu de justification rationnelle. Au fond, on n'y croyait peut-être pas. Par contre, un préjugé autrement tenace a hanté l'esprit de millions de femmes enceintes.

1. *Guillemeau, op. cit., p. 8 et suiv.; Bury : Le Propagatif de l'homme, p. 43 et suiv.; Liébault, op. cit., p. 555 et suiv.; Venette, op. cit., p. 240 et suiv.*

2. *Liébault, op. cit., p. 570.*

3. *Venette, op. cit., p. 240 et suiv.*

4. *Liébault, op. cit., p. 570.*

Fœtus et imagination : ressemblances, traits de caractère, race

Ce préjugé consiste à établir un rapport entre certaines anomalies des nouveau-nés et l'aspect d'un objet qui a impressionné avec plus ou moins de vivacité la mère enceinte. Une référence biblique et l'autorité des Anciens

Fig. 35 à 40

Démonstration de la matrice d'une femme grosse
par Charles Nicolas Jenty, Paris 1759

« Mon dessein n'est pas de donner ici une description de la matrice et des organes de la génération, dit Jenty dans une introduction, je me propose de démontrer uniquement les parties que ces planches représentent, et de dire quelque chose de la femme grosse qui a servi à les faire.

« Elle est morte subitement l'été dernier et, suivant son calcul, elle attendoit depuis quinze jours le moment d'accoucher. Cette femme étoit jeune et avoit eu plusieurs enfans. Selon les apparences, la cause de sa mort a été la rupture de l'aorte auprès du cœur, à peu de distance de l'artère pulmonaire... C'est la deuxième femme grosse que j'ai eu l'occasion d'ouvrir, ce qui m'a engagé à publier cet ouvrage. »

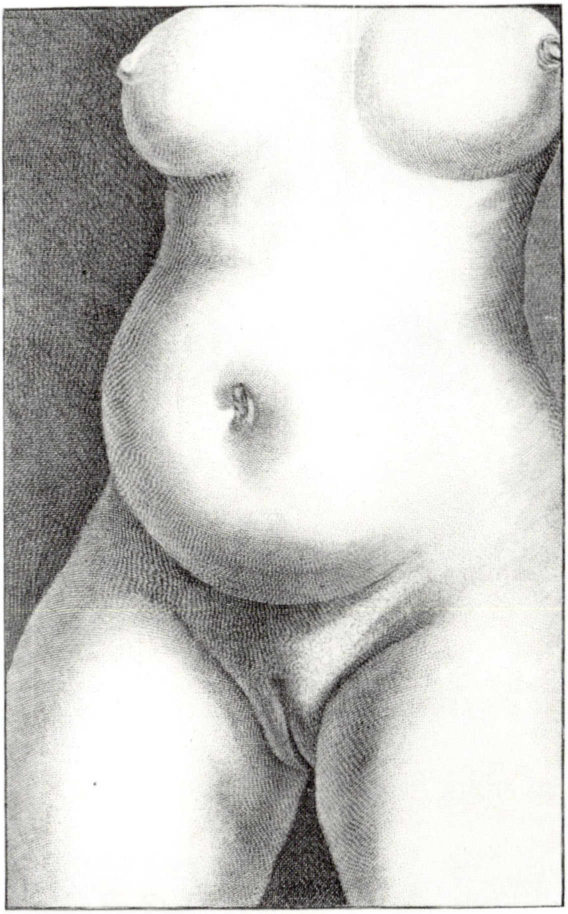

Fig. 35

« Le bas ventre d'une femme grosse dans l'état naturel »

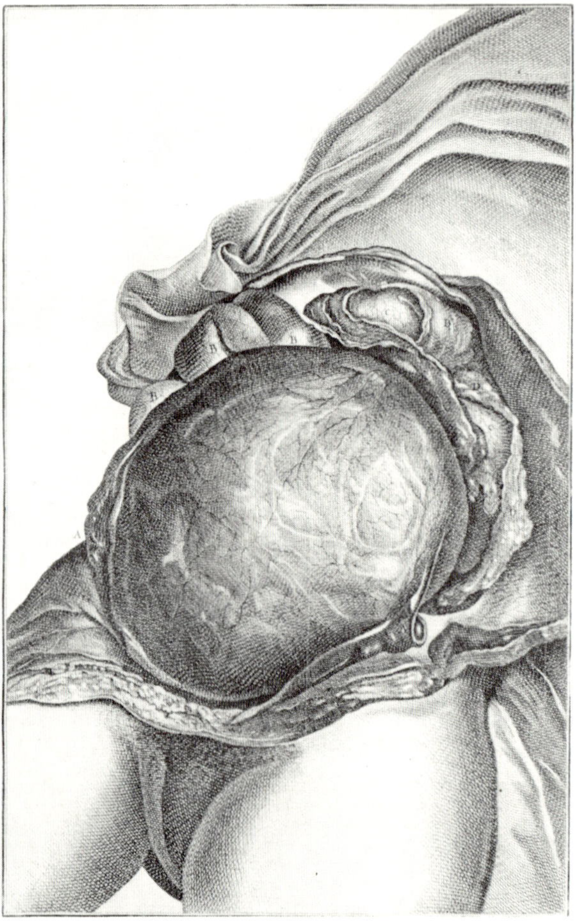

Fig. 36

« Le bas ventre ouvert et la matrice à nud »

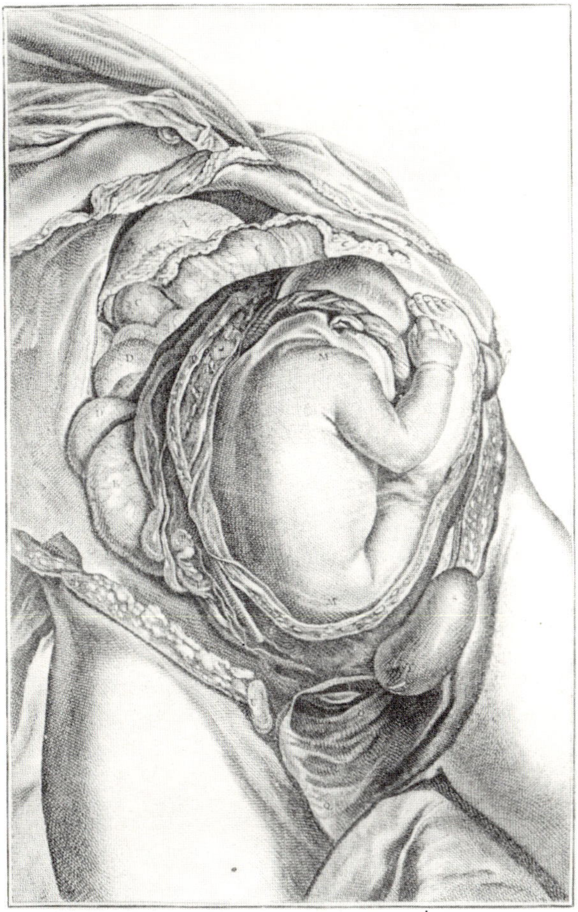

Fig. 37

« La matrice est ouverte et l'on voit le fœtus dans l'eau, sous les membranes, dans la situation où il a été trouvé »

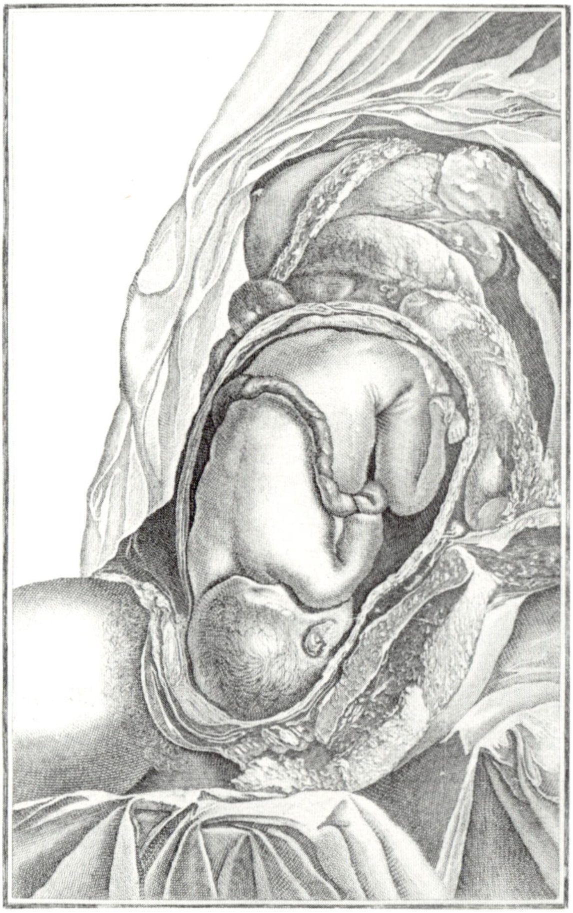

Fig. 38

« Fœtus bien disposé pour l'accouchement naturel.
Le sternum a été enlevé et l'on découvre le cœur et une portion de poumon.
On voit la gêne qu'éprouve l'estomac
et les intestins par la dilatation de la matrice »

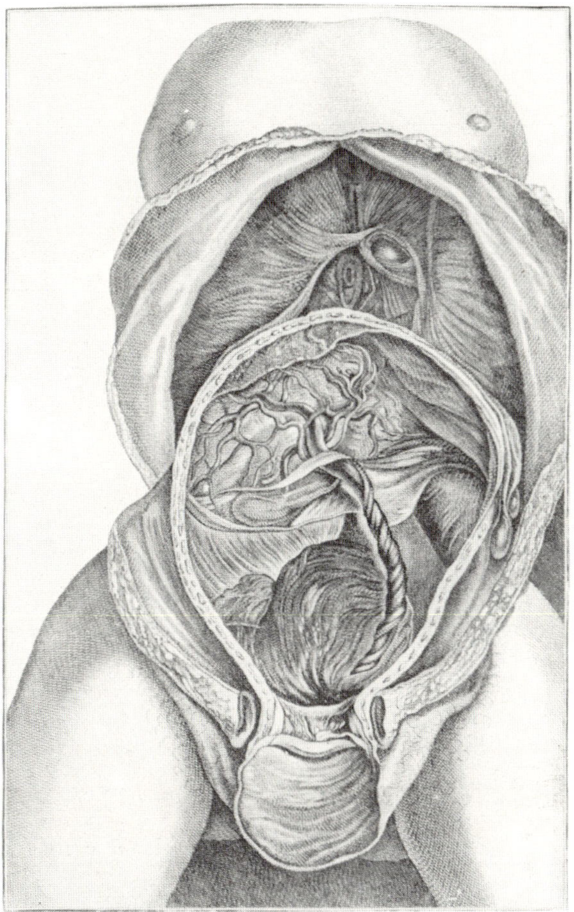

Fig. 39

« La cavité de la matrice à laquelle le placenta est adhérent. La surface inférieure du diaphragme paraît au-dessus de la matrice »

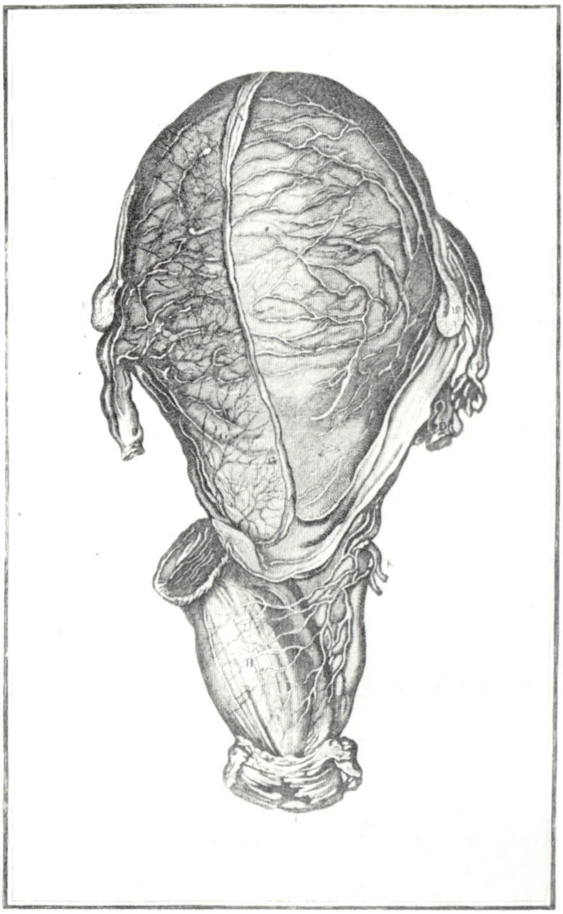

Fig. 40

« Face postérieure de la matrice et la connexion du rectum avec le vagin »

lui donnent ses lettres de noblesse et une réelle notoriété.

Effectivement, la Genèse rapporte que Laban obtint des agneaux tachetés de blanc et de noir après avoir montré aux femelles gestantes des branches de peuplier et d'amandier[1]. Cette expérience, selon Lecat, a été reprise et réalisée avec succès sur des chiennes[2]. Hippocrate, d'autre part, lava de tout soupçon d'adultère une princesse athénienne qui venait de mettre au monde un enfant noir. Il soutint que l'imagination de l'accusée avait été frappée à la vue d'un portrait d'Ethiopien qui pendait dans sa chambre. La malheureuse échappa ainsi à la sentence de mort qui pesait sur elle, et peut-être était-ce là le seul but recherché par l'illustre praticien. A l'inverse, Héliodore[3] explique, dans son roman *Théagène et Chariclée*, la blancheur de son héroïne née de parents éthiopiens par l'admiration de sa mère pour un portrait d'Andromède.

Au Ier siècle après Jésus-Christ, Pline le Jeune affirme que l'« imagination des pères et mères, voltigeant çà et là, est cause des ressemblances ou dissemblances[4] ».

L'idée est reprise par presque tous les auteurs de la Renaissance. C'est Montaigne qui, l'un des premiers, proclame que « nous voyons par expérience que les femmes envoient au corps des enfants qu'elles portent des marques de leur fantaisie[5] ».

Ce n'est qu'au XVIIIe siècle que se développe une polémique entre les « imaginationistes » et les « anti-imaginationistes ».

Pour les « imaginationistes », les effets de l'imagination sur le fœtus sont des plus divers. Les plus courants sont aussi, par bonheur, les plus anodins. C'est parce qu'une mère pense à son mari pendant le coït et la durée de la grossesse que l'enfant ressemble à son père. « On voit le plus communément, écrit Ambroise Paré, les enfans ressembler plus au père qu'à la mère, pour la grande ardeur et imagination qu'a la mère en la copulation charnelle ! tellement que l'enfant attire la forme et couleur de ce qui si fort elle cognoist et imagine en son entendement[6]. » Curieuse façon que de résoudre le problème de l'hérédité!

Il est vrai que d'autres personnes que l'époux peuvent avoir, en tout bien tout honneur, frappé l'imagination de la mère. Pendant l'occupation de la Picardie par les troupes de Charles Quint, les femmes, selon Aldrovandi, même celles de la haute société, mirent au monde des enfants qui avaient les sourcils et les cheveux noirs et crépus

1. Genèse XXX, versets 28-42.

2. Lecat : Traité de la couleur de la peau... art. II : « Origine des espèces des hommes », 1765, p. 22.

3. Romancier grec né à Emèse au IIIe siècle ap. J.-C.

4. Histoire du monde, éd. de Lyon, 1587, liv. VII, chap. XII, p. 143.

5. Essais, liv. I, chap. XX.

6. Toutes les œuvres, 1585, liv. XXIV, chap. I, pp. 925-926.

semblables à ceux des soldats espagnols qu'elles avaient... seulement vus [1].

L'imaginationiste Benjamin Bablot raconte, avec la même candeur, un fait analogue. Une honnête femme de Châlons met au monde un enfant qui ressemble trait pour trait à l'évêque du lieu. En fait, « elle ne cessait, dans les premiers tems, et pendant tout le cours de sa grossesse, de répéter, à qui voulait l'entendre, qu'elle mourait d'envie de baiser ce vertueux prélat... Les années, en développant la physionomie de cet enfant, développèrent aussi cet air de noblesse et cette douce majesté qui s'allient si heureusement sur la figure de ce prélat... Monseigneur l'évêque voulut se convaincre par ses propres yeux de la réalité de ce phénomène. » Ému, il combla de bienfaits la mère qui avait spirituellement conçu de ce saint homme [2].

C'est à la suite d'une impression du même genre qu'une dame de la haute noblesse allemande accouche d'un Nègre. Elle avait seulement vu, parmi les domestiques d'un prince, un laquais de couleur noire [3]. Citons enfin l'histoire encore plus étrange de cette femme, qui, s'étant mise en tête qu'elle accoucherait le jour de l'Épiphanie, mit au monde trois garçons : deux blancs et un noir [4].

L'imagination a bon dos! Mais les femmes n'en tirent pas toujours un bénéfice exclusif : l'arme est à double tranchant. Un certain Sabin accuse sa femme d'avoir conçu d'une liaison adultérine. Mais voilà, l'enfant ressemble trait pour trait au mari. Qu'à cela ne tienne, c'est la crainte éprouvée par sa femme au moment du forfait qui, en imposant sans cesse à son esprit l'image de l'époux, aura imprimé cette ressemblance [5]. Par contre, dit Aldrovandi, une femme qui se prostitue à un chien ne saurait concevoir de cette infâme liaison. Et même si elle accouchait d'un monstre à tête canine, la semence du chien n'y serait pour rien. Il faudrait seulement incriminer l'obsession de cette femme qui, au milieu des caresses amoureuses de son mari, aurait toujours en tête l'énormité de son crime [6].

Par ailleurs, un rien, une simple plaisanterie au moment du coït peut avoir des conséquences incalculables. Un jour de carnaval, un homme déguisé en diable étreint sa femme et proclame sa volonté de faire un petit démon. Effectivement, un enfant au visage de diable naîtra de cette liaison [7].

Mieux, on admet, depuis Hippocrate, que la vision d'une simple image a le pouvoir de modeler les traits du fœtus. Le père Malebranche parle d'une femme enceinte

1. *Ulysse Aldrovandi : Monstrorum historiae, fol. : 1642, p. 386.*

2. *Bablot : Dissertation sur le pouvoir de l'imagination des femmes enceintes, 1788, pp. 95-96.*

3. *Lecat : Traité de la couleur de la peau, liv. I, art. II, p. 20.*

4. *Jacques Blondel : Dissertation physique sur la force de l'imagination des femmes enceintes, Leyde, 1737, p. 126.*

5. *Aldrovandi : Monstrorum historiae, p. 385.*

6. *Ibid., pp. 51-52.*

7. *Schenkius : Observationum medicalium, liv. IV, cité par Bablot, p. 52.*

qui, pour avoir regardé avec émotion le tableau de saint Pie, accoucha d'un enfant « qui avoit le visage d'un vieillard... Ses bras étoient croisés sur la poitrine, ses yeux tournés vers le ciel et il avoit très peu de front, parce que l'image de ce saint étant élevée vers la voûte de l'église, en regardant le ciel, n'avoit aussi presque point de front. Il avoit une espèce de mitre renversée sur les épaules, avec plusieurs marques rondes aux endroits où les mitres sont couvertes de pierre[1]. »

L'imagination d'une mère agit d'une façon bien plus subtile lorsqu'elle imprime sur le fœtus, une fois pour toutes, un trait de caractère. Marie Stuart était enceinte du futur Jacques Ier lorsque son secrétaire italien fut tué sous ses yeux. Cette frayeur est à l'origine de la sensiblerie du roi d'Angleterre qui ne pouvait voir le tranchant d'une épée sans s'évanouir[2].

Deux femmes se querellent. L'une d'elles est enceinte. Elle accouche d'une fille « courageuse et héroïque, dont les mains et les pieds étoient resserés, comme si elle avoit voulu donner des coups de poing ou battre quelqu'un... Son corps étoit dans un mouvement perpétuel de manière qu'elle marchoit comme si elle dançoit, et en tremblant comme font les personnes colériques lorsqu'elles sont dans un accès d'emportement[3]. »

L'imagination explique encore la diversité des espèces et des races. Les animaux de haute montagne, les ours, les lièvres et les perdrix finissent toujours par s'imprégner de la couleur de la neige[4]. La couleur de la peau des Indiens des Caraïbes et celle des Nègres n'ont d'autre origine. Jadis, ces gens étaient blancs, comme tout le monde. Ils sont devenus rouges et noirs à force de se peindre le visage en rouge et en noir, ce qui a vivement impressionné les femmes enceintes. C'est aussi le goût de ces femmes « pour les grosses lèvres, pour le nez écaché et pour les cheveux crépus » qui a façonné le type nègre, car « ce goût général dans toute la nation et la vue continuelle de semblables objets, a dû faire impression sur les femmes enceintes[5] ».

Lecat est encore plus précis. Il affirme qu'un petit Nègre aura non seulement la peau noire, mais aussi « un nez écrasé, épaté, de grosses lèvres, parce que quelque singe aura frappé la vue de la mère. J'en dis autant, poursuit-il, des hommes à queue, dont les premiers ne peuvent avoir été que des copies, et peut-être même des productions de grands singes qui ont de pareilles queues[6]. »

Le fœtus n'aurait rien à redouter de l'imagination

1. *Père Nicolas de Malebranche : De la recherche de la vérité, 1675, t. I, p. 253 de l'éd. de 1762.*

2. *Kenelm Digby: Discours fait en une célèbre assemblée..., touchant la guérison des playes par la poudre de sympathie, Bruxelles, 1658, p. 362.*

3. *Blondel : Dissertation physique sur la force de l'imagination..., 1737, p. 128.*

4. *Président Salomon : Discours... touchant les forces de l'imagination, Bordeaux, 1669, p. 9.*

5. *Père Lafitau : Mœurs des sauvages américains, 1724, p. 67.*

6. *Lecat, op. cit., t. I, art. II : Origine des espèces, p. 22.*

maternelle si elle n'imprimait que des ressemblances ou des traits de caractère. Dans certains cas, malheureusement, elle façonne des monstres, elle mutile, elle tue.

Mutilations, envies, monstruosités

En effet, l'imagination agit parfois sur le fœtus d'une façon meurtrière. « Presque tous les enfans qui meurent dans le ventre de leur mère sans qu'elles soient malades n'ont point d'autre cause de leur malheur que l'épouvante, quelque désir ardent ou quelqu'autre passion violente de leurs mères[1]. » Dans certains cas, la mutilation est insignifiante, tel ce prépuce coupé et renversé que l'on put observer à Prague, chez un nouveau-né dont la mère avait écouté, pendant sa grossesse, le récit d'une circoncision[2].

Souvent, au contraire, l'imagination agit avec une force destructrice, une précision et une rapidité redoutables. Meurtri, disloqué, le fœtus ne survit pas toujours au choc subi par la mère à la vue d'un spectacle violent. S'il en réchappe, le sort de l'enfant qui vient au monde n'est que plus tragique. Le père Malebranche fut très frappé par un jeune homme qu'il eut l'occasion d'observer aux Incurables. Le malheureux était né fou, le corps rompu aux endroits où le sont les criminels. Sa mère avait assisté à une exécution capitale précédée du supplice de la roue. « Tous les coups que l'on donna à ce misérable frappèrent avec force l'imagination de cette mère, et, par une espèce de contre-coup, le cerveau tendre et délicat de son enfant[3]. »

Bablot parle d'une femme qui, pour avoir assisté à l'exécution d'un criminel condamné à la corde, accoucha d'un enfant mort dont le cou présentait une ecchymose circulaire[4]. Les mutilations prennent d'ailleurs les formes les plus variées. L'épée à la main, un mari irascible menace sa femme grosse de huit mois de lui couper le front. Un mois plus tard, elle met au monde un garçon qui meurt aussitôt terrassé par une hémorragie causée par une blessure au front[5].

Fabrice Hildan raconte plusieurs récits du même genre. Un enfant naît avec une blessure de balle dans le dos. Sa mère avait été effrayée en entendant un coup de mousquet. Après avoir vu égorger un cochon, la femme d'un tonnelier accouche d'un nouveau-né dont les entrailles pendent hors de l'abdomen[6]. Une autre accouche d'un

1. *Malebranche, op. cit., t. I, p. 253.*

2. *Blondel, op. cit., p. 123.*

3. *De la recherche de la vérité, t. I, p. 251.*

4. *Dissertation sur le pouvoir de l'imagination des femmes enceintes, pp. 94-95.*

5. *Blondel, op. cit., p. 127.*

6. *Cent. VI, obs. 65. Blondel, p. 33.*

cul-de-jatte pour en avoir effectivement regardé un[1]. Parfois, une vision bien innocente est à l'origine du malheur. Il a suffi qu'une mère regardât un tableau représentant la crucifixion pour que son enfant naisse avec une jambe rompue[2].

C'est pour résorber une multitude de malformations congénitales dues à l'imagination que Nicolas Andry implore les pouvoirs publics d'interdire aux estropiés de « roder dans les églises et de s'y donner en spectacle à la vue des femmes enceintes[3] ». Sans doute faudrait-il cloîtrer tous les malades dont les afflictions peuvent se transmettre aux nouveau-nés par le biais de l'imagination des mères. Boerhaave soutient, par exemple, qu'une femme enceinte, frappée par la vue d'un épileptique, peut greffer sur le fœtus le germe du mal[4].

L'imagination fournit encore une explication commode des monstruosités qui ont jadis tant frappé les esprits. L'« envie » est la plus anodine et la plus répandue de ces monstruosités. Il suffit qu'une femme enceinte désire ardemment une fraise, une mûre, une cerise, une fleur, ou qu'elle soit terrorisée à la vue d'un insecte quelconque, pour que s'inscrive, sur la peau du nouveau-né, la marque de l'objet désiré ou redouté. Il s'agit, naturellement, de l'interprétation subjective d'une tache ayant pour origine une accumulation pigmentaire ou une modification partielle du réseau vasculaire.

Voltaire, le premier, soutient la réalité du phénomène. « Cette imagination passive des cerveaux faciles à ébranler, écrit-il, fait quelquefois passer dans les enfans des marques évidentes de l'impression qu'une mère a reçue. Les exemples en sont innombrables; et celui qui a écrit cet article en a vu de si frappans, qu'il démentiroit ses yeux s'il en doutoit[5]. »

Les observations sont d'une diversité inouïe. Le docteur Housset a vu sur un enfant des cerises « dont la peau devient plus vive dans le tems où ce fruit mûrit ». Sur le visage d'une femme, il discerne « la figure d'un lièvre que poursuivoit un chien de chasse; ces deux animaux étoient peints d'après nature[6] ». Hildan parle d'une femme enceinte dont la servante ne sut contenter les envies de beignets. Elle « accoucha d'une fille extrêmement foible et exténuée, qui avoit près de l'os sacrum une enflure ronde remplie d'eau et de vent, de la grosseur d'un œuf d'oie, fort ressemblante à un beignet[7] ».

Telle demoiselle est affublée d'une chenille au cou. Et

1. Blondel, op. cit., p. 94.

2. Ibid., p. 140.

3. Nicolas Andry : L'Orthopédie ou l'art de prévenir et de corriger dans les enfans les difformités du corps, Paris, 1741, p. 193.

4. Aphorismi de cognoscendi et curandis morbis, Lyon, 1709, par. 1075.

5. Dictionnaire philosophique, art. : « Imagination ».

6. Housset : Historiques sur quelques écarts ou jeux de la nature..., Neuchâtel, 1785, p. 22.

7. Cent., obs. 56, Blondel. p. 92.

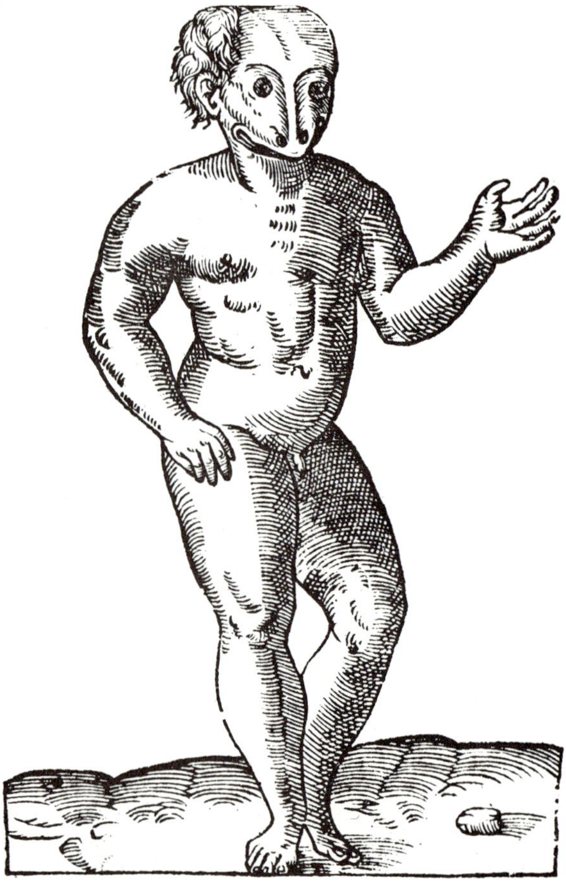

Fig. 41

Les effets de l'imagination maternelle sur le fœtus
« Figure prodigieuse d'un Enfant ayant la face d'une Grenouille »
Ambroise Paré, XXVᵉ livre, « Des monstres », Paris 1585

« Une femme ayant la fiévre, vne de ses voisines luy conseilla pour guarir la fiévre, qu'elle print vne grenoüille viue en sa main, & elle la tint iusques à ce que ladite grenoüille fust morte, la nuict elle s'en alla coucher avec son mary, ayant tousjours ladite grenoüille en sa main, son mary & elle s'embrasserent, & conceut, & par la vertu imaginative ce monstre avoit esté ainsi produit, comme tu vois par ceste figure. »

quelle chenille! On y reconnaît, « à ne pouvoir s'y méprendre, les poils droits et cette belle variété de couleur qui caractérise cet insecte ». La mère de cette jeune personne affirmait que pendant sa grossesse, une chenille était tombée sur son cou [1]. Un lézard saute sur une autre femme enceinte. Elle accouche d'un bébé qui présente une « excrescence charnue sortant de l'estomac et entièrement ressemblante au lézard [2]... ».

Il est encore plus insolite de voir des sentiments abstraits comme la piété ou le patriotisme se matérialiser en envies sur le corps du nouveau-né. L'une des patientes du docteur Housset, dont la mère se signalait par sa ferveur royaliste, porte sur son pied de belles gravures de fleurs de lys [3]. Sur la peau d'un autre enfant, la piété maternelle s'est inscrite sous la forme d'un dessin fidèle du Saint Sacrement [4]. La marche de l'histoire n'est pas non plus sans effets sur la nature des envies. Une petite fille est née en l'an III de la République avec, sur son sein gauche, la marque d'un bonnet phrygien. Le Directoire récompensa, par une pension de 400 francs, la mère assez heureuse pour avoir donné le jour à un enfant porteur d'un brevet patriotique et d'un emblème révolutionnaire [5].

Ces innocentes figurines ne sont pas les seules conséquences d'envies mal résorbées. Celles-ci prennent souvent un tour tragique. L'histoire de cette femme enceinte prise d'une irrésistible envie de mordre l'épaule d'un boulanger est encore, d'un certain point de vue, assez cocasse. On s'en doute, le boulanger refusa de se laisser fléchir. Pour venir à bout de son refus, le mari dut employer l'argument des espèces sonnantes et trébuchantes. Par deux fois, la femme assouvit ses besoins intempestifs et arracha deux bons morceaux d'épaule. Mais le boulanger ne put souffrir, une troisième fois, de tels emportements. La malheureuse accoucha de trois enfants dont l'un était mort [6].

Ce n'est pas après une épaule, mais après une écrevisse que languissait cette jeune Sicilienne qui mit au monde un garçon et un crustacé en tous points semblable à celui dont elle avait eu envie [7]. Le désir de manger des moules eut des conséquences autrement dramatiques. Il fut à l'origine de la naissance d'une fille de bonne conformation corporelle mais à tête de moule. « Mademoiselle Moule vécut jusqu'à l'âge de onze ans dans cette monstrueuse condition; lorsqu'ouvrant un matin ses coquilles pour recevoir sa nourriture, elle les ferma tout à coup avec une si grande force qu'elle les brisa contre la cuillère et mourrut [8]. »

1. Baron van Swieten, cité par Bablot, p. 87.

2. Blondel, op. cit., p. 155.

3. Housset, op. cit., p. 22.

4. Geoffroy Saint-Hilaire: Histoire des anomalies, Paris, 1832-1837, 4 vol., t. I, p. 333.

5. Ibid.

6. Blondel, op. cit., p. 159.

7. Ibid., p. 30.

8. Bablot., op. cit., p. 142.

La frayeur causée par un animal risque encore de transmettre au fœtus la forme de ce dernier. C'est ainsi que le démonologue Martin del Rio cite le cas d'une femme d'Isigny qui enfanta d'un loir [1]. Ambroise Paré parle d'un enfant qui naquit près de Fontainebleau avec une tête de grenouille. « La mère, dit-il, estant sur la fin de sa grossesse, fut incommodée d'une fièvre jaune, et tint pendant longtemps entre ses mains cet animal vivant pour se les rafraîchir [2]. »

Les nouveau-nés à tête de chien ou de chat sont cependant les plus répandus. Sauval a vu le fœtus d'une fille à tête de chat. « Cette pièce, rapporte-t-il, étoit conservée dans une fiole d'eau-de-vie, et elle étoit la propriété d'un curieux du cloître Saint-Merri. » Il s'agit d'une fille chatte dont l'origine bestiale est admise. Mais Sauval reconnaît que « ce phénomène peut tout aussi bien tenir de l'imagination de la mère que de sa brutalité [3] ».

Des événements imprévus, des rencontres ou des visions fortuites ont souvent des répercussions inattendues. Une femme, pendant sa grossesse, administre des lavements à une malade. Son enfant naît avec un anus à la place de la bouche et des parties génitales de femme à la place du nez [4]. Une autre voit, par hasard, un mort. Son fils, à l'âge de quinze ans, est d'une constitution singulière. Livide, les lèvres d'un rouge pourpré, la langue noirâtre, les ongles couleur de fer, le malheureux est de surcroît un parfait imbécile [5]. Les tératologues du début du XIXe siècle ont d'autre part étudié de très près un monstre composé de deux filles unies par le front. L'une ne pouvait donc marcher en avant sans que l'autre marchât à reculons. A dix ans, l'une des deux mourut. La survivante mourut à son tour lorsqu'on essaya de la séparer du cadavre de sa sœur. La mère, pendant sa grossesse, avait heurté une femme dont le front vint cogner violemment le sien [6].

On pourrait citer une infinité de cas semblables. Ceux qui les mentionnent ne se sont pas contentés d'observer le phénomène, ils ont tenté de l'expliquer.

1. *Martin del Rio : Disquisitiones magicae, Mayence, 1624, liv. I, chap. III.*

2. *Toutes les œuvres, liv. XXV : « Des monstres », p. 1038.*

3. *Henri Sauval : Histoire et recherche des antiquités de la ville de Paris, Paris, 1724, p. 566.*

4. *Dubuisson : Additions au tableau de l'amour conjugal, Paris 1811, t. II, p. 130.*

5. *Roeber de Dresde: Journal de médecine, 1787, t. LXXIV, p. 343.*

6. *Martin Ernest : Histoire des monstres..., Paris, 1880, p. 284.*

Essai d'explication scientifique

La puissance de l'imagination est d'ailleurs universelle et se manifeste dans d'autres domaines avec moins de mystère. Les imaginationistes la comparent à « un aimant très puissant, qui a la sphère de son activité fort étendue, et qui peut, par conséquent, attirer, remuer et retourner sens dessus-dessous toutes les choses animées et inanimées qui se trouvent dans le circuit de sa sphère [1] ».

En agitant avec force « les esprits et la masse des humeurs », l'imagination provoque des phénomènes qui, selon Jean Riolan, sont une justification implicite des théories imaginationistes. « Que dans la veille et même pendant le sommeil, nous nous représentions la figure d'une femme, le pénis, aussitôt tout gorgé d'esprits prolifiques grâce à l'imagination, prend cette attitude heureuse, sans laquelle on ne peut prétendre à la célébration des mystères de Vénus... En voyant bailler une personne, nous baillons nous-même. C'est encore l'imagination qui, frappée par cet acte spontané, incite les esprits à le répéter sur le champs. » De même, c'est par l'intermédiaire des esprits que l'imagination modèle « la matière molle dont est formée le fœtus [2] ».

C'est un processus identique qui disloqua un fœtus dans le ventre de cette mère qui avait assisté à l'exécution d'un criminel. « Le cours violent des esprits animaux, explique Mallebranche, alla avec force de son cerveau vers tous les endroits de son corps qui répondoient à ceux du criminel. Mais parce que les os de la mère étoient capables de résister à la violence de ces esprits, ils n'en furent point blessés... Mais ce cours rapide des esprits fut capable d'entraîner les parties molles et tendres des os de l'enfant [3]. » Cette théorie n'est pas nouvelle. Avicenne signale, au XIe siècle, que l'imagination meut les esprits qui s'imprègnent de la chose désirée et se mêlent au sang dont se nourrit le fœtus [4].

L'explication de Claude Quillet, de nature différente, ne manque pas d'originalité. Tout objet visible répand, par une émission continuelle, des « corpuscules ou des parties subtiles ». C'est ce qu'on appelle « les images de toute chose », et ces images, « pourvues d'ailes très légères et d'un mouvement rapide, aiment à s'insinuer jusque dans les plus petites parois, et parcourent avec leurs atomes tous les objets sensibles ». Les corps ne se résorbent pas pour autant. Tandis que ces petites particules se séparent, d'autres s'y insinuent imperceptiblement. Ces « images » ont un mouvement très rapide : « Elles sont portées sur des ailes si légères qu'elles devancent les rayons du soleil, les émanations continuelles de la lumière et des astres du monde aethéré. »

1. Blondel : Dissertation physique..., p. 11.

2. Jean Riolan : Opera anatomica, chap. II : « De monstro disputatione », Paris, 1649, p. 835.

3. De la recherche de la vérité, t. I, p. 251.

4. Du Laurens : Toutes les œuvres..., 1621, p. 412.

Les « images » qui s'échappent des objets gracieux font sur les yeux une douce impression et « chatouillent la vûe ». Mais les « images » émanées d'objets difformes blessent les yeux et l'âme « par la rudesse et l'inégalité de leurs contours et par autant de petits dards dont est formée la tissure de leurs corpuscules ». Les entrailles en souffrent et chassent vers le fond de la matrice l'image hideuse qui les affecte. Le fœtus en souffrira mais non la mère, car « de même qu'un fruit tendre suspendu aux branches de l'arbre résiste moins à la grêle et au vent, et en reçoit plus de dommage que le tronc de l'arbre même qui est endurci et fortifié par ses enveloppes ligneuses, ainsi le fœtus, attaché à la matrice, est moins à couvert des accidens, à cause de la délicatesse de ses membres [1] ».

1. *La Callipédie*, p. 110.

Réfutation

Le préjugé imaginationiste, largement répandu dans toutes les couches de la population, ne faisait plus l'unanimité des savants au XVIIIe siècle. C'est cette remise en question qui est responsable de la floraison d'ouvrages sur le problème. Certes, personne n'a jamais songé à nier l'influence du moral de la mère sur le fœtus. Maupertuis, pourtant grand anti-imaginationiste, écrit qu'il n'est pas étonnant « qu'une femme troublée par quelque passion violente, qui se trouve dans un grand péril, qui a été épouvantée par un animal affreux, accouche d'un enfant contrefait ». Mais Maupertuis refuse d'admettre tout lien ponctuel entre la forme de l'objet perturbateur et celle du fœtus [2].

Comment admettre, remarque Blondel, qu'au fond de sa matrice, un fœtus puisse languir après une coupe de champagne ou un morceau de jambon de Westphalie ou de saumon de Newcastle [3]? Pourtant, Blondel n'est pas d'un rationalisme à toute épreuve. Refusant d'admettre le pouvoir de l'imagination de la mère sur le fœtus, il n'hésite pas à mettre certaines monstruosités sur le compte d'un coït contre nature, d'une bestialité, de la Providence ou de la vengeance divine. Certains de ses arguments ne sont cependant pas dépourvus d'intérêt. Examinant les cas les plus célèbres, il note que la sensiblerie de Jacques Ier n'a pas pour origine l'horrible spectacle qui se déroula sous les yeux de sa mère, mais l'atmosphère d'incertitude et d'angoisse dans laquelle baigna son enfance [4].

2. *Vénus physique*, chap. XV, p. 87.

3. Jacques-Auguste Blondel : *Dissertation physique sur la force de l'imagination des femmes enceintes sur le fœtus*, Leyde, 1737, p. 52.

4. *Ibid.*, p. 20 et suiv.

Certains enfants, poursuit-il, viennent au monde mutilés. Les sages-femmes ou les chirurgiens maladroits qui sont à l'origine du mal ont beau jeu d'incriminer l'imagination. Il y a d'ailleurs bien d'autres causes à ces mutilations : la formation et le développement du fœtus dans une matrice trop étroite (p. 98), l'imprudence d'une mère qui, voulant faire état de sa belle taille, l'enserre dans divers instruments, son imprudence lorsqu'elle danse ou qu'elle fait des efforts...

Pourquoi l'imagination de la mère de l'incurable des Invalides, si cher à Mallebranche, ne lui a-t-elle pas, à l'image du bourreau, rompu le sternum pour lui éviter vingt ans de souffrance? A-t-elle eu moins de pitié que le bourreau pour le criminel? (p. 41).

A propos de l'enfant au visage de saint Pie, Blondel conçoit aisément que dans l'agonie de la mort, les membres se soient rétrécis, que les yeux convulsionnés se soient tournés vers le haut, qu'une peau si tendre se soit flétrie dans l'esprit de vin... (pp. 36 et 37). D'ailleurs, certains enfants viennent au monde avec la peau si relâchée et pendante, qu'elle représente, suivant la fantaisie de chacun, un bonnet de grenadier, le capuchon d'un bénédictin, un crapaud...

Blondel a surtout le mérite de démonter un mécanisme psychologique largement responsable du préjugé. En triturant la mère pour lui faire dire qu'elle a eu telle envie ou telle peur, on lui suggère des impressions qui, sans correspondre à la réalité, corroborent l'opinion préconçue de certains médecins (p. 32). Dans l'ensemble, la critique de Blondel est donc une critique de bon sens. On peut seulement regretter qu'elle repose sur une étude individuelle de chaque cas et non sur une réfutation globale de l'« imaginationisme ».

Maupertuis, Buffon, Jeunet, l'*Encyclopédie* ont opposé au préjugé une critique plus systématique mais parfois maladroite. Buffon s'appuie sur des considérations anatomiques pour montrer que les idées de la mère ne sont pas transmissibles à l'enfant. Le fœtus n'est effectivement attaché à la matrice que par de « petits mamelons » extérieurs à ses enveloppes. Il est donc aussi indépendant de la mère que l'œuf couvé par la poule. « On peut croire tout aussi volontiers ou tout aussi peu que l'imagination d'une poule qui voit tordre le cou à un coq, produira dans les œufs, qu'elle ne fait qu'échauffer, des poulets qui auront le cou tordu[1]. »

1. Buffon : Histoire naturelle, t. IV, chap. XI, p. 113 et suiv.

Le fœtus, écrit de même le docteur Jeunet, n'a rien de commun avec la mère. S'il éprouve des sensations, elles naissent dans ses organes; s'il pense, s'il imagine, c'est par le moyen de son âme. Sa vie est si distincte de celle de la mère, qu'après la mort de celle-ci, « sa circulation sanguine continue jusqu'à ce que le refroidissement congèle les liqueurs du fœtus [1] ».

L'*Encyclopédie* a recours à des arguments philosophiques. « Comme nos sensations ne ressemblent point aux objets qui les causent, il est impossible que les fantaisies, les craintes, l'aversion, la frayeur, qu'aucune passion en un mot, aucune fantaisie puissent produire aucune représentation réelle de ces mêmes objets [2]. »

Jeunet met en doute l'honnêteté des femmes. N'auront-elles pas invoqué l'imagination « pour cacher leurs débauches, pour excuser la ressemblance de leurs enfans avec certaines personnes; peut-être même pour couvrir d'un voile l'origine des productions monstrueuses ou difformes [3] »?

Moins académique, Jean-Baptiste Salgues donne son sentiment avec une moue dédaigneuse et un rien de désinvolture. D'ailleurs, ce problème mérite-t-il qu'on le traite autrement que par l'absurde? En 1681, on a disséqué à Avignon un œuf à l'intérieur duquel on a découvert une petite tête humaine. « On distinguoit parfaitement le front, la cavité des yeux, les deux lèvres, la bouche fort fendue, et enfin le menton » (*Mémoire de l'Académie des sciences*). Dira-t-on que la poule, « fortement touchée par la beauté du maître de basse-cour, est tombée amoureuse de ce galant métayer » pendant la période de la ponte et d'incubation [4]?

Face aux incrédules, Benjamin Bablot s'érigea en défenseur farouche, sinon fanatique, de l' « imaginationisme ». Dans sa *Dissertation sur le pouvoir de l'imagination des femmes enceintes* (1788) déjà citée, il entreprit de passer aux cribles la triple réfutation anatomique, philosophique et psychologique.

1. *Journal de médecine, t. LXXI, juin 1783, p. 421.*

2. *Encyclopédie,* art. *« Imagination ».*

3. *Journal de médecine, ibid., p. 419.*

4. *Des erreurs et des préjugés répandus dans la société, Paris 1810-1811, t. II, p. 26.*

Les babioles de Bablot

Bablot s'en prend d'abord à ceux que l'étrange manie de tout vouloir expliquer anime. « Il n'y a que les esprits superficiels qui puissent, sur une matière aussi délicate, hasarder des explications ou s'en contenter » (p. 110). Il pourrait, à bon droit, s'en tenir à cette réplique et refuser d'en dire plus à ceux qui nient l'évidence. Mais sa conscience lui commande d'aller au cœur du problème.

Il est aisé de réfuter Buffon en démontrant le lien intime qui unit le fœtus à la mère. Si l'on injecte du mercure dans les artères de la mère, on le verra transiter dans les artères ombilicales du fœtus; qu'une mère succombe à une hémorragie, on ne trouvera aucune trace de sang dans le corps de l'enfant (pp. 98-99). Comment oser mettre en parallèle l'œuf d'une poule et le fœtus d'un mammifère? L'œuf n'adhère à aucun placenta, la poule à qui l'on vient de le soustraire ne ressent aucune douleur (p. 105). Et malgré tout, ne peut-on pas imaginer que de la poule à l'œuf transite « une sorte de matière transpirable qui devient alors, si j'ose dire, comme le véhicule des idées de la poule. En conséquence, qu'une poule qui verrait tordre le cou à un coq, fasse éclore des poulets qui auraient le cou tordu, c'est un phénomène qui, sans pouvoir être expliqué, n'en reste pas moins dans la clause des possibilités de cette nature » (p. 110).

D'ailleurs, le fœtus n'a nul besoin d'être matériellement rattaché à sa mère. « Les habitans d'Abdère ne tenaient par aucun rapport intime au génie, ou plutôt à l'*Andromaque* d'Euripide... Cependant, tout le monde sait que la première représentation de cette pièce excita une commotion si forte et si générale dans l'imagination des Abdérites, qu'ils furent frappés d'une folie qui heureusement ne fut pas de longue durée » (p. 133).

Plus loin, Bablot se veut encore plus philosophe que les philosophes qui critiquent l'imaginationisme. Certes, nos sensations ne ressemblent pas aux objets qui les causent. Encore une fois, l'auteur s'indigne de ce que les rationalistes « n'attaquent qu'avec les armes du raisonnement ». Il n'est que de regarder autour de soi pour comprendre qu'elles sont de peu de poids. « Qu'un homme, par exemple, qui marche devant moi fasse un faux pas, la sensation que j'éprouve ne ressemble assurément pas à l'effort que fait cet homme pour s'empêcher de tomber; cependant, mon corps prend naturellement l'attitude qui convient pour parer à une chute. » De même, la sensation de bâillement ne ressemble en rien au bâillement lui-même, on peut pourtant difficilement résister à sa force communicative (p. 127).

Enfin, Bablot estime que la critique psychologique de l'imaginationisme est essentiellement misogyne. Il n'y a donc qu'une seule façon d'y faire face : prendre la défense des pauvres femmes qu'on accuse de se couvrir du faux prétexte de l'imagination, dénoncer les myriades de libelles diffamatoires qui circulent impunément. Et l'auteur de s'en prendre à Voltaire! « Voltaire, entr'autres, a sali presque tous ses ouvrages des atrocités contre le sexe. Ici ce sont des filles qui prodiguent à des singes des faveurs qu'elles rougiraient d'accorder à de tendres amans (*Candide ou l'optimisme*, chap. XVI). Là, ce sont des monstres que les femmes mettent au monde, et que l'on est ensuite obligé d'étouffer (*Philosophie de l'histoire*). Plus loin, ce sont des abominations dans le désert avec les boucs (*De la magie*). Ailleurs c'est un moine qui, dans la Calabre, s'étant avisé d'aller prêcher de village en village, contre la bestialité, en fit des peintures si vives, qu'il se trouva, trois mois après, plus de cinquante femmes accusées de cette horreur (*Des parricides*), etc. » Voltaire serait bien incapable « de produire un témoin oculaire de toutes ces abominations ». Il serait conforme aux bonnes mœurs que « quelques plumes amies de la décence » s'avisent d'expurger cet auteur blasphématoire (p. 160).

Hélas! Voltaire n'est pas seul, il y a aussi Hérodote. L'historien grec prétend effectivement que les Égyptiennes de Mendès s'accouplent avec des boucs (p. 161). Et « qu'est-ce que cette horreur qu'on a mise, par exemple, sur le compte d'une fille de Toscane, qui, du tems du pape Pie V, se fit, dit-on, couvrir par un chien [1] »?

Bablot termine sa polémique en fulminant contre ce médecin anglais qui a osé prétendre qu'Andromaque préférait les chevaux de son mari à son mari lui-même [2].

Enfin, c'est en usant du même genre d'argument que ce médecin prétend prouver l'heureuse finalité de l' « imaginationisme ».

1. *Bablot parle ici d'un livre sérieux, Les Noces sylvestres (Lyon, 1572), que son auteur, le jurisconsulte italien Jean Nevisau, a ponctué d'anecdotes plaisantes.*

2. *De la passion de l'amour, de ses causes et des remèdes qu'il faut y apporter, en la considérant comme maladie, par M. F., médecin anglois, Paris, 1782. C'est un ouvrage curieux, dans lequel il est conseillé aux êtres passionnés d'oublier leurs transports amoureux en s'imaginant des scènes de torture, de mise à mort...*

Psychose

Les multiples monstruosités liées au pouvoir de l'imagination n'ont pas empêché plusieurs médecins de se dire, en fin de compte, convaincus, en dépit d'inévitables bavures, des bienfaits du phénomène.

Aux dires de Bablot, le scepticisme risquerait de « faire du joug aimable du mariage, le plus affreux, le plus infernal de tous les liens ». Comment, sans invoquer le pouvoir de l'imagination, convaincre un père dont le fils est le portrait même de son meilleur ami, que sa femme ne l'a pas trahi, que cette ressemblance n'est que la conséquence d'une image accidentelle et fugitive qui a traversé l'esprit de la mère au moment de la conception! Si le scepticisme devait triompher, on ne verrait plus, de toute part, « que des pères malheureux repousser de leurs bras avec horreur des enfans dont le défaut de ressemblance avec eux déposerait au tribunal de leur jalousie, contre les faux adultères de leurs épouses ». La somme des maux physiques attachés à la « triste condition de reproductrice de l'espèce humaine » n'est déjà que trop effrayante pour se permettre d'en ajouter de nouveaux (pp. 170-171).

D'un autre point de vue, Malebranche estime que le pouvoir de l'imagination est l'un des effets de la faculté d'adaptation des êtres vivants à leur milieu. « Il est nécessaire, écrit-il, que les agneaux ayent, dans de certains pays, le cerveau tout à fait disposé à fuir les loups. » Nulle mieux que la femelle gestante frappée par la vue du loup ne saurait transmettre à ses petits la crainte salutaire de l'animal. Le facteur héréditaire est donc largement tributaire de l'imagination [1].

Claude Quillet est plus audacieux. Les fabuleuses possibilités de l'imagination, judicieusement mises à profit, devraient permettre une amélioration de l'espèce humaine. A peine la mère a-t-elle tourné son regard vers un objet agréable, que « la substance de l'âme, égayée par une image qui lui convient, communique sa joie au cœur qu'elle dilate, et, répandant de nouveau cette image agréable, la distribue dans les entrailles de la mère, où elle excite du mouvement : alors la nature, occupée à développer le germe et à lui donner une forme, reçoit l'impression de l'image : elle travaille aussitôt sur un nouveau plan, et fait un bel ouvrage, conforme au modèle gracieux qui lui est offert [2] ».

En dépit de ce bel optimisme, les femmes ont surtout été sensibles aux méfaits de l'imagination. On conçoit volontiers l'anxiété de ces malheureuses toujours sur le qui-vive, toujours dans l'angoisse de se laisser surprendre, sur le pas de leur porte ou au détour d'une rue par quelque mendiant estropié ou quelque infortuné défiguré par la maladie, par un spectacle horrible ou par un animal impressionnant.

Le péril était d'autant plus menaçant qu'il n'existait aucune forme de prévention, aucune thérapeutique spécifique. Certes, le Hollandais Laevinus Lemnius conseille

1. *De la recherche de la vérité*, t. I, p. 256.

2. *La Callipédie*, p. 108.

à une femme enceinte qui vient d'entrer en contact avec un chat, une souris ou une belette, d'essuyer sur-le-champ de sa main la partie touchée par l'animal afin que le fœtus n'en prenne pas la forme. Hildan dit aussi que cette femme qui eut une grande envie de beignets posa sa main sur une partie quelconque de son corps afin que son enfant ne porte pas sur la bouche, mais ailleurs, la marque des beignets [1]. Swammerdam cite le cas d'une femme enceinte qui, effrayée à la vue d'un Nègre, se lava aussitôt à l'eau chaude. Grâce à cette sage précaution, l'enfant naquit blanc. Mais les interstices des mains et des pieds, que l'eau n'avait pu atteindre, étaient noirs [2].

Personne, à vrai dire, ne croyait en cette thérapeutique de bonne femme et c'est à juste titre que Blondel déplorait ce « poison de l'opinion commune qui trouble l'esprit et l'entendement des femmes grosses et les remplit de crainte et de soupçon [3] ». Isaac Bellet dresse un tableau pitoyable de ces malheureuses que tourmente l'obsession de l'imagination. « Inquiètes et alarmées au moindre événement, elles perdent la gaîté, le repos et le sommeil. Leur sang en est altéré; la crainte d'un mal imaginaire leur fait souffrir des maux réels et devient préjudiciable à l'état de l'enfant [4]. »

On trouve une illustration de cette atmosphère de psychose dans un ouvrage du médecin anglais William Buchan. Une femme enceinte, qui avait une singulière aversion pour les singes, rendit visite à l'une de ses amies. Celle-ci élevait précisément un singe domestique. Il saute sur la malheureuse qui pousse un cri et s'évanouit. La voilà obsédée par l'inébranlable et lancinante certitude de mettre au monde une guenon. Quel sera le destin de l'âme humaine qu'elle va enfanter dans le corps de cet animal? Le jour de l'accouchement, elle explose de joie en voyant le beau garçon que lui présente la sage-femme. Mais lorsque celle-ci lui annonce l'existence d'un jumeau, la mère, consternée, voit son inéluctable conviction reprendre forme. Et de nouveau, c'est un splendide garçon [5]. Les phobies n'en avaient pas moins, très souvent, des conséquences désastreuses. Dès le XVIIIe siècle, des médecins soulignent le danger, non pas de l'imagination, mais de la crédulité des femmes enceintes. Leurs fantasmes « ont souvent occasionné des fausses-couches ou du moins ont été funestes à la santé de la mère et de l'enfant, quoiqu'incapables d'altérer la couleur de la peau, ou de déranger les membres et d'injurier la forme

1. *Blondel : Dissertation physique sur la force de l'imagination, 1737, p. 91.*

2. *Uteri muliebris fabrica.*

3. *Blondel, op. cit., p. 136.*

4. *Isaac Bellet : Lettres sur le pouvoir de l'imagination des femmes enceintes, Paris, 1745, p. 3.*

5. *Le Conservateur de la santé des mères et des enfans, Paris, 1804, pp. 40 et 41.*

de ces derniers[1] ». A la fin du XIXe siècle, Ernest Martin démontre encore le caractère néfaste du préjugé. Une femme, qu'un Juif avait séduite, est inlassablement hantée par l'idée de cette union qu'elle juge sacrilège. Assaillie jour et nuit par de sombres esprits venus des enfers, elle accouche d'un enfant malformé, conséquence du traumatisme qu'elle a subi pendant sa grossesse[2].

Par ailleurs, des femmes ont sans doute profité et abusé de l'immense sollicitude suscitée par leur état. « C'est une chose convenue dans le ménage, remarque Jean-Baptiste Salgues, qu'il faut tout passer à une femme enceinte, et qu'on ne sauroit la contrarier sans exposer l'enfant qui doit naître, à porter les marques visibles de cette contrariété. Madame éprouve-t-elle le désir vif et poignant d'aller au bal masqué? Hâtez-vous de lui procurer un domino, un masque et tout l'attirail du bal; car sans cela, qui sait si votre chère progéniture ne viendroit pas au monde avec un nez en carton et un menton de taffetas[3]? »

Dans son *Embryologie sacrée*, l'abbé Cangiamila prend les envies fort au sérieux et recommande aux sages-femmes de les satisfaire dans la mesure du possible. Si une femme désire un mets qu'on ne peut lui fournir, on doit tromper la nature en usant d'un subterfuge : « Il faut lui fricasser du fromage assaisonné d'ail et de vinaigre, et le lui faire manger[4]. »

Le caractère impérieux des envies justifie les actions les plus extravagantes. Une femme enceinte désire manger son mari. Ne se contentant probablement pas d'une fricassée de fromage assaisonnée d'ail, elle le met à mort et en dévore la moitié. Elle sale l'autre moitié. L'envie apaisée, le fœtus préservé de la catastrophe, elle confesse tranquillement son caprice aux amis du mari qui cherchaient, en vain, l'infortunée victime[5].

Profondément ancré dans les mentalités, le préjugé a la vie dure. Dès la première moitié du XIXe siècle, des enquêtes particulièrement concluantes sont pourtant menées dans les grandes maternités de Londres. On demande aux femmes enceintes ce qui, pendant le cours de leur grossesse, a pu les impressionner. Toutes les réponses, consignées dans un registre, sont négatives. Ce n'est qu'après avoir pris connaissance de l'anomalie de leurs enfants, que les mères lui trouvent une explication liée au pouvoir de l'imagination. Le caractère largement subjectif du phénomène était démontré[6].

1. *Ibid., p. 43.*

2. *Ernest Martin : Histoire des monstres, Paris, 1880, p. 281.*

3. *J.-B. Salgues : Des erreurs et des préjugés répandus dans la société, 2 vol., Paris, 1810-1811.*

4. *Abrégé de l'embryologie sacrée, 1775, p. 285.*

5. *Salgues : Op. cit.*

6. *Darwin : De la variation des animaux et des plantes..., 1868, t. I, p. 280.*

A la fin du XIXe siècle, Ernest Martin signale que le climat de psychose n'a toujours pas disparu et que les croyances les plus absurdes « hantent parfois le cerveau des femmes appartenant aux classes les plus éclairées de la société[1] ». Il est non moins certain que ce vieux préjugé subsiste encore de nos jours et qu'il est loin d'être exorcisé.

Il faut toutefois reconnaître son seul mérite. Il marque, dès le XVIe siècle, une tentative d'explication rationnelle de monstruosités qu'on avait précédemment tendance à attribuer au crime de bestialité ou à l'intervention de Satan. Désormais, les mères infortunées ne risquaient plus le bûcher.

1. *Histoire des monstres...*, *p. 281.*

CHAPITRE XI

OBSTÉTRIQUE, SAGES-FEMMES, ACCOUCHEURS

Les progrès de l'obstétrique[1]

En dépit du caractère encore archaïque des techniques obstétricales, il ne faudrait pas sous-estimer les progrès accomplis aux XVIe, XVIIe et XVIIIe siècles.

Les premiers rudiments d'obstétrique apparaissent en Grèce, au Ve siècle avant Jésus-Christ. Hippocrate, dans ses *Aphorismes*, conseille d'attacher la femme à un lit dans les cas difficiles. Lorsque l'enfant se présente bien, on agite le lit à la verticale, dans le cas contraire, à l'horizontale. Lorsque le fœtus meurt et que la version céphalique s'avère impossible, il faut pratiquer l'embryotomie par ouverture de la tête et découpage des membres les uns après les autres. Le plus souvent, les mères succombaient au cours de cette opération ou de ses suites.

Il faut attendre quatre siècles avant que n'apparaissent de nouveaux progrès. En 30 av. J.-C., Celse décrit pour la première fois la version podalique. Soranus d'Éphèse (98-134 ap. J.-C.) en perfectionne la technique, mais il ne la recommande que dans les seuls cas où le fœtus est plié en deux. Dans les autres cas, il faut recourir à la version par manœuvres internes céphaliques, car la tête est le membre le plus volumineux du fœtus. Son élève, Moschion, rédige le premier manuel d'obstétrique. Il y conseille l'usage d'une chaise obstétricale avec évidement semi-lunaire du siège. Au IIe siècle ap. J.-C., Galien reprend les grandes lignes de l'œuvre d'Hippocrate.

Le Moyen Age est une période de régression. Les Arabes Rhazès (IXe siècle) et Avicenne (XIe siècle) recueillent

1. *Pierre Sue : Essais historiques, littéraires et critiques sur l'art des accouchemens ou recherches sur les coutumes, les mœurs et les usages des anciens et des modernes, 2 vol., Paris, 1779.*
J.-F. Schweighaeuser : Tablettes chronologiques de l'histoire de la médecine puerpérale, Strasbourg, 1806, 98 p.
L. Devraigne, L'Obstétrique à travers les âges, Paris, 1939.

l'héritage antique, mais ils en oublient l'essentiel, la version podalique notamment. Par contre, l'obstétrique s'encombre de la pratique néfaste des bains et des fumigations et, jusqu'au XVIe siècle, les accouchements seront souvent la spécialité de sages-femmes superstitieuses.

Ce n'est qu'au XVIe siècle que l'on commence à parler d'opération césarienne. Selon Pline, Scipion l'Africain, le premier de la famille des Césars et un certain Céson auraient été tirés vivants par incision latérale du ventre et de la matrice de leur mère morte en couche [1]. On ne trouve aucune autre mention de césarienne dans l'Antiquité. Aussi, le *Traité nouvel de l'hystérotomie ou enfantement césarien* constitue-t-il, en 1581, une nouveauté. Selon son auteur, François Rousset, c'est en 1500 qu'un châtreur de porcs de Thurgovie, Jacques Nufer, devant les efforts infructueux de treize sages-femmes, aurait pratiqué la césarienne sur sa femme. La mère survécut et le petit César vécut soixante-dix-sept ans. Peu après, Rousset fait le compte rendu de neuf interventions du même genre pratiquées, elles aussi, avec succès. Il tâche de réfuter ainsi l'opinion la plus répandue selon laquelle l'opération est toujours mortelle.

1. *Histoire naturelle*, liv. VIII, chap. IX.

Ambroise Paré (1509-1590) condamne sans ambiguïté son recours sur une femme vivante. Cette prise de position marque le début d'une polémique qui va durer plus de deux siècles. Par ailleurs, Paré définit la position obstétricale restée classique, moitié assise, moitié couchée. Il admet la section du cordon après la sortie du placenta, mais préconise l'extraction immédiate de celui-ci s'il tarde à sortir. Enfin, vers 1550, il remet en honneur la version podalique à laquelle de nombreux enfants devront la vie.

Les progrès du XVIIe siècle sont moins marquants. Louise Bourgeois, accoucheuse de Marie de Médicis, donne d'excellents conseils sur la version podalique. En 1644, Philippe Peu publie *La Pratique des accouchemens.* Pendant une quarantaine d'années, il en a réalisé quatre mille. Son livre est le récit de ses succès et de ses échecs. Il y fait sentir les inconvénients du toucher trop fréquent et de l'accélération des accouchements. Il montre que la malformation de certaines femmes ne constitue pas un obstacle particulier au bon déroulement de l'accouchement. Enfin, il met au point un crochet mousse qui facilite l'extraction de l'enfant vivant.

Le XVIIIe siècle est le siècle des grands accoucheurs : Mauriceau, Viardel, Portal, Levret, Puzos, Petit et Baudelocque acquièrent une notoriété européenne.

Fig. 42

La section césarienne
Liébault, « Trois livres des maladies et infirmitez des femmes », Rouen 1649

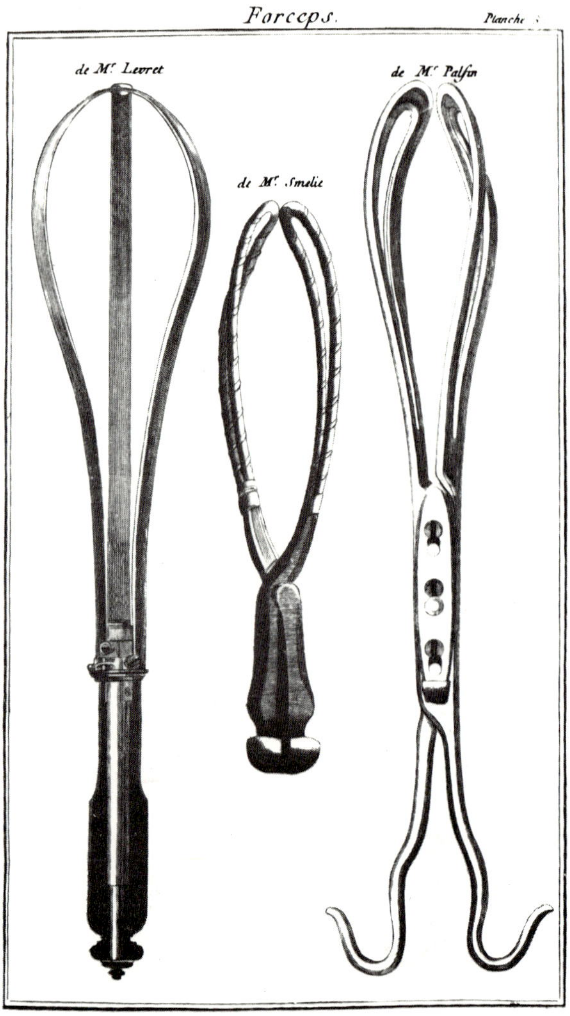

Fig. 43

Les premiers forceps
La Motte, « Traité complet des accouchemens naturels, non naturels et contre nature », Paris 1765

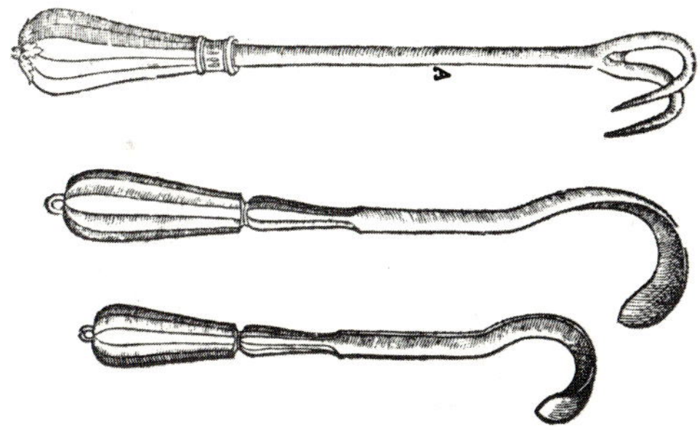

Couſteau courbé propre pour couper le ventre de l'enfant mort, eſtant dans le corps de la mere.

Inſtramens dicts Pieds de griffons, propres pour extraire la teſte d'un enfant demeuree dans le ventre de la mere.

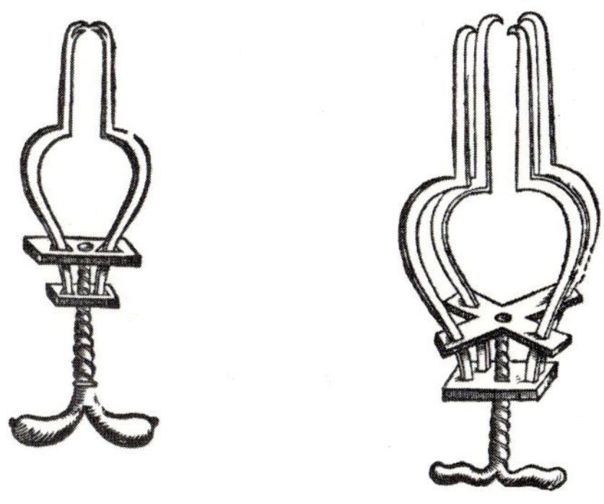

Fig. 44 à 46

Instruments obstétricaux

Ambroise Paré, XXIVe livre « De la génération » 1585.

Crochets (fig. 44), couteau recourbé (fig. 45), pieds de griffon (fig. 46)

Ces instruments étaient utilisés pour découper et extraire de la matrice les membres d'un fœtus mort. L'opération, généralement suivie de septicémie, était le plus souvent mortelle.

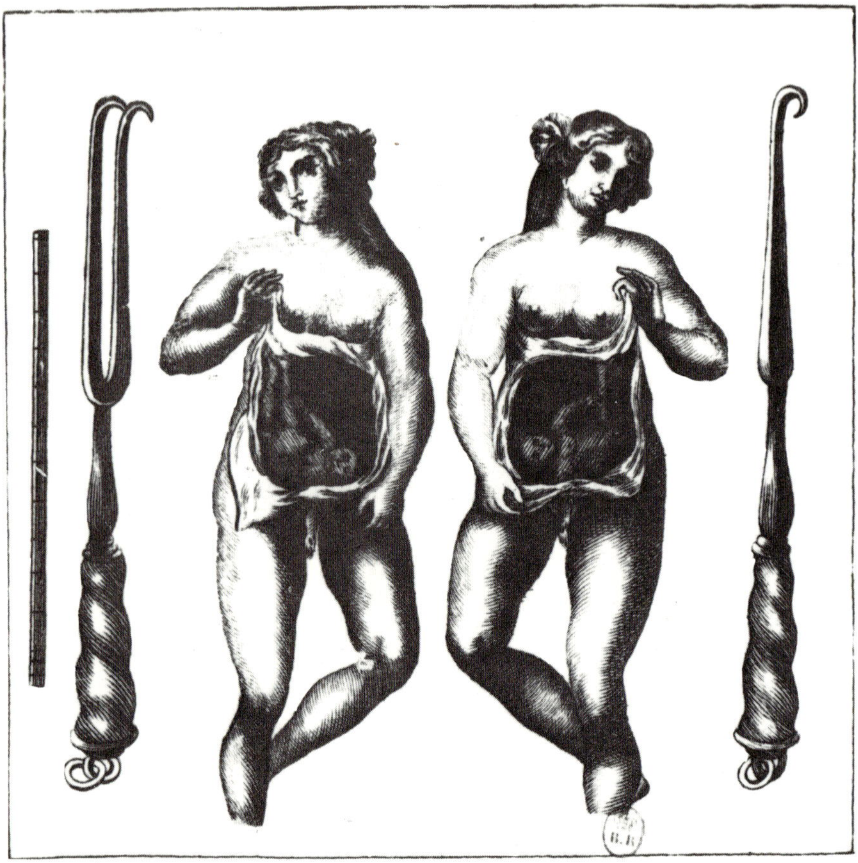

Fig. 47

Crochets destinés à l'extraction de fœtus morts.
A la différence des crochets recommandés par Ambroise Paré,
ils sont obtus, ce qui limite les risques de lésion
La Motte, « Traité complet des accouchemens naturels, non naturels et contre nature », Paris 1765.

André Levret met au point le premier forceps. Ce chirurgien, qui domine d'ailleurs l'obstétrique française, est partisan de l'accouchement forcé en cas d'hémorragie. Puzos, son aîné, préconise à son tour un traitement méthodique des hémorragies à la fin de la grossesse et montre l'importance de la rupture artificielle des membranes pour hâter le travail. Le premier, il soutient le périnée avec la main et préconise la version monopode.

Les accoucheurs français ont surtout le grand mérite de se battre pour l'élimination des pratiques superstitieuses et barbares qui encombrent l'obstétrique. Ils en viennent naturellement à dénoncer l'ignorance des sages-femmes, provoquant un virulent conflit où les arguments historiques, philosophiques, moraux et théologiques tiennent une place importante aux côtés des considérations scientifiques.

Les ouvrages français pénètrent en Hollande où l'obstétrique enregistre aussi des progrès rapides. Henri Van Deventer donne une première description du bassin normal et du bassin vicié. Friedrich Ruysch et Jacob Denis continuent son œuvre.

En Angleterre, les Chamberlen mettent au point un nouveau forceps. Mais cette célèbre dynastie d'accoucheurs en garde jalousement le secret. C'est le dernier des Chamberlen, Hugh, qui le vendit à des accoucheurs hollandais qui, à leur tour, s'en réservèrent un usage exclusif. A la fin du siècle, Smellie et Wallace Johnson inventent de nouveaux forceps. Mais en réaction, Wallace Hunter dénonce l'emploi de ces instruments qui, selon lui, forcent la nature. Il s'en prend notamment au forceps meurtrier de Smellie, toujours couvert de rouille.

Les progrès de l'obstétrique sont moins sensibles en Allemagne. Des écoles obstétricales sont pourtant fondées à Strasbourg, Berlin et Vienne. Le Berlinois G. W. Stein mène un combat sans répit contre la superstition. Parallèlement, il réalise une série de mesures précises des diamètres du bassin de la mère et de la tête de l'enfant. Il calcule également le degré d'inclinaison du bassin.

Plusieurs écoles de sages-femmes se créent en Europe. On commence à y mettre en usage des « fantômes », squelettes articulés de mères et de nouveau-nés, qui permettent une simulation réaliste de l'accouchement.

Ce n'est que vers la fin du siècle que se développe une nouvelle polémique sur le thème de la symphyséotomie de l'os pubis. Dès 1768, le chirurgien Signault présente, dans un mémoire adressé à l'Académie de chirurgie, un projet de symphyse de l'os pubis sur une femme vivante à la place de l'opération césarienne. Le projet est repoussé. Mais, en 1777, une naine rachitique, la femme Souchot, qui avait accouché de cinq enfants mort-nés, doit mettre au monde un sixième enfant. L'opération est autorisée et pratiquée avec succès pour la mère et l'enfant.

Baudelocque s'éleva contre la symphyséotomie avec d'autant plus de virulence que plusieurs opérations du même genre se déroulèrent, par la suite, dans de mauvaises conditions.

Malgré tout, et en dépit de nombreux tâtonnements, l'obstétrique émerge, au XVIIIe siècle, de sa préhistoire. Elle devient un art autonome distinct de la chirurgie. Mais, à côté de quelques rares accoucheurs éclairés, la majorité des sages-femmes patauge encore dans les marais fangeux de la superstition.

La sage-femme, la loi

Se promenant dans le Jardin du roi un soir d'été, le docteur Demours aperçut deux crapauds. « La femelle avoit de grandes difficultés à pondre des œufs, le mâle se donnoit beaucoup de peine pour l'aider en travaillant de toutes ses forces avec les pattes de derrière pour lui arracher ses œufs[1]. » A l'imitation des crapauds, dirent les moralistes, les êtres humains ont reçu de Dieu l'ordre de s'entraider dans les moments difficiles de l'accouchement.

D'ailleurs, la sage-femme est vieille comme le monde. Chassée du Paradis terrestre, Eve ne put accoucher qu'avec le secours d'Adam. Mais, dès que leur postérité fut assurée, les femmes se rendirent dans leurs couches des secours mutuels. Les plus douées devinrent sages-femmes. La première dont il soit fait mention sous ce nom est la sage-femme qui assista à l'accouchement de Rachel[2]. En Égypte, les Hébreux avaient à leur service deux sages-femmes, Sephora et Phua. Le pharaon leur donna l'ordre de faire périr tous les enfants mâles qui naîtraient. Elles désobéirent, par crainte de Dieu[3].

Les Grecs appelaient leurs sages-femmes « maman », « bonne mère » ou « vieille servante » et les Latins *opstetrix* (de *ops*, *sto*, celle qui porte secours).

Dans l'Occident chrétien, les sages-femmes assurent la pratique exclusive des accouchements jusqu'à la fin du XVIIe siècle. Les médecins et les chirurgiens, qui en sont

1. Mémoire de l'Académie des sciences, 1741. — Sue : Essais historiques..., t. I, p. 259.

2. Gén. XXXV, 17.

3. Exode I, 15.

ABRÉGÉ

DE L'ART

DES ACCOUCHEMENTS,

DANS lequel on donne les préceptes néceſſaires pour le mettre heureuſement en pratique, & auquel on a joint pluſieurs Obſervations intéreſſantes ſur des cas ſinguliers.

OUVRAGE très-utile aux jeunes Sages-femmes, & généralement à tous les Eleves en cet Art, qui deſirent de s'y rendre habiles.

NOUVELLE ÉDITION.

Volume in-8°. avec Figures gravées en taille-douce & imprimées en couleurs.

PAR Madame LE BOURSIER DU COUDRAY, Maîtreſſe Sage-femme de Paris, penſionnée & envoyée par le Roi pour enſeigner à pratiquer l'Art des Accouchemens dans tout le Royaume.

Le Prix eſt de ſept livres quatre ſols, relié.

A PARIS,

Chez DEBURE, Pere, Libraire, Quai des Auguſtins, au coin de la rue Gît-le-Cœur, Maiſon du Notaire.

M. DCC. LXXVII.

Avec Approbation & Privilege du Roi.

Fig. 48

L'« *Abrégé de l'art des accouchements* » de Marguerite Le Boursier du Coudray est surtout destiné à l'usage des sages-femmes de province et de campagne. Il est orné de gravures représentant des fœtus en malposition dans la matrice. La légende indique la facon la plus adéquate de les en extraire (*fig. 49 à 54*).

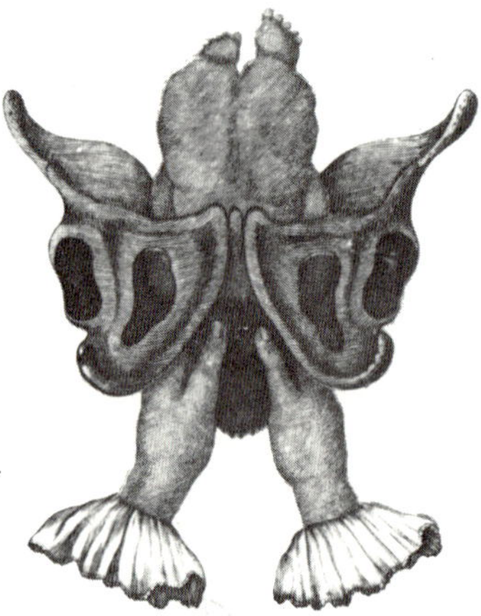

Cette figure réprésente l'Enfant qui vient naturèlement avec la position convenable des mains aux deux côtés de la tête pour le tirer en bas.

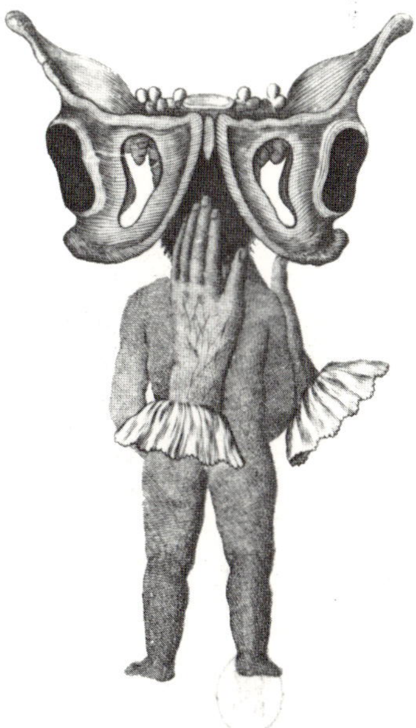

Cette figure représente l'enfant sorti mais dont la tête est encore engagée sous l'arcade des os Pubis et pour la débarasser on représente les doigts d'une main gauche appuyés sur l'os Occipital et en dessous une main droite dont le doigt indice va chercher la bouche de l'enfant dans laquelle il s'introduit et tirant avec ce doigt la machoire inférieure en bas et l'autre main appuyant en même temps sur l'occiput, la tête se fléchit nécessairement et par ce mouvement elle sort avec facilité.

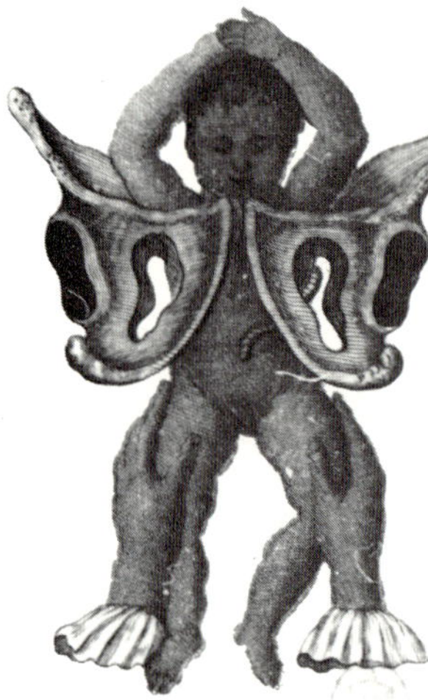

Cette Planche réprésente encore une fausse manœuvre en préférant de tirer l'enfant la face en devant plutôt que de lui avoir tourné par derrière, ce qui donne lieu au menton de l'enfant de s'accrocher sur les os Pubis et en continuant de le tirer dans cette position la tête se renversant en arrière la machoire peut se luxer, d'ailleurs l'occiput par ce renversement appuyant sur l'os Sacrum, il est impossible de faire passer la tête dans le détroit du petit bassin, il faut donc en repoussant l'enfant un peu en haut lui retourner la face en arrière.

On réprésente par cette Planche l'enfant couché en travers dans le bassin, la tête appuyée sur l'os des Isles droites et le derrière sur le gauche avec la position d'une main qui va chercher les pieds de l'enfant pour le faire sortir.

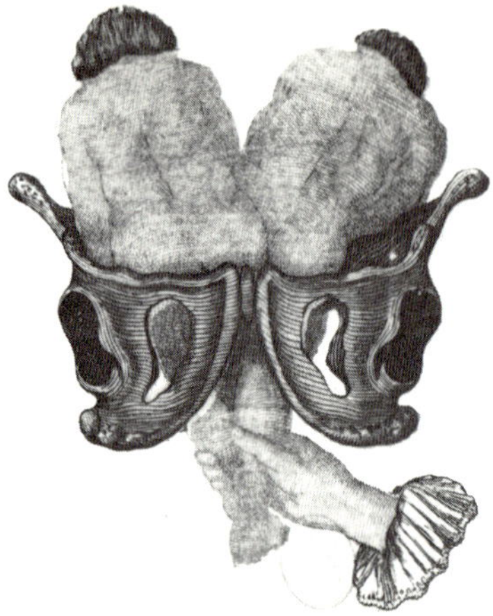

On réprésente dans cette Planche deux enfants dans le baſsin dont l'un présente une jambe droite et l'autre la gauche, l'Opérateur ou l'Accoucheuse ne s'étant point aſsuré s'il y a deux enfants dans la Matrice voyant un pied droit et un pied gauche tire sur ces jambes et il résulte de cette mauvaise manœuvre que les deux autres cuisses appuyées sur quelques parties du contour du bassin ne manquent pas de se luxer et de former un obstacle invincible à la sortie des enfants.

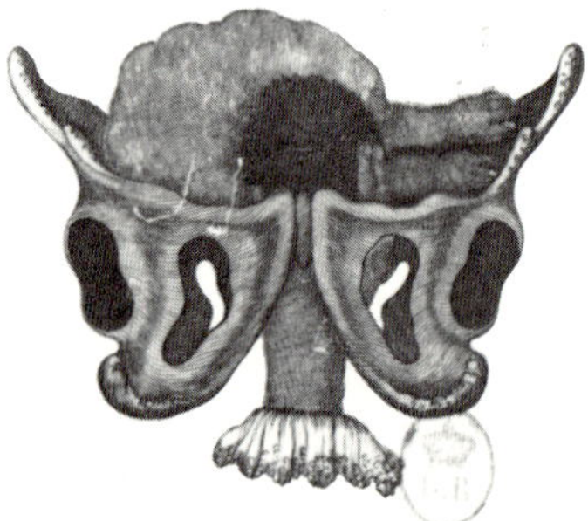

Cette figure fait voir l'Enfant couché en travers dans le baſsin. Les pieds du côté des os des Isles gauches. Les feſses vers l'os Sacrum; le dos du côté de l'os des Isles droit, et la tête sur les os Pubis; avec une main ignorante qui l'ayant saisie, paroit la tourner obliquement pour la faire sortir, ce qui ne peut réuſsir. Cette mauvaise manœuvre au contraire luxe la tête de l'enfant d'avec le col et lui cause par là une mort prompte; accident qui n'arrive malheureusement que trop souvent dans les Campagnes.

pourtant les théoriciens, n'interviennent à la rigueur que dans les cas difficiles. Il y a là une contradiction qui sera lourde de conséquences pour les progrès de l'obstétrique.

Une législation sans doute largement transgressée parce que constamment renouvelée, règle étroitement la profession de sage-femme. A Paris, il faut être âgée au minimum de vingt ans et avoir subi un apprentissage de trois ans chez une maîtresse sage-femme ou de trois mois à l'Hôtel-Dieu, pour être admise aux épreuves probatoires. L'aspirante à la maîtrise de sage-femme est interrogée à l'hôpital Saint-Côme par le premier chirurgien du roi ou par l'un de ses assistants, en présence d'un jury composé de chirurgiens de la Faculté de chirurgie et du Châtelet, de sages-femmes et du doyen de la Faculté de médecine [1]. L'épreuve se termine par une prestation de serment dont les termes sont déjà contenus dans une ordonnance de 1587 :

Appelées auprès de « Roynes, princesses, dames, damoyselles, bourgeoyses ou pauvres femmes, les saiges femmes s'y comporteront saigement, honnestement et vertueusement, et n'useront de paroles ny gestes dissolus, et qu'au préalable elles n'ayent osté leurs bagues de leur doigt, si elles en ont, et lavé leurs mains... ».

« Elles seront aussi diligentes à secourir les pauvres que les riches, a fin que Dieu par ceste charité aye agreable leur travail. »

« Si l'enfant se présente autrement que le chef devant », elles feront appel à un chirurgien...

Elles ne provoqueront aucun avortement par « breuvage, ny autre sorte de médicament à peine de vie... Elles ne délivreront aucune femme qu'elles ne l'advertisse du devoir de Chrestien et aussi de la nécessité à toutes créatures raisonnables du sacrement de baptesme. »

En cas de délivrance incertaine, elles baptiseront le nouveau-né, dans le sein même de sa mère s'il le faut [2]. L'ordonnance de 1587 montre clairement qu'une bonne hygiène physique reste indissociable de l'hygiène morale. C'est d'ailleurs l'impératif moral qui amena Louis XIV à interdire la profession de sage-femme aux protestantes [3].

L'application des règlements de 1587 et de 1664 reste douteuse si l'on en juge par le rappel permanent de la législation des sages-femmes dans les ordonnances de 1667, 1674, 1722, 1726, 1728, 1729..., et par le nombre des sentences rendues par le lieutenant criminel contre plusieurs sages-femmes en exercice hors de toute structure légale [4].

1. *Déclaration du roi vérifiée en Parlement, portant que les sages-femmes seront dorénavant reçues à Saint-Côme par le corps de la chirurgie, en présence de la Faculté de médecine, septembre 1664.*

2. *Statuts et reiglemens ordonnez pour toutes les matronnes ou saiges femmes de la ville, prévosté et vicomté de Paris, avril 1587.*

3. *Déclaration du roi portant défense à ceux de la religion prétendue réformée de faire fonctions de sage femme, du vingtième février 1680.*

4. *Sentence de Monsieur le lieutenant criminel, rendue contre plusieurs sages femmes y dénomées qui, sans avoir été reçues, ni prêté serment au Châtelet, exercent publiquement la dite profession... 14 janvier 1728. Idem, années 1729, 1730, 1742...*

Dans les campagnes, la pratique des accouchements n'exige aucun apprentissage spécial. Toute sage-femme peut exercer sur simple présentation d'un certificat de bonnes mœurs délivré par le curé et après avoir reçu quelques conseils d'un chirurgien. Ces modalités d'accès à la profession laissent naturellement libre cours à la prolifération des pratiques superstitieuses. C'est contre leurs effets néfastes que se répandent dans les campagnes, surtout au XVIIIe siècle, des catéchismes à l'usage des sages-femmes. Mais le niveau en est généralement élémentaire et l'impact pratiquement nul en raison de l'analphabétisme des milieux ruraux.

Aussi les autorités prennent-elles l'affaire en main, d'une façon bien velléitaire il est vrai, en dépêchant dans les villages Mme Du Coudray, sage-femme modèle[1]. Reçue avec un faste dérisoire par les intendants, Mme Du Coudray se dévoue corps et âme, mais elle se heurte à un abîme d'ignorance dont la préface de la sixième édition de son *Abrégé de l'art des accouchemens* porte un sinistre témoignage. En dépit de ses effets limités, l'opération n'en constitue pas moins l'une des premières formes d'intervention de l'État dans le domaine de la santé publique.

1. *Mémoire sur les cours publics d'accouchemens faits à Moulin par Madame Ducoudray* (*s.l.n.d.*). — *Lettre d'un citoyen reconnaissant...* — *Abrégé de l'art des accouchemens, 6e éd., Paris, 1785.*

L'office de sage-femme

Le rôle de la sage-femme, tant à la ville qu'à la campagne, est capital et ne se borne pas, il faut bien le dire, à la seule pratique des accouchements. En vertu des droits qui lui sont conférés par la loi, elle est aussi chargée des examens de virginité requis en cas de viol ou de procès en impuissance. Le docteur Venette mentionne un curieux « rapport de violement » rédigé, sur ordre du prévôt de Paris, par deux matrones jurées, Marie Christophlette Roine et Jeanne Portepoullet.

> « Nous avons vu et visité, dit le rapport, Olive Tisserand âgée de trente ans ou environ, sur la plainte faite par elle en justice contre Jacques Mudont, duquel elle a dit avoir été forcée et violée; et le tout vu et visité au doigt et à l'œil, nous avons trouvé qu'elle a :
> — Les tétons dévoyés, c'est-à-dire la gorge flétrie.
> — Le lipion recoquillé, c'est-à-dire le poil.
> — Le pouvant débissé, c'est-à-dire la nature de la femme qui peut tout.
> — Le barbideau écorché, c'est-à-dire le clitoris.

— Le guilboquet fendu, c'est-à-dire le col de la matrice.
— Le guillenard élargi, c'est-à-dire le conduit de la pudeur.
— La dame du milieu retirée, c'est-à-dire l'hymen... »
En conséquence de quoi, le malheureux Mudont fut convaincu de viol[1]. »

C'est la sage-femme qui est chargée d'apprécier, en compagnie de médecins et de chirurgiens, la virginité d'une femme qui accuse son mari d'impuissance. Bien des médecins et juristes dénoncent l'inaptitude des sages-femmes en la matière. En tout cas, il faut qu'elles ne soient « ny trop jeunes, ny trop vieilles, aux unes manquant l'expérience et aux autres la veuë et l'assurance de la main nécessaire en telle affaire[2] ». Pendant l'épreuve de la visitation, écrit l'avocat Anne Robert, « on faict coucher une fille tout de son long, estendue sur son dos, les cuisses écarquillées, l'une deçà, l'autre delà : on voit clairement les parties honteuses. Les matrones, qui sont sages-femmes et vieilles, les regardent attentivement, les manient et se resouviennent de leurs anciennes chaleurs, qui sont dès longtemps refroidies[3] ».

Le congrès donne à la sage-femme une nouvelle occasion de se singulariser. On sait qu'au cours de cette épreuve, le mari présumé impuissant doit se disculper en consommant publiquement l'acte sexuel avec sa femme. L'attitude de certaines sages-femmes y aurait été, pour le moins, équivoque. Lors du congrès du marquis de Langey, « il y avoit là, note Tallemant des Réaux, entre les matrones, une vieille Madame Pezé, âgée de 80 ans, nommée d'office, qui fit cent folies; elle alloit de temps en temps voir en quel état il étoit (de Langey), et revenoit dire aux experts : c'est grand pitié, il ne nature point[4] ».

Par extension, la sage-femme s'attribue le traitement d'un certain nombre de maladies du sexe féminin, et même masculin. C'est elle qui est naturellement chargée de déterminer si une femme est enceinte ou non. Mais, dans l'ensemble, sa fonction d'accoucheuse est prépondérante. Elle doit s'y consacrer dans un esprit de piété et de charité chrétienne. N'est-elle pas la dépositaire du nouveau-né non encore baptisé auquel elle doit d'ailleurs, en cas d'urgence, administrer les sacrements du baptême? Selon Cangiamila, les circonstances qui justifient une telle intervention sont au nombre de cinq :

1. *Tableau de l'amour conjugal*, éd. de 1696, liv. II, art. III : « Des signes de virginité absente », p. 73.

2. Vincent Tagereau : *Discours de l'impuissance de l'homme et de la femme*, 1611, chap. IV : « Que la visitation de la femme est chose honteuse ».

3. *Quatre livres des arrests*, Paris, 1627, p. 560.

4. *Mémoires...*, éd. de 1834-1835, pp. 199-200.

— « Si l'enfant vient au monde sans crier et sans pleurer en sortant du sein de sa mère.
— S'il respire foiblement ou s'il donne des marques d'un commencement de suffocation.
— S'il est entièrement débile.
— S'il est livide.
— S'il naît dans le septième mois[1].

1. Cangiamila : Abrégé de l'embryologie sacrée, 1775, pp. 276-278.

Lorsque la sage-femme ne parvient pas à extraire l'enfant des entrailles de sa mère et si elle peut « en courbant la main porter de l'eau immédiatement sur lui, elle le baptisera sous la condition, « si tu es capable de recevoir le baptême, je te baptise... » (p. 279). Il ne faut pas baptiser un monstre dont la figure n'est point celle d'un être humain. En cas de doute, et en l'absence de prêtre, la sage-femme doit administrer un baptême conditionnel en prononçant la formule : « Si tu es capable de recevoir le baptême, je te baptise... » (p. 280). Lorsqu'il s'agit d'un monstre à deux têtes, on baptisera chacune des deux têtes séparément.

La seule eau utilisée sera de l'eau naturelle, de mer, de source ou de rivière. « On ne peut point se servir d'eau artificielle, telle que l'eau de rose ou l'eau de fleur d'oranger, si ce n'est dans le cas, qui seroit bien extraordinaire, où il seroit impossible d'avoir de l'eau naturelle. » Dans de telles circonstances, il faudrait d'ailleurs baptiser l'enfant de nouveau avec de l'eau naturelle (p. 282).

Le ministère de la sage-femme s'apparente donc au sacerdoce. Cangiamila confère même à celles qui l'exercent les responsabilités d'un directeur de conscience. Elles devront, par exemple, informer les épouses des limites tolérées par la religion en matière de sexualité. Elles les dissuaderont de se faire avorter et, devant certaines réticences, elles en avertiront secrètement le prêtre. Enfin, les filles dont les grossesses sont cachées ou illicites trouveront auprès d'elles aide et protection (pp. 285-286).

Sages-femmes sorcières

L'office de sage-femme est donc de ceux qui requièrent des qualités physiques, des vertus morales et un dévouement sans faille. Selon Jacques Guillemeau, la sage-femme ne devrait commencer à exercer que lorsqu'elle est sûre de ne plus avoir d'enfants, « d'autant que Diane, qui est la déesse qui préside aux accouchemens, est stérile[1] ». Elle doit être ni trop jeune, ni trop âgée, « bien composée de son corps, sans être sujette à aucune maladie ». Propre, toujours bien mise, elle doit avoir de petites mains et les ongles « rongnez de près ». Il faut qu'elle se montre toujours pleine de douceur, de courtoisie. Sa conduite doit être irréprochable. « Il n'est pas raisonnable de commettre entre les mains d'une femme yurongnesse (ivrogne) et téméraire celle qui est en travail de son premier enfant. » Il est aussi important que la sage-femme soit douée d'un sens aigu de la psychologie. « Elle doit se servir de belles paroles et trompeuses, comme faisoient autrefois les sage femmes, ce qui estoit à autre fin que pour amuser et tromper les pauvres femmes appréhensives[2]. »

Le portrait idéal de la sage-femme n'offre naturellement qu'une image déformée de la réalité. Les documents laissent au contraire entrevoir des sages femmes souvent plus soucieuses de fabriquer de faux pucelages ou de faire avorter. « Les sages femmes, écrit Cangiamila, commettent un grand crime quand elles donnent des conseils ou des moyens pour faire avorter, soit que le fœtus soit animé ou inanimé (doté d'une âme ou non). Le motif de sauver l'honneur ou la vie de celle qui est enceinte ne peut les excuser devant Dieu. » En fait, c'est seulement si elles procèdent à l'avortement d'un fœtus doté d'une âme, donc susceptible de recevoir le baptême, qu'elles encourrent la peine de mort[3].

Il y a pire! En 1660 fut pendue à Paris la sage-femme Constantine. Elle avait tué plusieurs enfants, fruits de grossesses illicites. Au milieu du XVIe siècle, une événement encore plus sordide se produisit à Florence. Une sage-femme, achetée par une famille, tua successivement sept enfants en cours d'accouchement afin de détourner un héritage entre les mains de ses corrupteurs[4]. Ce sont de tels crimes, épisodiques, certes, qui contribuèrent à jeter le discrédit sur la profession tout entière.

Certaines sages-femmes, au contraire, ne sont pas dépourvues de bonne volonté. Mais leur ignorance est si catastrophique qu'elles confèrent le baptême en dépit du bon sens, disant par exemple : Je te baptise *par le nom du père* ou *avec le nom du père*, ce qui, aux yeux de Cangiamila, est une faute énorme qui risque d'annuler les effets du sacrement[5].

Il n'est donc pas surprenant que la sage-femme apparaisse, dans les mentalités populaires, sous les traits d'une personne ambiguë et perverse. C'est dans les pays les plus arriérés que le préjugé est le plus fort. Au Portugal, le

1. *Jacques Guillemeau : L'Heureux Accouchement des femmes, Paris, 1609, p. 149.*

2. *Ibid., pp. 151-152.*

3. *Abrégé de l'embryologie sacrée, p. 286.*

4. *Jacques-Frédéric Schweighaeuser : Archives de l'art des accouchemens recueillis dans la littérature étrangère, Strasbourg, an X (1802), t. I, p. 56.*

5. *Abrégé de l'embryologie sacrée, p. 293.*

métier d'accoucheuse déshonore les femmes mais ne convient pas plus aux hommes. En fait, les femmes en couches y sont livrées à elles-mêmes [1]. A la limite, la sage-femme, qui est pourvue d'une sorte de délégation divine, a pourtant plus d'accointances avec le Diable.

Comme de nombreux préjugés populaires, le préjugé de la sage-femme sorcière, si répandu aux XVe et XVIe siècles, a de profondes racines théologiques. Le démonologue Jakob Sprenger en donne une justification apocalyptique. Satan a une prédilection pour le meurtre de nouveau-nés. Rien de plus naturel. « Il sait, en effet, qu'en raison du péché originel, de tels enfants sont exclus du royaume de Dieu. Cela retarde d'autant le jour du Jugement dernier où le Diable sera condamné à d'éternelles tortures. De cette façon le nombre des élus requis pour le Jugement dernier sera moins rapidement atteint. C'est pour cette raison que le Diable recommande expressément aux sorcières d'utiliser de la graisse de nouveau-né comme base de leurs onguents [2]. »

Dans son *Formicarius*, Johann Nider prétend que certaines sorcières sages-femmes « tuent, font rôtir et mangent leurs enfants. » Il l'a appris lors de l'instruction d'un procès au cours duquel le juge bernois Pierre Boltingen interroge les sorcières sur la façon dont elles ont sacrifié trente enfants :

« Par nos incantations, nous tuons dans leur berceau de préférence les enfants qui n'ont pas été baptisés. Chacun croit à une mort naturelle. Puis, nous les tirons de leur tombe, nous les cuisinons dans un chaudron jusqu'à ce que la chair se détache des os, de façon à faire une soupe facile à boire. Avec les éléments solides, nous fabriquons un onguent qui a le pouvoir de nous aider dans nos déplacements et nos plaisirs [3]. »

En raison du contact permanent qu'elles ont avec les nouveau-nés, les sages-femmes sont donc, par nature, des agents maléfiques commodes. Jakob Sprenger leur consacre un chapitre entier du *Malleus maleficarum* [4]. Il y raconte comment une sorcière du diocèse de Strasbourg « tua quatorze enfants en leur enfonçant une aiguille par le crâne dans tout le corps ». Plus loin, il cite le cas de cette sage-femme sorcière qui, après « avoir fait accoucher, laisse malencontreusement tomber du manteau dans lequel elle le cachait, un bras de nouveau-né. Présenté au juge, on constate qu'il appartenait à cette enfant dont elle avait fait l'accouchement ». A Saverne, une femme enceinte refuse l'assistance d'une sage-femme dont la réputation

1. *Schweighaeuser, t. I, p. 70.*

2. *Malleus maleficarum, édition de 1576, liv. II, Qn. I, chap.* XIII *p. 251.*

3. *Johann Nider : Formicarius, 1584 (d'après le ms de 1435), liv. V, chap. I.*

4. *Liv.* II, *Qn. I, chap.* XIII *: « Comment les sage femmes sorcières commettent les crimes les plus horribles en tuant les enfants ou en les offrant au Diable en prononçant des maléfices », p. 251 et suiv.*

est exécrable. Pour se venger, la sorcière pénètre de nuit chez cette femme qu'elle paralyse. Elle lui touche le ventre, la femme a l'impression qu'on lui enlève les entrailles pour les remplacer par autre chose. Au milieu de souffrances atroces, elle accouche d'épines, d'os et de morceaux de bois.

Lorsque la petite victime échappe à la mort, ce n'est que pour être vouée à Satan. Au cours d'un baptême sacrilège, la sage-femme ou la mère sorcière prend le nouveau-né et, « sous prétexte de le réchauffer, elle va dans la cuisine et, devant le feu, elle le consacre au prince des ténèbres ». Ainsi, le Diable dispose de suppôts qui, dès la naissance, lui sont d'un dévouement absolu.

La façon dont se déroule la consécration ne manque pas, dans certains cas, de pittoresque. Une femme, raconte Sprenger, ne veut accoucher qu'en la seule présence de sa fille. Intrigué, le mari se cache et assiste à l'accouchement. Il voit avec horreur l'enfant consacré au Diable. Sans que personne ne l'aide, le nouveau-né grimpe le long de la chaîne qui soutient une marmite au-dessus de l'âtre. Le père insiste pour que son fils soit alors baptisé. Il l'est, après des péripéties d'ailleurs burlesques. Son âme est sauvée. Le dénouement est plus funeste pour la mère et la fille qui, confiées à Sprenger, sont brûlées vives[1].

1. *Ibid.*, pp. 344-345.

Mais ce n'est pas pour leur réputation de sorcières, pour leur ignorance de la théologie ou pour avoir pratiqué des avortements que les sages-femmes doivent faire face, dès la fin du XVIIe siècle, à l'hostilité des accoucheurs. Le mouvement, en fait, a des racines plus profondes.

La querelle entre sages-femme et accoucheurs

C'est sur un ton passionné que s'engage la polémique qui oppose les sages-femmes à leurs nouveaux concurrents, les accoucheurs. Quelle femme, jusqu'à la fin du XVIIe siècle, aurait jamais osé confier l'accès de sa matrice à des mains d'homme ? Marie-Thérèse d'Autriche, épouse de Louis XIV, avait toujours fait appel, dans ses couches, à l'aide de sages-femmes. Le royal exemple inspirait les dames de la cour et, de proche en proche, gagnait les dames de la ville. Bousculant tous les tabous, un événement fortuit allait cependant lancer la mode des accoucheurs. En 1663, Mlle de la Vallière, maîtresse en titre du roi, soucieuse d'accoucher dans la plus grande discrétion, se serait adressée à un homme plutôt qu'à une femme. C'est donc entre les mains d'un chirurgien renommé, Jules Clément, que Louis de Bourbon serait venu au monde pour mourir, cinq ans plus tard, sans avoir été légitimé. Selon la légende, le roi, caché derrière un rideau, aurait assisté à l'accouchement de sa favorite dont le visage, pour plus de prudence, avait été voilé. Le secret fut si bien gardé que c'est au privilège d'avoir manié l'une des matrices réservées à Sa Majesté, que Jules Clément dut sa notoriété d'accoucheur [1].

Quant aux sages-femmes, leur mécontentement fut sans doute d'autant plus vif que la compétence des chirurgiens s'avéra vite supérieure à la leur dans les cas difficiles. Peu lettrées pour la plupart, elles n'en ont laissé aucune trace écrite. C'est donc un médecin, Philippe Hecquet, qui, le premier, s'attaque à ses confrères qui se mêlent d'accoucher. Dans un ouvrage intitulé *De l'indécence aux hommes d'accoucher les femmes* (1705) et réédité cinq fois en un demi-siècle, Hecquet se place sur un plan essentiellement moral et religieux.

En premier lieu, il invoque la pudeur des Hébreux qui, ayant « honte de proférer le mot « urine » », auraient sans nul doute abhorré la profession d'accoucheur (p. 2). Mais c'est surtout le danger que courent les femmes qui inquiète Hecquet.

« Le toucher, dit-il, est le plus dangereux de tous les sens et porte à la lubricité... A quels dangers ne s'exposent donc pas les Chrétiennes livrées aux mains d'un accoucheur? Car enfin, ce sont toujours de jeunes personnes d'autant plus susceptibles par conséquent de vivacité et de tendresse à la présence d'un homme étranger qui les touche [2]. » Les attouchements sacrilèges des chirurgiens sont comme de petites pierres qu'on jette dans un fleuve. « Elles n'y excitent d'abord qu'un foible trémoussement, mais qui, tout d'un coup, passe dans une agitation universelle par les ondes redoublées qui croissent, s'étendent et pullulent et portent le trouble jusqu'au bord du fleuve [3]. » D'autant que les accoucheurs « sont des hommes encore frais, entre les mains desquels on remet les jeunes femmes ». Le rang et la dignité des dames qu'ils aident dans leurs couches ne tiennent même pas leur imagination en respect [4]. C'est pourquoi, invoquant l'exemple de Marie héritière de Bourgogne qui préféra mourir des suites d'un accident plutôt que de se laisser examiner par un chirurgien, Hecquet recommande aux femmes de préférer la mort dans un accouchement laborieux à l'aide d'un accoucheur.

1. *Jean Astruc : L'Art d'accoucher réduit à ses principes, avec l'histoire sommaire de l'art d'accoucher..., Paris, 1766, p. 3.*

2. *Philippe Hecquet, pp. 35 et 36 dans l'édition de 1881.*

3. *Ibid., pp. 37-38.*

4. *Ibid., p. 39.*

Le pamphlet de cet étrange médecin provoqua une réplique assez sèche du docteur De la Motte, accoucheur à Valogne. Dans une *Réponse à l'auteur de l'indécence* (1718), celui-ci dénonce sans ménagement l'impéritie des sages-femmes. « Nous voyons journellement de la part des femmes qui épousent cette profession, écrit-il, de si cruels, de si tristes et de si funestes événements, qu'ils font frémir d'horreur tous ceux qui en ont connoissance... Ces ignorantes attendent souvent l'extrêmité pour demander le secours d'un chirurgien. » Quant au prétendu plaisir sensuel que celui-ci tire de l'accouchement, il n'existe que dans l'imagination du docteur Hecquet qui, de toute évidence, ignore, faute d'expérience, que ce moment difficile est source de peine et de souffrance.

De la Motte ne parvint pas à décourager les adversaires de la profession d'accoucheur. Peu après paraissait une dissertation *Sur la question de savoir lequel est préférable de l'usage des sage femmes et des chirurgiens dans l'accouchement.* L'auteur anonyme y démontrait la supériorité des sages-femmes en se fondant sur une parole de saint Paul.

Ce sont des considérations moins éthérées qui inspirent le docteur Roussel. Si la fonction d'accoucheur n'est pas faite pour les hommes, c'est que la confiance mutuelle que se vouent les personnes du même sexe les en exclut d'office. Les femmes sont d'ailleurs bien plus habiles. « On sait avec quelle adresse et quelle dextérité leurs mains petites, et souples se glissent, s'insinuent par-tout sans inconvénient, savent pénétrer jusqu'à la source du mal sans l'augmenter [1]. » Dans tout le comté de Foix, dit Roussel, les accouchemens sont confiés à des femmes du bas peuple « dont l'art se réduit à quelques pratiques routinières et traditionnelles. Dans ma petite ville, une seule femme est morte des suites de couches. Elle avoit été, contre l'usage, accouchée par un homme [2]. »

Dès le milieu du XVIIIe siècle, la polémique a traversé la Manche et gagné l'Angleterre où John Clarke publie une *Petition of the Unborn Babies* (1751). Ce venimeux pamphlet dépeint les accoucheurs sous les traits de dangereux criminels. Il est traduit, vingt ans plus tard, en français par Contant d'Orville sous le titre de *Requeste des enfans dans le sein de leur mère à Messieurs les censeurs du Collège royal des médecins de Londres* [3]. Cette vénérable institution est censée examiner le cas d'un accoucheur, le docteur Pocus, qui a fait périr dix enfants. Cet individu méprisable essaie de prouver que le fœtus n'est qu' « une verrue et

1. *Pierre Roussel : Système philosophique de la constitution de l'état organique de la femme, Paris, 1755, pp. 214-215.*

2. *Ibid., p. 220.*

3. *Nuits angloises..., t. III, p. 54 et suiv.*

comme une loupe », un « abcès » qui n'a droit ni à la protection de l'Église, ni à celle des lois. Le prix d'une vache gestante n'est-il pas fixé indépendamment des petits qu'elle porte dans son sein ? Mais les fœtus, cités à la barre du tribunal, se lancent dans un accablant réquisitoire contre les accoucheurs :

« Les accoucheurs nous accusent de vouloir tuer nos mères, et pour la punition due à ce crime, nous font tirer soudain hors de nos habitations avec des crochets, des pinces de fer et autres instruments cruels qui nous déchirent, nous brisent, nous meurtrissent misérablement, ou du moins nous serrent la tête d'une façon si cruelle.

« Et si nous venons à faire la même résistance soit de nous même, soit par la nature des isssues étroites de nos domiciles, on nous condamne à mort comme coupables de rébellion... On nous coupe la tête, on nous arrache la cervelle... Si nous passons un bras hors des portes soit pour notre propre défense, soit pour tâter notre chemin, lesdits Pocus, Maulus et leurs complices nous font sur le champs couper ce bras aussi haut qu'ils peuvent l'atteindre; ce qui nous fait expirer dans les horreurs des plus affreuses tortures. »

En dépit de la condamnation du docteur Pocus, l'irrésistible ascension des accoucheurs se poursuit. En 1772, le docteur La Peyre proclame l'urgente nécessité d'un recours aux chirurgiens dans les cas difficiles (*Enquieries Whither Woman With...*). Ses arguments se heurtent aussitôt à la réfutation d'un anonyme qui démontre que ce sont précisément les accoucheurs qui compliquent l'opération en blessant la pudeur des femmes, en les « faisant rougir », et en se servant d'instruments inutiles (*The Modern Practice of Midwifry*, Londres, 1773).

La querelle a aussi laissé des traces en Allemagne. En 1752, Roederer publie à Gottingen une *Disputatio de praestantia artis obstetricae*. Il y prend la défense des accoucheurs qui, par la dextérité innée de leurs mains, évitent l'usage des crochets meurtriers.

Chacun reste donc sur ses positions et le XVIIIe siècle s'achève sans qu'aucun des deux partis ne l'ait vraiment emporté sur le plan idéologique. Dans les faits, les accoucheurs s'imposent tandis qu'une foule de documents dénonce l'impéritie et la barbarie des sages-femmes.

La « barbarie » des sages-femmes[1]

La querelle qui oppose accoucheurs aux sages-femmes repose naturellement sur un faux problème. Seule l'incertitude des connaissances est à incriminer. Or, au XVIIIe siècle, cette incertitude se reflète essentiellement dans la pratique des sages-femmes qui assument l'essentiel de la profession. Ce sont elles qui sont donc, surtout dans les campagnes, la cible des attaques des textes éclairés.

Dans un *Catéchisme sur l'art des accouchemens pour les sage femmes de la campagne* (1775), Augier du Fot dénonce sans indulgence des sages-femmes ignardes qui, « conduites par une routine meurtrière, entrainées par des préjugés aussi funestes que nombreux, tâtonnent et marchent à l'aveugle ». Curés et seigneurs « gémissent journellement sur les erreurs et les fautes que commettent les sage femmes », et dont les effets sont non moins dévastateurs que les épidémies ou les guerres[1].

Certaines, motivées par l'appât du gain, font de l'accouchement une sordide exhibition qu'elles compliquent à souhait, au mépris criminel de la vie de la mère et de l'enfant.

« Ces sage femmes, dans l'espérance d'attirer chez elles un plus grand nombre de spectateurs, et par conséquent de paysans, faisoient annoncer par leurs émissaires qu'elles avoient une femme en travail dont l'enfant viendroit certainement contre nature. On accouroit, et pour ne pas tromper l'attente, elles retournoient l'enfant dans la matrice et le faisoient venir par les piés[2]. »

Paradoxalement, c'est une sage-femme, Marguerite Le Boursier du Coudray, qui dénonce avec le plus de véhémence l'inhumanité de certaines de ses collègues. Elles n'hésitent pas à abandonner une femme dans les dernières douleurs de l'enfantement « pour courir au secours de quelque autre plus en état de payer nos soins ». Il y en a « qui refusent tout secours à une fille qui a cessé de l'être et qui donne les marques de maternité; on l'abandonne, on la réduit au désespoir, on la détermine souvent, faute de confiance et de consolation, à donner la mort à un innocent... Mais le zèle, la charité et la prudence, qui animent les femmes qui se destinent à l' « art des accouchemens », doivent leur faire mépriser des préjugés si contraires à la religion et à l'humanité[3]. »

Lors de sa tournée d'inspection dans les provinces, Marguerite Le Boursier du Coudray découvre avec effroi

1. Cette analyse repose sur des documents émanant de médecins ou de sages-femmes « médicalisées ». On ne peut évidemment pas considérer leur témoignage comme totalement impartial.

1. Ibid., pp. 10 et 11 du discours préliminaire.

2. Encyclopédie, art. « Accouchemens », t. I, p. 85.

3. Abrégé de l'art des accouchemens, 1785, pp. 3-4.

l'existence de pratiques barbares dont le récit laisse pantois. Appelée au secours d'une paysanne qu'un long travail a épuisée, elle la trouve, assise sur une chaise, un billot entre les cuisses, tandis qu'une sage-femme débite consciencieusement à la hache « tout ce qui paroissoit au dehors d'un enfant vivant... On marchoit sur des morceaux de membres de cet enfant en entrant dans la chambre ». Tous les moyens sont bons pour accélérer la sortie du nouveau-né. Ici, les sages-femmes passent une corde autour de son cou, et tirent, séparant invariablement la tête du reste du corps. Ailleurs, comme c'est le cas en Poitou, elles font marcher la mère, à peine la tête de l'enfant sortie, provoquant une contraction du col de la matrice qui l'étrangle à coup sûr [1].

L'accoucheur Saucerotte parle de femmes « qu'on suspend au plancher (plafond), par le moyen d'une corde placée sous les aisselles et qu'on agite fortement pendant cet espèce de supplice, dans la fausse vue de hâter l'accouchement [2] ». L'enfant se présente-t-il par les pieds ? Les sages-femmes ne l'en tirent pas moins sans ménagement et la tête, heurtant l'os pubis avec violence, est arrachée et reste dans la matrice [3].

Le chirurgien Cosme Viardel raconte, non sans naïveté, comment il accepta de se faire le complice de la maladresse d'une sage-femme. « Elle me dit, comme en secret, qu'elle avoit laissé la tête de l'enfant dans la matrice, me priant très instamment de vouloir réparer sa faute pour empescher le blasme qu'elle pourroit encourir, ce que je luy promis, car ayant fait appeler le mari avant que de commencer mon opération, je luy fis connoistre, pour réparer la faute de la sage femme, que l'enfant estoit tout pourry et qu'on ne pouvoit le tirer sans séparer la teste [4]. »

Lorsque l'enfant, par bonheur, se présente par la tête, certaines sages-femmes, toujours pressées, trouvent plus commode d'introduire l'index dans sa bouche et de tirer pour en accélérer l'extraction [5]. Beaucoup font de grands efforts « pour s'ouvrir un passage en dépit de la nature », aussi bousculent-elles le fœtus qui, orienté d'abord dans le bon sens, « bascule et prend une position oblique [6] ». Celles qui n'ont pas la patience d' « attendre le tems de la nature..., déchirent l'œuf et arrachent l'enfant avant que la femme ait de vraies douleurs ». C'est l'origine des enfants aux membres luxés et cassés, qui gardent, pour la vie, des séquelles de cet accouchement désastreux [7]. Cangiamila dénonce le même empressement chez les sages-femmes qui

1. *Recueil de lettres adressées à Madame du Coudray, 1777, p. 3, et Introduction de l'Art des accouchemens de Mme du Coudray, 1785.*

2. *Examen de plusieurs préjugés et usages abusifs concernant les femmes enceintes, 1777, p. 24.*

3. *M. J. Ruleau : Traité de l'opération césarienne et des accouchemens difficiles et laborieux, 1704, p. 210.*

4. *Observations sur la pratique d'accouchemens naturels..., 1671, p. 221.*

5. *Augier du Fot, op. cit., p. 44.*

6. *Philippe Peu : Traité des accouchemens, 1644, p. 145.*

7. *Encyclopédie, art. : « Accouchemens », t. I, p. 85.*

arrachent prématurément les membranes, provoquant l'écoulement des eaux. C'est « une imprudence assez ordinaire à celles qui, trop infatuées d'une sorte de célébrité qu'elles ont acquise, cherchent à se donner la gloire de procurer un prompt accouchement [1] ».

Lorsqu'elles ne sont pas pressées, les sages-femmes commettent d'irréparables erreurs de jugement. L'une d'elles, selon De la Motte, prend la main d'un enfant pour son pied; elle tire, l'arrache et s'esquive avant l'arrivée du chirurgien[2]. Une autre confond la matrice et l'arrière-faix et l'arrache pareillement[3].

Bien peu savent enfin discerner, dans les situations délicates, l'enfant mort de l'enfant vivant. Il s'ensuit de tragiques méprises. « Lorsque l'enfant vient au monde trop foible et sans aucun mouvement, remarque Marguerite du Coudray, ces femmes se hâtent de l'envelopper dans un chiffon, l'exposent par terre dans l'un des coins de la chambre les plus reculés, pour éviter à la mère ce triste spectacle. L'on ne peut douter qu'il s'en enterre et tout vivans, et toujours malheureusement encore sans baptême, témoins les quatre qui eussent été sacrifiés, et à qui j'eus le bonheur de rendre la vie, et de les faire baptiser à l'Église. Je trouvai un de ces enfans à qui un chien avoit déjà mangé un doigt de pied, sans que personne s'en fût apperçu [4] ». Pareillement, elles se servent de crochets pour extraire de la matrice un enfant qu'elles croient mort et qui, en définitive, survit, mais horriblement mutilé[5]. Et certaines poussent même l'audace jusqu'à en faire retomber la faute sur le chirurgien qu'elles ont appelé à leur secours[6].

Mais la barbarie des sages-femmes n'est pas la seule cause de mortalité infantile. D'autres pratiques, moins barbares en apparence, n'en sont pas moins tout aussi meurtrières.

1. *Abrégé de l'embryologie sacrée, p. 287.*

2. *Traité complet des accouchemens naturels, non naturels et contre nature, Paris, 1765, t. I, p. 454.*

3. *Ibid., t. II, p. 1256.*

4. *Abrégé de l'art des accouchemens, 1785, p. 6.*

5. *Jean Ruleau : Traité de l'opération césarienne et des accouchemens difficiles et laborieux, 1704, p. 156.*

6. *Ibid., p. 203.*

Superstitions et remèdes de bonne femme

A l'inhumanité avouée des sages-femmes s'ajoute donc, pour le malheur des nouveau-nés, le cortège des superstitions et des usages bizarres accumulés au cours des âges. Ici, il est difficile d'en faire retomber la responsabilité exclusive sur les sages-femmes, et certains accoucheurs, parmi les plus célèbres, donnent leur caution à des pratiques pour le moins douteuses.

Au nombre de ces pratiques, l'administration hâtive du

baptême dans les cas difficiles n'est pas la moins néfaste. Souvent, elle tourne à l'obsession, et les effets psychologiques n'en peuvent être que désastreux sur la mère. Dans ses *Instructions familières et utiles aux sage femmes*, Mme de la Marche recommande d'ondoyer souvent, en cours d'accouchement, la tête de l'enfant encore dans la matrice, avec de l'eau bénite. En même temps, il faut prononcer la phrase rituelle : « Si tu as vie, je te baptise au nom du Père, du Fils et du Saint-Esprit. » C'est faire preuve d'une grande prudence, mais l'enfant n'en est sans doute que plus impatient de voir, enfin, à quoi ressemble la lumière du jour [1]. De la Motte parle même de chirurgiens qui, armés de seringues, aspergent d'eau bénite le fœtus encore dans la matrice. Cette intervention est à son avis parfaitement inutile car l'eau ne peut atteindre l'enfant encore enveloppé à l'intérieur des membranes; en outre, elle fait perdre un temps souvent précieux [2]. Cangiamila recommande aussi l'utilisation d'un « syphon chirurgical » pour le même usage [3].

D'autres surprises attendent le malheureux sur terre. On lui administre, en guise de premier aliment, « de l'huile d'amande douce avec du sucre et de petites boulettes de beurre [4] ». S'il est trop faible, on le fortifie en lui faisant boire du vin [5]. L'accoucheur Gabet signale la façon singulière dont est administré ce vin. « Plusieurs sage femmes remplissent leur bouche de vin, qu'elles jettent dans celle de l'enfant aussitôt qu'il est sorti de la vulve [6]. »

Ce n'est pas tout, l'épreuve la plus cruelle pour les nouveau-nés est sans doute l'opération de la « réformation de la tête ». Il s'agit de pétrir la tête de l'enfant « pour la lui faire ronde ou longue » selon les canons de la beauté ou les goûts de la sage-femme [7]. Gabet dénonce cette coutume « barbare », ce qui en atteste l'existence au début du XIXe siècle [8]. La grande *Encyclopédie* en souligne les conséquences déplorables. « Ces femmes rendent les corps mous des enfans tout difformes, elles gâtent la figure de la tête en la maniant trop rudement. De là tant de sots dont la tête est mal faite, oblongue ou angulaire, ou de toute autre forme que la naturelle [9]. »

Décidément, les choses sont bien compliquées en ce bas monde!

Et ce n'est rien en comparaison du sort de l'enfant dont l'expulsion s'annonce trop lente. C'est en soumettant le vagin à d'étranges fumigations d'herbes odoriférantes que sages-femmes et accoucheurs espèrent, jusqu'à la fin du

1. *Instruction familière, 1677, p. 26 de l'édition de 1710.*

2. *Traité des accouchemens, 1765, t. I, p. 243.*

3. *Abrégé de l'embryologie sacrée, 1775, p. 287.*

4. *De la Marche : Instruction..., p. 98.*

5. *Ibid., p. 66.*

6. *Avis aux femmes enceintes et éducation physique des enfans, Paris, 1802, p. 20.*

7. *De la Marche : Ibid., p. 87.*

8. *Gabet, op. cit., p. 20.*

9. *Art. : « Accoucheuse », t. I, p. 85.*

ABRÉGÉ
DE
L'EMBRYOLOGIE SACRÉE,
OU
TRAITÉ DES DEVOIRS des Prêtres, des Médecins, des Chirurgiens & des Sages-Femmes envers les Enfans qui sont dans le sein de leurs meres.

Par M. l'Abbé DINOUART,

Chanoine de l'Eglise Collégiale de Saint Benoît, & de l'Académie des Arcades de Rome.

NOUVELLE EDITION.

Considérablement augmentée, approuvée par l'Académie Royale de Chirurgie, & avec des Figures en taille-douce.

A PARIS,
Chez BAILLY, Libraire, Quai des Augustins, à l'Occasion.

M. DCC. LXXV.
Avec Approbation, & Privilége du Roi.

Fig. 55

« L'embryologie sacrée »
de l'inquisiteur dominicain Cangiamila est une preuve éclatante de l'intrusion de la religion dans le domaine de l'obstétrique

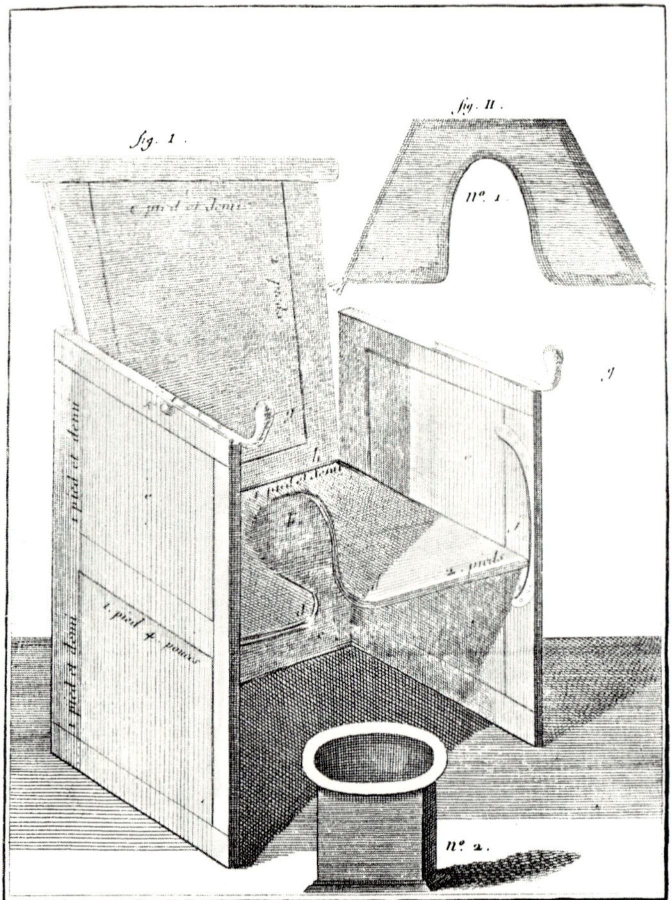

Fig. 56

Chaise obstétricale
« Abrégé de l'embryologie sacrée » de Cangiamila, Paris, 1775

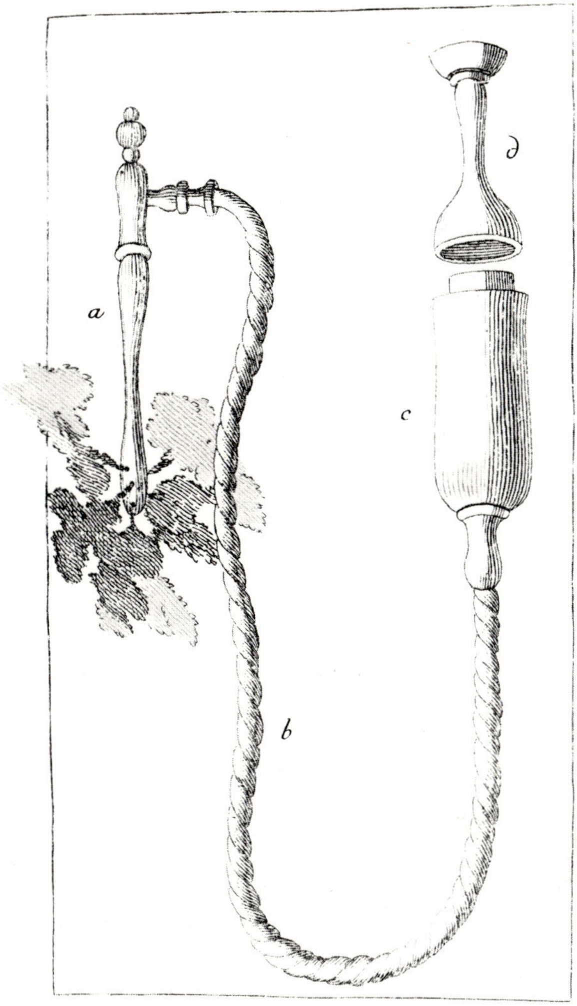

Fig. 57

Instrument destiné à insuffler du tabac dans les poumons du nouveau-né qui s'asphyxie. L'opération pouvait provoquer un choc salutaire ou accélérer la mort de l'enfant. *Cangiamila, « Abrégé de l'embryologie sacrée », Paris 1775*

XVIIe siècle, accélérer l'accouchement... ou l'asphyxie du nouveau-né. On dispose, sous le col de la matrice, un fourneau à charbon où brûlent de l'ambre gris, du musc, du soufre, de la guimauve ou du « perfum fait de fiente de pigeon ou d'épervier »[1]. Il faut éviter que l'odeur n'en vienne aux narines de la femme, « car on ne doit présenter aux narines tout ce qui sent mal, comme est les cheveux d'un homme bruslez, les plumes de perdrix ou de bécasse ou de pan » (p. 51). On peut encore tremper une étoffe de laine dans une infusion d'aromates et « mettre icelle laine dedans les génitoires. Car cela attirera l'enfant vif ou mort » (p. 45).

1. *Euchaire Rodion : Des divers travaux et enfantemens des femmes..., 1536, édition de 1586, p. 44 et suiv.*

Dans son *Embryologie sacrée* (1775), qui a reçu la caution de Pierre Sue et l'approbation de la Faculté de médecine, Cangiamila fait un étalage non moins étonnant des procédés à la disposition des sages-femmes et des accoucheurs pour sauver les nouveau-nés débiles ou en état de syncope[2] :

2. *Op. cit., pp. 287 et suiv.*

— « On suce la fontanelle à différentes reprises » : l'efficacité de ce procédé est fondée « sur le rapport que les nerfs du mamelon ont avec le plexus cordiaque et le pulmonaire ».
— « On chatouille la plante des pieds avec un pinceau. »
— « On baigne l'enfant dans une décoction aromatique, tels que le laurier, le romarin cuits dans le vin. » L'aspersion d'eau froide est parfois recommandée.
— « On peut exposer l'enfant à la fumée du placenta et du cordon ombilical, qu'on brûlera à côté de lui. »
— « On peut souffler de la fumée de tabac dans les intestins, ou avec l'instrument que Monsieur Louis a fait graver dans ses *Observations sur les noyés.* »
— « Les sage femmes, en Sicile, mettent le bec d'une poule vivante dans le rectum de l'enfant. Il ne faut pas se rebuter; on a vu des enfans ne reprendre le sentiment qu'après trois ou quatre heures d'une semblable opération.

« Le 21 décembre 1761, Matthieu Fontaine, épouse de Cacy, après deux jours d'un accouchement très pénible, mit au monde un enfant que tous les assistans jugèrent mort. La sage-femme l'ayant baptisé sous condition, inséra dans l'anus le bec d'une poule vivante, suça son front et jetta dans l'eau bouillante les deux membranes ou l'arrière-faix; une demie heure après, l'enfant se rétablit peu-à-peu, fut porté à l'Église, et vécut encore quinze jours[3]. »

3. *Ibid., p. 359.*

Pour la mère, tout n'est pas simple non plus, même entre les mains des médecins les plus évolués. La malheureuse, dont la grossesse a déjà été ponctuée de saignées (traditionnellement trois), doit en affronter de nouvelles au moment de l'accouchement, « à cause de la grande plénitude des vaisseaux et afin de prévenir la fièvre et la perte de sang qui pourroit arriver par les efforts que fait la femme [1] ».

Le préjugé de la saignée des femmes enceintes est l'une des erreurs les plus profondément ancrées. Au début du XIXe siècle, le chirurgien Saucerotte ne peut que déplorer l'attachement des femmes à une telle pratique. Lui-même, pourtant, la recommande chez les femmes qui ont « la fibre raide et solide et qui, étant sanguines, ressentent des engourdissements et éprouvent des lassitudes sans les avoir occasionnées », chez celles, également, qui ont « des pesanteurs de tête ou des étourdissements, un goût de sang à la bouche... [2] ». Il faut aussi saigner les femmes au moment de l'accouchement « lorsque l'orifice de la matrice manque de flexibilité pour se prêter à l'extension et à la dilatation nécessaires; qu'il est dur, gros, épais, fort chaud, gorgé de sang ». Dans ce cas, une saignée détend les tissus et rend le travail plus facile [3].

Au début du XIXe siècle, Gabet, tout en émettant un certain nombre de restrictions sur l'usage de la saignée, est du même avis. Il en reconnaît les bienfaits chez les femmes qui ont « des maux de tête violens, le visage enflammé, les yeux rouges, le pouls plein et élevé, les vaisseaux extrêmement distendus [4] ».

Tous les chirurgiens sont par contre d'accord sur les bienfaits des lavements au moment de l'accouchement. Quelques-uns prétendent bien qu'ils relâchent les ligaments de la matrice et les attaches du fœtus, qu'il causent des vents et la colique... Mais, selon Saucerotte, ces inconvénients sont « absurdes », car une seringue « bien pleine et artistement garnie » est absolument inoffensive. Il est vrai que s'il y a déjà beaucoup de vents enfermés dans les intestins, « le lavement les déplace et les pousse devant lui, ce qui peut causer pour un moment la colique : mais elle se dissipe promptement, et la femme est soulagée après avoir rendu le lavement, avec lequel les vents s'évacuent [5] ». En outre, en cas d'accouchement laborieux, les « lavemens irritans » accélèrent le travail [6].

En dépit de leur caractère anodin, certains usages superstitieux n'en agressent pas moins la mère déjà soumise à de

1. Mme de la Marche : *Instructions familières...*, p. 66.

2. *Examen de plusieurs préjugés et usages abusifs concernant les femmes enceintes*, 1777, pp. 6-8.

3. *Ibid.*, pp. 18-19.

4. *Avis aux femmes enceintes...*, 1802, p. 12.

5. Sancerotte : *Examen de plusieurs préjugés...*, pp. 11-12.

6. *Ibid.*, p. 19.

rudes épreuves physiques. Dès 1644, le « maître chirurgien » Philippe Peu dénonce les sages-femmes qui font brûler une bougie dans la chambre de la femme enceinte et prétendent que l'heureuse délivrance est liée à son extinction. Les effets psychologiques produits sur la mère sont désastreux. « Ces bougies n'opéroient d'autres merveilles, observe Peu, que de causer de la peine d'esprit à de pauvres femmes dans l'impatience qu'elles fussent brûlées, ou dans le déplaisir de les voir consumées sans en avoir reçu du soulagement. » Le préjugé selon lequel l'enfant vient au monde au moment où s'épanouit une rose qui trempe dans l'eau a les mêmes effets. « Les bonnes femmes tiennent que depuis que la Vierge a étendu les langes sur les buissons où l'on cueille ces roses, elles en ont retenu je ne sais quelle vertu pour l'accouchement...

« On vous vantera, poursuit Philippe Peu, la pierre d'aigle attachée tantôt à une partie tantôt à l'autre, à la cuisse, au bras, sur le ventre, avec une propriété spécifique pour faire descendre ou remonter la matrice à discrétion. » C'est la « pierre d'aigle » que les sages-femmes appellent encore « pierre des Amazones » parce que ces dernières s'en servaient « pour le même usage »[1].

1. Philippe Peu: La Pratique des accouchemens, 1644, pp. 139-142.

Les sages-femmes de la fin du XVIIIe siècle restent attachées à de vieux préjugés. Elles se défient, notamment, du linge propre. Il est sensé provoquer « des évacuations sanguines considérables après l'accouchement ». C'est pourquoi elles revêtent les accouchées d'une chemise sale et les font coucher dans des draps que personne n'a jamais lavés, ce qui, comme le remarque Saucerotte, provoque des fièvres et des éruptions cutanées. Enfin, on fait dormir les mères dans une pièce sans aération, afin de les « échauffer ». Dans le même dessein, on leur fait boire des « boissons incendiaires », vins, liqueurs... Et Saucerotte, qui s'élève pourtant contre de telles absurdités, est le premier à en prêcher d'autres[2].

2. Saucerotte : Examen de plusieurs préjugés..., pp. 33-34.

C'est ainsi qu'il interdit tout sommeil aux femmes qui viennent d'accoucher. Dans cet état, dit-il, les muscles se relâchent, ce qui empêche la matrice de se contracter pour « resserrer les orifices béans de ses vaisseaux ». Cela peut être mortel et « plusieurs femmes en ont succombé[3] ».

3. Ibid., p. 29.

Au-delà des pratiques superstitieuses et de l'ignorance qui encombrent l'obstétrique, certains accouchements, encore plus extraordinaires, s'apparentent davantage au mythe.

CHAPITRE XII

L'ACCOUCHEMENT BAROQUE

Grossesses perpétuelles, grossesses de dix-huit mois

Le terme ordinaire de la grossesse est le plus communément fixé à neuf mois. Contre toute attente, quelques fœtus, transgressant les règles de la nature, seraient restés dix, douze et même dix-huit mois dans le ventre de leur mère. D'autres, encore plus audacieux, y auraient élu un domicile définitif.

Les comptes rendus de grossesses perpétuelles remplissent les ouvrages de médecine et personne n'en a jamais nié l'existence. Elles ont généralement pour origine une grossesse extra-utérine. L'œuf, accidentellement tombé dans la cavité du bas-ventre, se développe, dans une certaine mesure, et finit par se pétrifier. On le retrouve, lors de l'ouverture du cadavre de la mère, vingt-cinq ans après sa formation dans le cas du fœtus de Berlin (1774), cinquante ans, dans celui du fœtus de Mannheim[1] (1716).

Parfois, l'embryon réussit à survivre et, en dépit des conditions difficiles, il mène, véritable fossile vivant, une existence diminuée, presque végétale. En 1678 meurt Marguerite Mathieu. Depuis vingt-six ans, elle portait dans son ventre un enfant vivant et, pendant vingt ans, elle l'avait senti bouger. Lors de la dissection, on trouva un fœtus dans le ventre où il avait pu transiter, à la faveur d'un abcès. Il pesait huit livres, son crâne était fracassé; ses dents, de la grandeur de celles d'un adulte, étaient en assez bon état, et son visage était recouvert d'une matière calleuse de plusieurs centimètres[2].

Le cas de Marie de Bresse est encore plus typique. Son

1. *Sigaud de la Fond : Dictionnaire des merveilles de la nature, Paris, 1781, t. I, p. 372.*

2. *Ibid., pp. 374-375.*

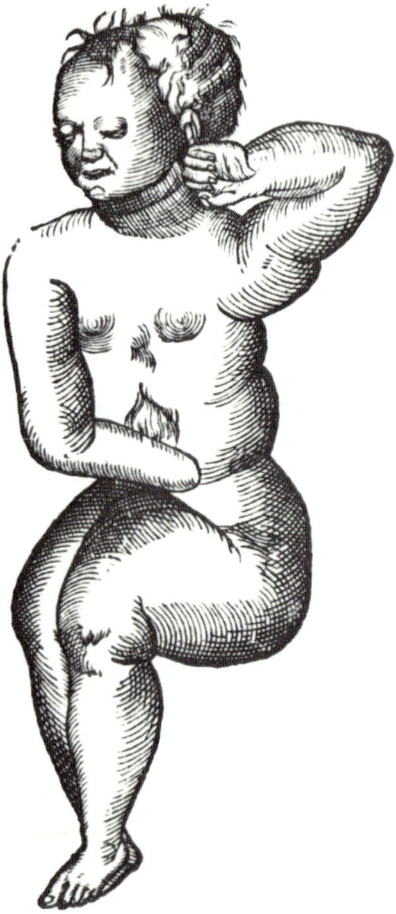

Fig. 58

Cadavre pétrifié d'un enfant resté 28 ans dans le ventre de sa mère
Ambroise Paré, XXVe livre « Des monstres », Paris 1585

Pourtraict d'vn Prodige & enfant petrefié, lequel a esté trouvé au cadaver d'vne femme en la ville de Sens, le seiziesme de May, mil cinq cens octante deux, elle estant aagee de soixante huit ans, & l'ayant porté en son ventre par l'espace de vingt huit ans. Ledit enfant estoit quasi tout ramassé en vn globe, mais il est icy peint de son long, pour mieux faire voir l'entiere figure de ses membres, hors mis vne main qui estoit defectueuse.

enfant a vécu trente ans dans ses entrailles, « immobile, sans avoir besoin d'autre nourriture que les humeurs que son propre corps repompoit à l'aide des vaisseaux inhalans, répandus sur toute la surface de la peau, correspondans aux pores dont elle est criblée[1]... Un simple rafraîchissement journalier suffisoit pour son entretien : aussi, son corps est demeuré sain et entier jusqu'à l'époque de la mort de sa mère, qui, peut-être, a été suivie et accompagnée de la sienne » (p. 56). La nature, d'ailleurs, offre d'autres exemples du même genre. C'est dans le même état de sommeil et d'immobilité que « le serpent, le crapaud et la fourmi ailée subsistent dans leurs retraites » (p. 65).

Il faut signaler, malgré tout, le caractère tout à fait accidentel des grossesses perpétuelles. Le fœtus, dans l'immense majorité des cas, est présent au rendez-vous du neuvième mois. On a beaucoup discuté sur les raisons qui pouvaient mettre un terme si précis à la période de gestation. Pour expliquer le phénomène, on a tenté de se mettre à la place du fœtus, ou plutôt, on lui a prêté des sentiments qui sont les nôtres.

Au bout de neuf mois, l'enfant commence à avoir faim, il se met en quête d'une nourriture plus substantielle. C'est pour cette même raison que les oiseaux cassent la coquille qui les retient prisonniers.

Les eaux de l'amnios, dans lesquelles baigne le fœtus, se chargent d'urine et d'excréments, rendant le séjour du malheureux singulièrement désagréable. Fuyant ce cloaque, il se tourne vers l'extérieur. Par ce mouvement, il irrite les muscles du bas-ventre de la mère qui, en se contractant, l'expulsent vers la sortie. L'orifice interne de la matrice s'ouvre, et le petit être peut enfin respirer un air plus pur.

Pour certains, le ventre maternel devient trop chaud. L'enfant va donc chercher un peu de fraîcheur au-dehors.

Venette estime que le fœtus finit par se trouver dans une position inconfortable. Il a tout simplement des crampes. Alors, l'enfant fait tout ce qu'il peut pour se délivrer. « Étonné de ses propres efforts et de ceux de sa mère », il persévère et parvient, enfin, au grand jour.

Les plus malins imaginent que le fœtus est expulsé de la matrice « par les mêmes raisons qui font tomber les fruits mûrs » et se contentent de cette explication.

Quelques-uns, enfin, attribuent l'accouchement à un rétrécissement de l'utérus qui, perdant de son diamètre, devient un « sphéroïde plus allongé »[2].

1. Housset : Historiques sur quelques écarts ou jeux de la nature..., Neuchâtel, 1785, p. 57.

2. Venette : Tableau de l'amour conjugal, pp. 334-336. — Mme Corron (pseudonyme de Pierre Abraham?) : Dissertation en forme de lettre sur la cause qui détermine à neuf mois l'accouchement 1757. — Encyclopédie, art. : « Accouchemens », t. I, pp. 84-85. — Pierre Roussel : Système philosophique de la constitution de l'état organique de la femme, 1755.

Au terme de tant de conjectures, les savants ne purent se mettre d'accord entre eux et l'on en vint même à se demander si la grossesse ne pouvait pas se prolonger au-delà des neuf mois fatidiques.

En 1764, une affaire célèbre agita sur ce thème juristes et médecins, provoquant une polémique qui a laissé une profusion inouïe de documents. Les uns affirmaient qu'une grossesse de douze mois est possible et doit être considérée comme légitime. Un enfant posthume naissant dix, douze ou même dix-huit mois après la mort de son « père », n'est pas forcément le fruit d'une liaison extra-conjugale. Les autres, au contraire, y voyaient la preuve irréfutable d'un adultère. La querelle prit très vite un ton passionné :

« On a vu la lice du combat, écrit Pierre Sue, devenir non un champ où chacun se disputât la victoire, mais une arène de gladiateurs où c'étoit à qui égorgeroit le mieux sa partie adverse. On a vu les injures les plus atroces, les sarcasmes les plus méchans prendre la place des autorités et de la raison : deux médecins surtout, Messieurs Petit et Bouvart, se sont traités dans leurs écrits d'une façon si outrageante, qu'il est réellement inconcevable que des écrits si licencieux aient pu couler de la plume de gens de Lettres[1]. »

Le premier, le chirurgien Louis ouvre le feu dans un *Mémoire contre la légitimité des grossesses tardives.* A son avis, les grossesses de plus de neuf mois ne sont que le fruit d'une liaison adultérine et de la fourberie des femmes. L'enfant qui en naît est toujours un bâtard. Quelques mois plus tard, Michel Philippe Bouvart emboîte le pas et publie une *Consultation contre la légitimité des grossesses tardives.* Les arguments de Louis et de Bouvart font l'objet d'une réfutation en règle dans la brochure percutante du docteur Petit et du juriste Lebas intitulée : *Question importante: peut-on déterminer un terme préfix pour l'accouchement ?* Aux yeux de Pierre Sue qui passe, au XVIIIe siècle, pour un oracle en la matière, ce mémoire contient des « arguments qui sont presque sans reproche[2] ».

La polémique s'aigrit avec la *Lettre* (anonyme) *d'un naturaliste de Quiberon qui croit à la vertu des femmes.* Ce pamphlet, simple badinage railleur et insultant, est en fait dirigé contre Louis qui affecte de l'ignorer et se cantonne dans un silence boudeur. Puis, les mémoires se succèdent. On déploie un arsenal juridique et scientifique impressionnant. Chaque brochure est contresignée par une dizaine, et parfois par plusieurs dizaines de médecins. Bientôt,

1. *Pierre Sue : Essais historiques, littéraires et critiques sur l'art des accouchemens, 1779, t. II, p. 127.*

2. *Ibid., t. II, p. 132.*

le Tout-Paris de la médecine et des lois se trouve concerné par une affaire au terme de laquelle aucune sentence ne fut rendue, ni en faveur des uns, ni en faveur des autres.

La grossesse de Renée

Au cœur de la tourmente, une femme : Renée. En 1759, âgée de trente ans, elle épouse Charles qui en a soixante-douze. Pendant quatre ans, ils n'ont pas d'enfants. Dans la nuit du 7 au 8 octobre 1763, Charles tombe malade. Jusqu'à sa mort, la fièvre et l'oppression ne lui laissent aucun répit. L'oppression est si forte qu'il ne peut respirer qu'assis. Des gardes-malades se relaient jour et nuit à son chevet. De peur d'être suffoqué, il leur ordonne ne le laisser s'endormir sous aucun prétexte. Il est incapable de se mettre à genoux et fait ses besoins dans un vase. Le 23 octobre, un pied et une partie de la jambe sont gagnés par la gangrène : on lui en fait l'ablation sans même qu'il s'en rende compte. Renée ne couche pas dans sa chambre. D'ailleurs, la puanteur y est si insupportable que le médecin, le chirurgien, l'apothicaire et le garde-malade ne peuvent y séjourner que la fenêtre ouverte. Charles meurt le 17 novembre. Sans héritier direct, il avait rédigé un héritage en faveur de collatéraux.

Trois mois après la mort de son époux, Renée laisse entendre qu'elle est enceinte. Elle refuse de dire à quelle date remonte sa grossesse et se dérobe à tout examen médical. Les héritiers, affolés, nomment d'office un chirurgien et un médecin pour surveiller l'évolution de son état. Le 3 octobre 1764, douze mois et quatre jours après le début de la maladie de Charles, onze mois après sa mort, Renée accouche d'un enfant mâle bien conformé [1].

Les défenseurs de Renée, Petit et Le Bas [2], citent plusieurs arrêts qui émanent notamment des Facultés de Giessen, d'Ingolstadt et de Leipzig, et qui légitiment des enfants posthumes de douze mois. En France même, la nommée Péquigna n'a-t-elle pas accouché dix-huit mois après les premiers signes de grossesse? Ils évoquent l'autorité d'Hippocrate, de Pline, de Cardan, d'Amatus Lusitanus. Le célèbre accoucheur Moriceau dit bien que les enfants qui passent le terme des neuf mois sont plus robustes et plus gros. Schenkius parle aussi de la femme du comte Vandalo qui, après une grossesse de deux ans, mit au monde un nouveau-né sachant déjà marcher et parler.

1. Pierre Le Ridant : Code matrimonial, Paris, 1766, 1 vol., 340 pages, p. 230 et suiv.

2. Le Bas : Question importante : peut-on déterminer un terme préfix pour l'accouchement?, 1764. — Le Bas : Nouvelles Observations sur les naissances tardives, 1765. — Le Bas : Lettre à Monsieur Bouvart..., 1765. — Petit : Recueil de pièces relatives à la question des naissances tardives, 2 vol., 1766, et Réplique à l'ouvrage de M. Bouvart par M. Le Bas, 1770.

Et puis, on invoque les analogies dont la nature est si féconde. Les éléphants portent d'ordinaire deux ans durant. On a vu une chienne grosse de trois portées mettre bas successivement au bout de soixante, soixante-quinze et quatre-vingt-dix jours de plénitude. Une chèvre, selon les calculs d'un pâtre, attendait ses petits pour le début du Carême, elle porta cependant jusqu'à la fin de la Quarantaine. Des œufs couvés par une même poule ne cassent jamais leur coque simultanément. Des graines semées dans les mêmes conditions, à la même période et sur un même terrain ne germent pas toutes en même temps. Les fruits d'un même arbre ne sont pas portés à maturité au même moment. Pareillement, le germe d'un homme vigoureux ne se développera-t-il pas plus promptement que celui d'un homme débile? L'accouchement peut être aussi retardé chez une femme chétive, « à la complexion lente, au sang appauvri par un fond de chagrin qui mine insensiblement, par des maladies, par l'accident imprévu de la mort subite d'un mari qui étoit tendrement aimé ». Surtout, les défenseurs des accouchements tardifs invoquent un argument qui, en fait, n'est pas dépourvu de logique : les naissances avant terme sont universellement reconnues, pourquoi les naissances après terme ne le seraient-elles pas?

Les adversaires des grossesses tardives [1] invoquent, eux aussi, l'autorité des grands classiques. Selon Bartholin, Fontanus, Verheyen et Harvey, ces grossesses ne sont pas impossibles, mais elles sont si insolites, qu'elles « ne doivent pas être comprises dans les règles de l'art et qu'elles sont au-dessus du savoir humain ». Le docteur Venette est encore plus rigoureux. « Les enfans naissent toujours, dit-il, dans les dix premiers jours du neuvième mois, et le plus souvent à la même heure du jour qu'ils ont été conçus. » Hippocrate parle effectivement de grossesses de dix mois, mais il s'agit de mois lunaires de vingt-huit jours qui correspondent à neuf mois et neuf jours solaires.

L'analogie tirée du règne végétal est sans valeur. Le temps de germination est uniforme, bien que certaines graines commencent à germer plus tôt que d'autres.

Une grossesse peut parfois sembler tardive à la suite d'une erreur de calcul, car la suppression de règles peut intervenir deux ou trois mois avant la conception. Mais c'est la malice des femmes qu'il faut le plus souvent incriminer. Ces sortes de grossesses arrivent le plus souvent à des veuves, et très rarement aux femmes qui vivent en

1. *Louis : Mémoire contre la légitimité des naissances tardives, 1764. — Bouvart : Consultation contre la légitimité des naissances prétendues tardives, 1764. — Louis : Consultation sur la légitimité des naissances prétendues tardives, 1765. Bouvart : Consultation sur une naissance tardive, 1765. — Bouvart : Lettre pour servir de réponse à un écrit qui porte pour titre « Lettre à Monsieur Bouvart », par A. Petit, 1769.*

parfaite union avec leur mari. Ces veuves sont de surcroît sans lignée. Seul un enfant posthume et providentiel permet de capter un héritage.

Lorsque, en 1766, Renée meurt, l'affaire n'est pas encore tranchée. Sa grossesse restera une source d'inspiration pour les juristes jusqu'en 1770.

Accouchements posthumes

Les accouchements de femmes mortes, suspendues au gibet de potence ou déjà enterrées s'inscrivent d'une façon sinistre dans le cadre de la procréation baroque.

En 1551, un inquisiteur espagnol ordonne la pendaison de deux époux. La femme est enceinte. Quatre heures après l'exécution, deux enfants s'échappent vivants de sa matrice et s'écrasent au pied du gibet[1].

Des accouchements posthumes racontés par Gaspard a Reies se dégage une intensité dramatique encore plus saisissante. Une Madrilène de l'illustre famille de Lasso meurt après trois jours d'agonie. On l'enterre, quoique enceinte et près du terme de la délivrance. Quelques mois plus tard, on procède à l'ouverture du cercueil. L'assistance reste pétrifiée devant le spectacle qui s'offre à ses yeux : la défunte tenait dans son bras droit le cadavre d'un nouveau-né.

Pareilles mésaventures avaient quelquefois des issues moins tragiques. La femme d'un nommé Arevellos de Suesso meurt sur la fin de sa grossesse. Son mari, absent lors du décès, arrive quelques heures après l'inhumation. Il veut revoir sa femme une dernière fois, va à l'église et ordonne qu'on l'exhume. A peine le cercueil est-il ouvert que se font entendre les cris d'un nouveau-né. Le mari soulève le suaire et aperçoit son fils à moitié dégagé de la matrice et faisant des efforts désespérés pour s'en extirper complètement. Tiré indemne de sa sinistre prison, le petit miraculé reçut le nom de « Fils de la terre » et vécut jusqu'à soixante-dix-huit ans[2].

Lors de la veillée funèbre de la femme d'un brasseur de Copenhague, le ventre de la défunte se met brusquement à enfler sous le suaire. La famille écarte les genoux du cadavre et découvre un nouveau-né sur le point d'expirer, terrassé par cet ultime effort[3].

A la suite du décès d'une jeune Sicilienne enceinte de cinq mois, on décide de pratiquer la césarienne. On ouvre,

1. *Pierre Sue : Essais historiques, littéraires et critiques sur l'art des accouchemens..., Paris, 1779, t. I, p. 238.*

2. *Gaspard a Reies : Elysius corpus jucundarum quaestorum, Bruxelles, 1661, Qn 79, n° 12, pp. 237-238.*

3. *Thomas Bartholin : Historiarum anatomicum et medicarum rariorum, V t. en 3 vol., 1654-1661, t. III, p. 304.*

on ne trouve rien, on cherche partout, mais en vain. Au moment de retirer le corps de la défunte, on aperçoit un enfant dissimulé sous les couvertures et mort étouffé. « Il était sorti de lui-même », écrit Cangiamila. Le phénomène n'est pas unique. Au moment du décès de la mère, les fœtus évacuent tout seuls le navire qui fait naufrage ou sont expulsés sous l'effet des convulsions douloureuses qui secouent la mère[1].

Certaines naissances interviennent dans des conditions encore plus spectaculaires. En 1743, on tire deux enfants de la matrice d'une femme morte foudroyée[2]. Près de Soissons, une autre femme est assaillie par un loup qui lui dévore les cuisses, les bras et le visage. Du tronc, on retire un fœtus de quatre à cinq mois qui reçoit le baptême[3]. Une habitante de Saxe est retrouvée assassinée dans un champ, la tête séparée du corps. Près d'elle, on trouve deux enfants sortis d'eux-mêmes du cadavre[4].

Merveilleux et macabre se confondent parfois sous la plume du père Cangiamila. « Utraque reine des Navarrois, ayant reçu un coup de lance dans un combat contre les Maures, et qui lui perça le ventre, tomba morte, et fut abandonnée par ses soldats dans un bois. Quelques heures après, Guevara, prince de sa famille, passant par ce bois, s'apperçut que l'enfant, dont cette reine étoit enceinte, passoit une main par l'ouverture de la plaie au ventre de la mère. Ce prince élargit aussitôt l'ouverture avec son épée, et en tira l'enfant, qui fut ce Garsias qui monta sur le trône, et qui se rendit célèbre par ses victoires[5]. »

1. Cangiamila : Abrégé de l'embryologie sacrée, traduit en français par le père Dinouart sous le titre, Abrégé de l'embryologie sacrée, ou traité des devoirs des médecins, des prêtres, des chirurgiens et des sage femmes envers les enfans qui sont dans le sein de leurs mères, 1775, pp. 64-65.
2. Ibid., p. 63.
3. Gazette de France du 11 mars 1765.
4. Cangiamila, op. cit., p. 86.
5. Ibid., p. 137.

Le baptême à tout prix

Ces raisons décidèrent le pape Benoît XIV à exiger, en vertu d'un bref de 1768, l'ouverture de toutes les femmes mortes enceintes. Mais bien avant, les décisions des synodes de Constance, en 1528, et de Cambrai, en 1550, allaient dans le même sens.

En 1745, l'*Abrégé de l'embryologie sacrée* est formel sur ce point. Ne pas tenter une césarienne sur une femme morte enceinte constitue un péché mortel. L'abbé Cangiamila donne même des instructions précises sur l'opération :

Au chevet de la mourante, le prêtre « ne cessera de l'entretenir dans les sentimens de religion, pour la disposer au terrible passage de la vie à l'éternité. Le chirurgien, qui aura été averti, se tiendra avec les parens dans la chambre voisine. On préparera une caraffe pleine d'eau pour le baptême; elle doit être tiède pour ne pas offenser l'enfant : on se munira aussi d'eau de la reine de Hongrie, ou d'esprit de vin, ou de vin chaud, d'un peu de laine ou de lin, et d'une bougie de cire. Il faut tenir le feu allumé; car il faut avoir soin d'entretenir la chaleur dans la femme morte, en lui appliquant sur le ventre des serviettes chaudes, jusqu'au moment où paroîtra le chirurgien, si par hasard il n'étoit pas encore arrivé. Il faut aussi, selon quelques-uns, avoir un tube de roseau, sans nœud aux deux bouts, pour l'usage dont on parlera ci-après[1].»

Avant l'intervention, il convient de s'assurer de la mort de la femme pour éviter la mésaventure de ce chirurgien étourdi qui, après avoir incisé l'abdomen d'une malheureuse, s'aperçut, « par le grincement de ses dents et la contorsion de sa bouche, qu'elle vivoit encore » (p. 67).

La pratique de la césarienne *post mortem* est d'une telle importance que « tout homme qui a des yeux, des mains, et les instrumens nécessaires, ou même un rasoir, peut, en l'absence d'un expert ou à son refus, dans une nécessité extrême, faire l'opération » (p. 132). Tout prêtre doit même recevoir une formation chirurgicale appropriée. En outre, il doit toujours porter sur lui les instruments nécessaires, soit pour son propre usage, soit pour les prêter à la sage-femme.

« S'il se trouve obligé d'opérer, qu'en s'armant du signe de la croix il fasse la section avec confiance; il en recevra de Dieu une double récompense, et pour avoir retiré l'enfant et pour l'avoir baptisé. Il en sera le père spirituel, parcequ'il l'aura régénéré en Jésus-Christ; il en sera en quelque sorte la mère, parcequ'il l'aura mis au jour par un accouchement procuré par l'art. Si l'enfant meurt quelque temps après, ce qui est assez ordinaire, il aura dans le ciel un protecteur puissant qui ne l'oubliera point auprès de Dieu. Quelle consolation, qu'elle source d'espérance, quand on se rappelle d'avoir auprès du trône de Dieu des adorateurs éternels de sa Majesté » (p. 138).

Mais il ne faut se faire aucune illusion, l'opération n'est requise que pour donner à l'enfant une étincelle de vie imperceptible, mais capable de justifier le baptême. A travers la césarienne, c'est de nouveau l'éternel impératif théologique qui se trouve posé avec éclat : il s'agit d'augmenter à tout prix le nombre des élus en vue du Jugement dernier.

1. Il s'agit, en introduisant ces roseaux dans la bouche et dans le col de la matrice, d'éviter l'asphyxie de l'enfant.

L'exécution rigoureuse de l'ordonnance divine donne au baptême des aspects souvent dérisoires. En 1736, une femme de la paroisse de l'abbé Cangiamila meurt enceinte. Le chirurgien et la sage-femme tiennent la mort de l'enfant pour certaine. Cangiamila ordonne malgré tout l'ouverture du cadavre. On en retire une fillette vivante. « Je la baptisai, écrit l'abbé, et elle survécut l'espace d'un quart d'heure. J'en célébrai avec une sorte d'éclat les obsèques. Il ne faut point remettre le fœtus qui viendroit à mourir dans le sein de sa mère pour l'ensevelir avec elle, mais il faut le porter publiquement à l'Église et en célébrer avec éclat les obsèques » (p. 125).

Avec le baptême d'embryons informes, un nouveau seuil est franchi dans l'absurde. C'est à l'*Abrégé d'embryologie sacrée* qu'un fœtus de quelques semaines doit le baptême. La femme d'un ouvrier typographe qui travaillait à l'impression de cet ouvrage, avorte accidentellement. Sans prendre garde, elle jette le fœtus comme un vulgaire « grumeau de sang ». Son mari, mieux informé, lui ordonne de rechercher le malheureux. Récupéré au milieu d'un amoncellement d'immondices, on en fait un examen scrupuleux. C'est un enfant mâle et animé. On le baptise. Il est sauvé. Il peut mourir en paix, quarante minutes plus tard.

Aussi Cangiamila se plaint-il de ce que trop d'avortons soient jetés dans les latrines publiques par des sages-femmes ou des mères ignorantes (p. 23).

Voilà qui justifie l'acharnement de cet inquisiteur, inlassablement dévoué à la cause des fœtus dont l'âme est en danger d'être à jamais perdue. Ici, c'en est un de quarante jours, véritable caillot de sang, qui, tiré des entrailles d'une jeune fille de quatorze ans, est porté à l'église et baptisé. Ailleurs, il n'est que de vingt et un jours. Et pourtant, « on distinguoit parfaitement la tête et les yeux, et le corps se terminoit en figure conique... Les médecins et les assistans jugèrent, par le mouvement qu'il avoit, qu'il étoit animé et vivant ». On le baptisa et il mourut chrétiennement (pp. 85 et 91).

Accouchements extraordinaires

En dépit de leur caractère exceptionnel, les accouchements par la bouche ou par le rectum n'en ont pas moins fait l'objet de descriptions précises. Ce n'est pas le docteur Verdier Heurtin, ce subtil analyste des grossesses masculines, que l'accouchement d'une femme imperforée risque d'émouvoir.

L'infortunée naquit effectivement dépourvue d'ouverture vaginale et son mari dut se contenter du boyau que la nature destine à d'autres fins. C'est ainsi que, contre toute attente, elle fut engrossée. On comprend le désarroi de la sage-femme qui, au moment de l'accouchement, cherche en vain un orifice qui n'existe pas. En désespoir de cause, elle fait appel au chirurgien Plesmann. Dès son arrivée, celui-ci constate une dilatation anormale de l'anus qui laisse bientôt entrevoir la petite tête d'un nouveau-né, suivie du corps entier et bien conformé. Malgré l'absence de vagin, explique Verdier Heurtin, la matrice existait et communiquait avec le rectum ainsi élevé, pour la circonstance, au rang d'organe de la génération [1].

En dépit de ce caprice de la nature, tout se passa donc fort bien. On ne saurait en dire autant de l'accouchement, ou plutôt de l'avortement buccal signalé par Alphonse Leroy. En 1662, une jeune paysanne épouse un homme de son village. Elle conçoit la nuit même de ses noces. Mais les symptômes de grossesse prennent des allures de jour en jour plus fâcheuses. Bientôt, elle rejette du sang menstruel par la bouche. Deux mois plus tard, au milieu de douleurs violentes et de vomissements, elle expulse « un petit fœtus de deux mois, environné d'un placenta ce qui ressembloit à un œuf de poule ». Après un répit de deux ans, le même phénomène se produisit encore deux fois. Le troisième avortement buccal fut le plus dramatique. La malheureuse rejeta par la bouche non pas un fœtus, mais un placenta, un arrière-faix, des os entiers, des morceaux de chair et une tête. Elle mourut, trois ans plus tard, d'une pleurésie.

Alphonse Leroy explique le phénomène en supposant l'existence d'un canal faisant communiquer la matrice avec l'estomac. Plusieurs naturalistes, affirme-t-il, ont observé de pareils accouchements [2]. Effectivement, au début du XVIIIe siècle, le *Dictionnaire de médecine* signale, entre autres, le cas d'une « jeune femme qui accoucha par la bouche d'un enfant mort : les femmes qui l'assistoient mirent l'enfant dans une boëte et l'enterrèrent [3] ». Pour le docteur Burnet, « ce fœtus s'est introduit immédiatement de la matrice au ventricule, lorsqu'elle est gonflée et estendue dans la grossesse. Ce n'est pas plus surprenant, écrit-il, que les histoires des fœtus qui sont sortis par le nombril, par les hypochondres et par les flancs [4] ».

1. *Verdier Heurtin : Dissertation sur le fœtus trouvé à Verneuil dans le corps d'un enfant mâle, Paris, 1804, p. 22.*

2. *Essai sur l'histoire naturelle de la grossesse et de l'accouchement, 1787, pp. 23-25.*

3. *Dictionnaire de médecine, 1715, art. : « Accouchement », t. I, p. 159.*

4. *Trésors de la pratique de la médecine, p. 53.*

Mais personne ne pourra jamais dire comment un fœtus a pu se loger dans une tumeur au cou. C'est le Hollandais Grotius qui parle « d'une femme au cou de laquelle, du côté gauche, survint une tumeur semblable à une loupe. Le volume de cette tumeur devint tel, que la femme périt par l'effet des accidents qui l'accompagnèrent; la tumeur ouverte laissa voir un fœtus humain, de la longueur d'un doigt; on y distinguoit un crâne, des mains et des pieds. Ce fœtus avoit tiré sa nourriture de la mamelle gauche de la mère[1] ».

Et par quel prodige cette Anglaise de vingt-cinq ans, habitant dans le Staffordshire, accoucha-t-elle d'un os, et d'un os vraiment singulier? « C'étoit, selon la *Bibliothèque de médecine*, un os long et protubérant, recouvert d'une peau épaisse, charnue, garnie de cheveux courts. Sur le sommet de cet os étoient rangées en cercles huit dents molaires, un peu au-dessus de l'os, on voyait une grosse touffe de cheveux d'un brun très luisant[2]... »

C'est dans des conditions tragiques qu'une malheureuse accoucha d'une flamme. Le 15 décembre 1597, le chirurgien Le Duc est appelé auprès de la femme d'un postillon du prince de Guémené. La mère, âgée de vingt-deux ans, avait eu, au début de sa grossesse, un accès de « goutte sereine » dont elle était restée aveugle. L'enfant se présentait à terme, mais sans vie et la poitrine pleine d'une « lymphe puante » qui s'épancha par une incision au scalpel. Le Duc pratiqua l'extraction au crochet. Le corps, déjà décomposé par la gangrène, se disloqua sans peine. « Mais, dit le chirurgien, immédiatement après le dégagement de ce corps et avant que le fond de l'utérus eu été débarassé de l'arrière faix, une flamme de couleur violette et d'odeur de soufre dont la chaleur se fit sentir aux mains des personnes qui tenoient la malade, s'échappa avec impétuosité par la vulve. Et cette exhalaison enflammée qui s'étendoit du dedans de la matrice à plusieurs pas, remplit, en s'éteignant incontinent, toute la chambre de fumée[3]. »

1. *Grotius, cité par Verdier Heurtin : Dissertation sur le fœtus trouvé à Verneuil..., 1804, p. 43.*

2. *Bibliothèque de médecine, t. I, pp. 371-372.*

3. *Pierre Sue : Essais historiques...*

Accouchements cocasses

Les centaines de récits de femmes qui accouchent d'animaux les plus divers laissent encore plus perplexe. Depuis l'Antiquité, les partisans de la « génération fortuite » ou « insolite » ne doutent pourtant pas de la réalité du phénomène. « D'où viennent les loirs, écrit Hanneman en 1715, les petits poissons, les grenouilles, les serpens, les crapauds, et même les animaux aîlés qui s'engendrent dans la matrice ? J'ai connu une femme qui, avec un fœtus, accoucha d'un monstre mort qui avoit la tête d'un lion. D'où est venue dans la matrice la semence de ces espèces d'animaux [1] ? »

La crédulité de Bartholin, s'exprime avec la même complaisance dans la *Bibliothèque de médecine de France*. Une comtesse est enceinte. Pendant toute la durée de sa grossesse, affirme-t-il, elle sent dans son ventre quelque chose qui grignote. Elle accouche d'une fille à moitié rongée. Lorsque la sage-femme veut extraire le placenta, elle est mordue à la main. Enfin, elle retire un oiseau vivant, « mais il étoit tout nud et sans plume, il courroit ça et là, et fut étouffé avec un oreiller [2] ».

L'émoi provoqué par l'accouchement de grenouilles ou de lapins par quelque farceuse de grande envergure permet de mesurer l'étendue de la crédulité du public en matière de procréation. Dans une lettre adressée à l'accoucheur Dufot et insérée dans le *Journal de Médecine* de janvier 1774 [3], le chirurgien d'Ollignon fait le récit de l'accouchement extravagant qui mit sans dessus dessous le petit village d'Erlon, dans la région de Soissons :

Catherine Berna, dite Cambronne, est amoureuse, sans en être aimée, d'un certain Nicolas Simon. Par dépit, elle répand d'abord le bruit de sa grossesse et elle l'en rend responsable devant le juge du lieu. « Maître » Simon, convaincu de séduction, est déclaré « suborneur », quoiqu'il s'en défende farouchement et refuse d'épouser Catherine. Aussitôt, celle-ci décide de lui régler son compte d'une façon tout à fait expéditive. Elle affirme que Nicolas est un sorcier. Ne lui a-t-il pas déclaré qu'au terme de sa grossesse, elle accoucherait de « quatre démons sous la figure de grenouilles » ? Sans perdre un instant, « compères et commères » déclarent complaisamment avoir entendu « des grenouilles croasser dans le ventre de Catherine ».

Sur le point d'accoucher, la jeune femme pousse des hurlements terribles. Le village tout entier accourt. Le maire, le syndic du lieu, la sage-femme, des chirurgiens sont là. Tout le monde y croit. « J'étois, précise le narrateur, le seul mécréant. » La possédée, après « mille contorsions, grimaces, gambades et virevoltes requises en fait de diableries, a dit ces mots d'une façon effroyable : « Je suis « ensorcelée, et ensorcelée par Nicolas Simon, je vais

1. Planque : Bibliothèque de médecine de France, t. VII, art. : « Mole », pp. 292-293.

2. Ibid., p. 293.

3. T. I, p. 36 et suiv.

« accoucher des démons qu'il m'a mis au corps, ils auront, « comme il l'a dit, la figure de grenouilles. »

Le maire décide que Catherine accoucherait toute nue, en présence de témoins. Affolée, la sage-femme ne cesse de se signer. Elle tire quatre grenouilles du vagin de Catherine et les asperge d'eau bénite. Les témoins se sauvent, puis reviennent pas à pas, avançant, reculant. « J'ai examiné ces grenouilles, écrit d'Ollignon, elles sont grenouilles comme celles que nous mangeons. Aucune goutte de sang n'a coulé pendant l'accouchement, l'ouverture du vagin est dans l'état de virginité... Je suis seul ici qui lutte contre l'imbécillité de ces gens, aveugles et trompés par une coquine amoureuse d'un beau garçon qui ne l'aime pas... ».

Et Nicolas Simon, devenu Simon le Magicien, ne dut son salut qu'à la fuite!

Un demi-siècle plus tôt, en 1726, une affaire à peu près semblable avait pris, en Angleterre, une ampleur nationale. A l'origine, un certain Saint André, investi, depuis trois ans, d'une charge de « chirurgien et anatomiste du roi » et partisan convaincu de la « génération fortuite ». Il est chargé par George Ier d'enquêter sur le cas de Mary Tofts, épouse d'un ouvrier drapier de Godlymann, qui prétend accoucher régulièrement de lapins.

S'appuyant sur ce qu'il a vu et sur le rapport d'un certain Howard, « qui exerce l'obstétrique depuis trente ans », Saint André publie de l'affaire un compte rendu d'une naïveté délirante[1]. Lorsqu'il arrive à Godlymann, Mary Tofts est grosse d'un quinzième lapin. Il le constate au simple toucher de ses trompes de Fallope! Ce lapin vient d'ailleurs au monde dépecé et en trois morceaux.

« Le cœur et les poumons étaient entiers, dit Saint-André, j'en coupai un morceau que je mis dans l'eau : il flotta... Dans le rectum, nous trouvâmes cinq ou six crottes, semblables comme couleur et comme consistance aux crottes de lapins... »

Saint André a d'ailleurs la prétention de donner du phénomène une explication logique. Mary Tofts travaillait aux champs lorsqu'elle vit un lapin sauter auprès d'elle. Elle était, pensait-elle, enceinte de quatre semaines, et cette vision lui donna envie de manger du lapin. Quelques instants plus tard, elle rêva de lapins. Depuis, elle en a constamment l'eau à la bouche et elle ne cesse d'en concevoir.

Aussitôt, un autre « chirurgien du roi », Alhers, qui, de passage à Godlymann, avait flairé l'imposture, dénonce

1. *A Short Narrative of an Extraordinary Delivery of Rabbits Perform'd by J. Howard, published by Mr. Saint André, Londres, 1726. Jean Avalon : « L'Aventure de Mary Tofts qui accoucha de 17 lapins », dans Æsculape, 1935, p. 274 et suiv.*

Fig. 59

L'accouchement de Mary Toft, par Hogarth (1726)

Pendant des mois, Mary Toft met au monde des membres de lapins. L'imposture fut découverte et l'affabulatrice prise en flagrant délit alors qu'elle introduisait des morceaux de lapereaux dans sa matrice. Saint André, un chirurgien de renom, s'est laissé abusé et compromettre par Mary Toft.

la crédulité de Saint André dans un pamphlet accablant[1]. L'examen d'un seizième lapin, affirme-t-il, révèle que l'animal a été sectionné, au niveau de la troisième vertèbre, à l'aide d'un instrument tranchant. La supercherie dévoilée provoque un tollé général. Les libelles se succèdent et tandis que Saint André se défend comme il peut, le gouvernement royal ordonne l'ouverture d'une enquête. Mary Tofts est transférée sous escorte à Londres et cloîtrée dans un établissement de bain. Au bout de vingt-quatre heures, elle est prise en flagrant délit de fraude au moment où elle essaie de se faire apporter clandestinement un lapin.

Saint André dut reconnaître son erreur avant de s'esquiver furtivement, Mary Tofts paya son imposture de quelques semaines de prison et tout se termina par un immense éclat de rire. Voltaire fit de l'affaire un récit coloré mais un peu fantaisiste[2]. Le lucre, selon lui, était le seul mobile de Mary Tofts dont la mésaventure, en tout cas, marquait les limites de la crédu lité.

1. *Some observations concerning the woman of Goldlymann in Surrey, made at Guildford on sunday nov. 20, 1726, tending to prove her extraordinary deliveries to be a cheat and imposture, Cyriacus Ahlers, Londres, 1726.*

2. *Singularités de la nature, 1768, pp. 69-71.*

CONCLUSION

« J'ai vu un Noir, j'ai eu un choc, est-ce que mon enfant va l'être? »

Ce n'est pas une femme du XVIIIe siècle mais du XXe qui, d'une voix chargée d'angoisse s'adresse, à Mme Roesh, sage-femme à la maternité de Saint-Denis. « Si vous saviez ce que j'entends aux visites prénatales, déclare cette dernière, si vous saviez ce qui trotte dans les têtes [1] .»

Non, la procréation baroque n'est pas morte!

Marie-Hélène Miche a recensé les idées fausses qui circulent sur la grossesse et l'accouchement [2]. D'emblée, elles nous ramènent quatre siècles en arrière :

— Les enfants naissent-ils plutôt la nuit que le jour?

— Croiser les jambes enroule le cordon ombilical autour du cou du bébé!

— Les envies non satisfaites causent des malformations!

— Une frayeur, un choc donne un enfant difforme!

— Tricoter une layette jaune porte malheur!

— Pour avoir un enfant musicien, il faut écouter de la musique pendant la grossesse!

— Il faut porter un collier pour avoir une fille!

— Si l'enfant remue bas, c'est une fille!

— Si une femme a un masque de grossesse, c'est une fille!

— Si l'enfant remue bas, c'est un garçon!

— Si une femme a un enfant dans les neuf jours qui précèdent un changement de lune, le prochain sera de l'autre sexe!...

L'art de procréer suscite encore une certaine curiosité. Çà et là, quelques femmes s'aspergent la matrice de vinaigre pour avoir des filles. D'autres se livrent à de

1. *Marie-Hélène Miehe : La Grossesse et l'Accouchement, Évreux, 1971, coll. « Diagnostics », pp. 53.*

2. *Ibid., p. 55 et suiv.*

savants calculs pour déterminer le moment propice à la procréation des sexes à volonté en fonction de la date des règles. Quelques-unes mangent salé pour avoir des garçons[1]... Et Rémy Chauvin, dans son livre sur les surdoués, lance une idée légèrement teintée de « mégalanthropogénésie » : « Une autre expérience plus audacieuse aurait pu être tentée... N'aurait-il pas été possible de demander aux jeunes gens (surdoués), s'ils ne consentiraient pas à épouser un membre du groupe des doués, plutôt que de choisir plus ou moins au hasard[2]? »

Quant à la vision baroque de la génération, elle est en fait l'expression d'un sentiment profondément humain. On enregistre, chez les enfants de douze ans qu'on initie aux sciences de la reproduction, des réactions analogues à celles de Michel Procope Couteau. Tous s'indignent de ce qu'un seul spermatozoïde survive lors de la copulation. D'ailleurs, un homme du XVIIIe siècle brutalement confronté à l'étonnante réalité ne refuserait-il pas de l'admettre? Ne la trouverait-il pas singulièrement « baroque » à son goût? Il faut bien reconnaître que l'image d'un spermatozoïde personnalisé et niché dans l'œuf est incontestablement plus suggestive et parlante que celle de la méiose, et il est bien plus naturel d'imaginer un embryon préformé dans l'œuf que des chromosomes porteurs de caractères héréditaires.

Jusqu'au XIXe siècle, la génération s'inscrit dans une certaine logique de la nature et procède d'une interprétation rationnelle des observations scientifiques. Elle n'est que depuis peu devenue, pour le grand public, un phénomène abstrait.

1. Ces expériences fantaisistes constituent en fait une vulgarisation caricaturale de recherches effectuées en laboratoire. Pratiquée sur des cobayes, la procréation des sexes à volonté donne des résultats positifs mais limités. Son application à l'espèce humaine en milieu naturel n'est donc pas pour demain.

2. Rémy Chauvin : Les Surdoués, Paris, 1975, Stock, p. 95.

SOURCES

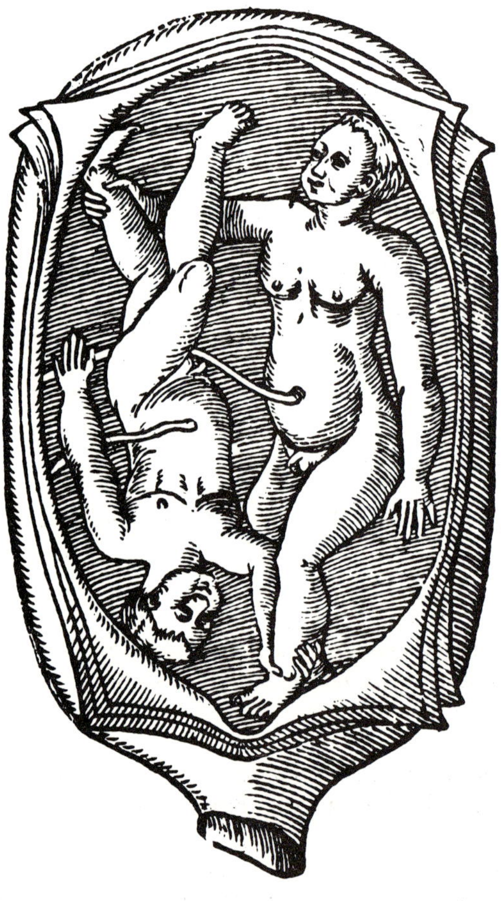

SOURCES

Les médecins, les hommes de science

AHLERS (Cyriacus) : *Some observations concerning the woman of Goldlymann in Surrey, made at Guildford on sunday nov. 20, 1726, tending to prove her extraordinary deliveries to be a cheat and imposture*, Londres, 1726.

ALDROVANDI (Ulysse) : *Monstrorum historiae*, 2 part. en 1 vol. *in-fol.*, Bologne, 1642.

ANDRY DE BOISREGARD (Nicolas) (docteur en médecine de la Faculté de Paris). *De la génération des vers dans le corps de l'homme*, Paris, 1700, 468 p.

ANDRY DE BOISREGARD (Nicolas) : *L'Orthopédie, ou l'art de prévenir et de corriger dans les enfans les difformités du corps*, Paris, 1741, 2 vol.

ARISTOTE : *De la génération des animaux*, trad. du grec par Barthélemy Saint-Hilaire, 2 vol., Paris, 1887.

ASTRUC (Jean) (médecin accoucheur) : « Mémoire sur le méchanisme et cause de l'accouchement, lu à l'Académie royale des Sciences », dans le *Recueil de pièces relatives à la question des naissances tardives, par A. Petit*, Paris, 1765.

ASTRUC (Jean) : *L'Art d'accoucher réduit à ses principes, avec l'histoire sommaire de l'art d'accoucher, et une lettre sur la conduite qu'Adam et Ève durent tenir à la naissance de leurs premiers enfans*, Paris, 1766.

AUGIER DU FOT (Anne Amable) : *Cathéchisme sur l'art des accouchemens pour les sage femmes de la campagne, fait par l'ordre et aux dépens du gouvernement, par M. Augier du Fot, docteur en médecine, Professeur en l'art des accouchemens...* A Soissons et à Paris, 1775, 90 p.

BABLOT (Benjamin) : *Dissertation sur le pouvoir de l'imagination des femmes enceintes, dans laquelle on passe successivement en revue tous les grands hommes qui, depuis plus de deux mille ans, ont admis l'influence de cette faculté sur le fœtus, et dans laquelle on répond aux objections de ceux qui combattent cette opinion,* Paris, 1788, 235 p.

BAILLY (Pierre) (docteur en médecine) : *Questions naturelles et curieuses contenans diverses opinions problématiques, recueillies de la médecine par P. Bailly,* Paris, 1628, 733 p.

BARTHOLIN (Thomas) : *Historiarum anatomicum et medicarum rariorum,* 5 t. en 3 vol., Copenhague, 1661.

BELLET (Isaac) : *Lettres sur le pouvoir de l'imagination des femmes enceintes,* Paris, 1745, 226 p.

BLONDEL (Jacques-Auguste) : *Dissertation physique sur la force de l'imagination des femmes enceintes sur le fœtus, par J. Blondel, docteur en médecine et membre du collège des médecins de Londres,* trad. de l'anglais par A. Lebrun, Leyde, 1737, 175 p.

BOERHAAVE (Hermann) : *Aphorismi de cognoscendi et curandis hominum morbis,* Lyon, 1709, 371 p.

BOERHAAVE (Hermann) : *Les Institutions de la médecine,* trad. du latin par La Mettrie, Paris, 1740, 476 p.

BORY DE SAINT-VINCENT : *Dictionnaire d'histoire naturelle,* Paris, 1830, art. « Sperme ».

BONNET (Charles) : *Œuvres d'histoire naturelle et de philosophie,* t. V : *Considérations sur les corps organisés,* Neuchâtel, 1774, 468 p., t. VII : *Palingénésie philosophique,* Neuchâtel, 1783.

BOUVART (Michel Philippe) : *Consultation contre la légitimité des naissances prétendues tardives,* s.l., 1764, 41 p.

BOUVART (Michel Philippe) : *Consultation sur une naissance tardive pour servir de réponse à deux écrits de Monsieur Le Bas*, Paris, 1765, 134 p.

BOUVART (Michel Philippe) : *Lettre pour servir de réponse à un écrit qui porte le titre: Lettre à M. Bouvart, par A. Petit*, 1769.

BRUNET (Claude) : *Traité raisonné sur la structure des organes des deux sexes destinés à la génération*, Paris, 1696, 133 p.

BUCHAN (William) : *Le Conservateur de la santé des mères et des enfans, par W. Buchan, docteur en médecine*, trad. de l'anglais par Thomas Duverne de Praîle, Paris, 1804, 387 p. (1re éd. 1803).

BUFFON (Georges-Louis de) : *Histoire naturelle générale et particulière*, 1749-1767, Paris, 15 vol. t. III et IV.

BURDACH (Carl Friedrich) : *Traité de physiologie*, trad. de l'allemand par A. J. L. Jourdan, Paris, 1831-1841, 9 vol., t. I et II.

BURNET (Thomas) : *Trésors de la pratique de la médecine, ou Dictionnaire médical contenant l'histoire de toutes les maladies et leurs remèdes*, Lyon, 1691, 3 vol. (1re éd. latine, 1685).

BURY (Jacques) (« chirurgien natif de Châteaudun ») : *Le Propagatif de l'homme et secours des femmes en travail d'enfant, utile et nécessaire à toutes personnes*, Paris, 1623, 120 p. et fig.

CASTRO (Rodriguez) : *De universa mulierum medicina*, Hambourg, 1603, 2 part. en 1 fol.

CORRON ou PAPON DE MONCETS (Mme) (sans doute pseudonyme de Pierre ABRAHAM) : *Dissertation en forme de lettre sur la cause qui détermine à neuf mois l'accouchement, par Madame Corron, sage-femme*, Paris, 1757, 40 p.

DALEMPATIUS (pseud. de Plantade, secrétaire de la Faculté de médecine de Montpellier) : « Extrait d'une lettre de Monsieur Dalempatius à l'auteur de ces Nouvelles, contenant une découverte curieuse faite par le moyen du microscope », *La Nouvelle République des Lettres*, mai 1699, p. 552 et suiv.

DARWIN (Charles Robert) : *De la variation des animaux et des plantes sous l'action de la domestication*, trad. de l'anglais par J. F. Moulinié, Paris, 1868, 2 vol.

DEBAY (A.) : *Histoire des métamorphoses humaines et des monstruosités, stérilité, impuissance, procréation des sexes, calligénésie*, Paris, 1845, 439 p.

DE GRAAF (Reinier) : *Nouveau Traité des parties génitales de la femme*, Lyon, 1672, 334 p.

DEMANGEON (J. B.) : *Considérations physiologiques sur le pouvoir de l'imagination maternelle durant la grossesse*, Paris, 1807, 2 vol.

DEMANGEON (J.-B.) : *Anthropogénésie ou génération de l'homme*, 1829.

DESCARTES (René) : *Traité de l'Homme et la formation du fœtus*, Paris, 1677, 511 p.

DIGBY (Kenelm) : *Discours fait en une célèbre assemblée, par le chevalier Digby, touchant la guérison des playes par la poudre de sympathie*, Paris, 1658, 197 p.

DIONIS (Pierre) : *Dissertation sur la génération de l'homme, où l'on rapporte les diverses opinions des Anciens et des Modernes sur ce sujet, avec des réflexions nouvelles et plusieurs faits singuliers*, Paris, 1698, 92 p. et planches.

DUBUISSON : *Tableau de l'amour conjugal, édition remise à la hauteur des connaissances d'aujourd'hui*. Tome IV : *Additions au « Tableau de l'amour conjugal » de Nicolas Venette*, Paris, 1812, 4 vol. en 2.

DU LAURENS (André) : *Toutes les œuvres de Monsieur André Du Laurens, Sieur de Ferrière... recueillies et traduites en François par Maître Théophile Gelée*, Rouen, 1639, 2 part. en 1 vol. *in-fol.* (1re éd., Rouen, 1621).

DUVAL (Jacques) : *Traité des hermaphrodits, parties génitales, accouchemens des femmes... par Jacques Duval, docteur et professeur en médecine, natif d'Évreux, demeurant*, Paris, 1880, 423 p. (d'après l'édition originale de Rouen, 1612).

ÉLOY (N. F. J.) : *Dictionnaire historique de la médecine ancienne et moderne*, 1778, 4 vol. en 2.

FABRICIUS (Wilhelm Fabri, dit de Hilden) : *Observationnum et curationum chirurgicarum centuriae*, Oppenheim, 1619, 458 p. et index.

GABET : *Avis aux femmes enceintes et éducation physique des enfans (extrait des ouvrages de Tissot, Nicolas, Fourcroy et Salmade)*, Paris, 1802, 68 p.

GAUTIER : *Zoogénésie ou génération de l'homme et des animaux*, Paris, 1750, 20 p.

GEOFFROY SAINT-HILAIRE : *Histoire des anomalies*, Paris, 1832-1837, 4 vol.

GERIKE (Pierre) : *Fundamenta chymiae rationalis*, Leipzig, 1740, 392 p.

GOULIN (Jean) : *Le Médecin des dames ou l'art de les conserver en santé*, Paris, 1771, 380 p.

GRASMEYER : *Commentatio physiologico-medica de conceptione et fecundatione humana, Gottingen*, 1789, 54 p.

GUILHERMOND : *Lettre au citoyen Millot sur son système de la génération et sur l'art de procréer les sexes à volonté*, Paris, 1802, 50 p.

GUILLEMEAU (Jacques) : *L'Heureux Accouchement des femmes, où est traité du gouvernement de leur grossesse, de leur travail naturel et contre nature*, Paris, 1609, 439 p.

GUYON (Louis) : *Le Miroir de la beauté et santé corporelle contenant toutes les difformités, maladies qui peuvent survenir au corps humain avec leurs causes et remèdes*, Lyon, 1671, 3 part. en 1 vol. (1re éd. Lyon, 1615).

HALLER (Albrecht von) : Préface de l'*Histoire naturelle* de Buffon : « Réflexions sur le système de génération de M. de Buffon », Genève, 1751, 67 p.

HALLER (Albrecht von) : *La Génération ou exposition des phénomènes relatifs à cette fonction naturelle*, Paris, 1774, 2 vol.

HARTSOEKER (Nicolas) : *Conjectures physiques*, Amsterdam, 1708, 2 vol.

HARTSOEKER (Nicolas) : *Essay de dioptrique*, Amsterdam, 1711, 2 vol.

HARTSOEKER (Nicolas) : *Cours de physique*, La Haye, 1730.

HARVEY (William) : *Exercitationes de generatione animalium quibus accedunt quaedam de partu, de membranis ac humoribus uteri et de conceptione*, Londres, 1651, 302 p.

HECQUET (Philippe) : *De l'indécence aux hommes d'accoucher les femmes. Ouvrage dans lequel on fait voir par des raisons de physique, de morale et de médecine, que les mères n'exposeroient ni leurs vies ni celles de leurs enfans, en se passant ordinairement d'accoucheurs et de nourrices*, Paris, 1705, 145 p.

HILL (John) : *Lucina sine concubitu. Lucine affranchie des loix du concours, lettre adressée à la Société royale de Londres, dans laquelle on prouve qu'une femme peut concevoir et accoucher sans avoir de commerce avec aucun homme.* Traduite de l'anglois d'Abraham Johnson (pseud. de Hill), par M. Moet, s.l., 1750, 57 p.

HIPPOCRATE : *Livre de la géniture de l'homme*, traduit du grec par Guillaume Chrestian, Paris, 1559.

HOFFMANN (Friedrich) : *Opera omnia physico-medica*, Genève, 1740, 6 t. en 3 vol. *in-fol.*

HOUPPEVILLE (Guillaume de) : *De la génération des hommes par le moyen des œufs et la production de tumeurs impures par le moyen des sels*, Rouen, 1675, 59 p.

HOUSSET (E. J. P.) (docteur en l'université de Montpellier) : *Historiques sur quelques écarts ou jeux de la nature, pour servir à l'histoire naturelle*, Neuchâtel, 1785, 128 p.

JENTY (Charles Nicolas) : *Démonstration de la matrice d'une femme grosse*, Paris, 1759 (iconographie).

LA MARCHE (Mme de) : *Instruction familière et utile aux sage femmes pour bien pratiquer les accouchemens, par Madame de la Marche, maîtresse jurée sage-femme de la ville et de l'Hôtel-Dieu de Paris*, 1710, 127 p. (1re éd. 1677).

LAMBIN (J. M.) : *Le Système de la génération*, s. l., 1813, 32 p.

LA METTRIE (Julien Offroy de) : *L'Homme machine*, Leyde, 1748, 148 p.

LA METTRIE (Julien Offroy de) : *La Vénus métaphysique ou essai sur l'origine de l'âme humaine*, Berlin, 1752, 33 p.

LA MOTTE : *Dissertations sur la génération, sur la superfétation et la réponse à l'auteur du livre intitulé « De l'indécence aux hommes d'accoucher les femmes... » par le Seigneur de La Motte, chirurgien juré et habile accoucheur à Valognes, en basse Normandie*, Paris, 1718, 246 p.

LA MOTTE : *Traité complet des accouchemens naturels, non naturels et contre nature*, Paris, 1765, 2 t., 1488 p. (1re éd. Rouen, 1721).

LAMY (Guillaume) : *Dissertation contre la nouvelle opinion qui prétend que tous les animaux sont engendrez d'un œuf*, Paris, 1678, 320 p.

LAUNAY (Carles Denys de) : *Nouveau Système concernant la génération, les maladies vénériennes et le mercure*, Paris, 1698, 182 p.

LE BOURSIER DU COUDRAY : *Abrégé de l'art des accouchemens*, Paris, 1785, 208 p. (1re éd. 1769).

LE CAMUS (Antoine) (docteur de la facuté de médecine en l'Université de Paris) : *La Médecine de l'esprit, où l'on traite des dispositions et des causes physiques qui, en conséquence de l'union de l'âme avec le corps, influent sur les opérations de l'esprit*, Paris, 1753, 2 vol.

LE CAMUS (Antoine) : *Mémoires sur divers sujets de médecine*, Paris, 1760, 33 p.

LECAT (Nicolas) : *Traité de la couleur de la peau humaine en général, de celle des nègres en particulier et de la métamorphose d'une de ces couleurs en l'autre, soit de naissance, soit accidentellement*, Amsterdam, 1765, 191 p.

LEROY (Alphonse) : *Essai sur l'histoire naturelle de la grossesse et de l'accouchement*, Genève, 1787, 159 p.

LIÉBAULT (Jean) : *Trois Livres des maladies et infirmitez des femmes, pris du Latin de Monsieur Jean Liébault, docteur médecin à Paris*, Rouen, 1649, 924 p.

LIGNAC (abbé DE) : *De l'homme et de la femme considérés physiquement dans l'état de mariage*, Lille, 1778, 2 vol.

MALPIGHI (Marcello) : *La Structure du ver à soie et la formation du poulet dans l'œuf*, Paris, 1686, 396 p.

MARTIN (Ernest) : *Histoire des monstres depuis l'Antiquité jusqu'à nos jours*, Paris, 1880, 415 p.

MAUPERTUIS (Pierre Louis de) : *Vénus physique, contenant une dissertation sur l'origine des hommes et des animaux*, 1745, 194 p.

MILLOT (Jacques-André) : *L'Art de procréer les sexes à volonté, ou système complet de génération*, Paris, 1801.

MOREL DE RUBEMPRÉ : *Les secrets de la génération ou l'Art de procréer des garçons ou des filles à volonté*, Paris, 1824.

NEEDHAM (abbé John Tuberville) : *Nouvelles Observations microscopiques avec des découvertes intéressantes sur la composition et la décomposition des corps organisés*. Paris, 1730, 528 p.

NUCK (Anton) : *Adenographia curiosa et uteri foeminei anatomia*, p. 75 La Haye, 1692, 152 p. et planches.

OLLIGNON (D') : « Lettre à M. Dufot sur un accouchement extraordinaire », *Journal de Médecine*, janv. 1774.

PARACELSE : *Œuvres complètes*, Paris, 1913, 2 vol.

PARÉ (Ambroise) : *Toutes les œuvres:* livre XXIV, « De la génération de l'homme », et livre XXV, « Des monstres », Paris, 1585, fol.

PERRAULT (Claude) : *Mémoire pour servir à l'histoire naturelle des animaux*, Paris, 1671, 91 p.

PETIT (Antoine) : *Recueil de pièces relatives à la question des naissances tardives*, 1766, 2 vol.

PETIT (Antoine) : *Traité des maladies des femmes enceintes, des femmes en couche, et des enfans nouveaux nés, précédé du mécanisme des accouchemens*, Paris, 1799, 3 vol.

PEU (Philippe) : *La Pratique des accouchemens, par Monsieur Peu, Maître chirurgien et ancien Prévost et garde des maistres chirurgiens jurez de Paris*, Paris, 1644, 613 p.

PLANQUE (François) : *Bibliothèque de médecine*, Paris, 1762, 9 vol., articles « Accouchemens », «Accouchemens monstrueux », « Génération »...

PRÉVOST et DUMAS : *Troisième Mémoire sur la génération*, Genève, 1824.

PROCOPE COUTEAU (Michel) : *L'Art de faire des garçons, par M. *** docteur en médecine de l'Université de Montpellier*, Paris, 1755, 2 parties en 1 vol.

QUILLET (Claude) : *La Callipédie ou manière de faire de beaux enfans*, traduit du latin par Degly, Paris, 1749, 203 p. (1re éd. latine, Leyde, 1655).

RÉGNAULT : *Les Écarts de la nature ou recueil des principales monstruosités que la nature produit dans le genre animal*, fol. 42 planches (iconographie), Paris, 1775.

RIOLAN (Jean) : *Opera omnia*, fol., Paris, 1649, chap. II : « De monstro disputatione ».

ROBERT (Louis Joseph Marie) : *Essai sur la mégalanthropogénésie, ou l'art de faire des enfans d'esprit qui deviennent de grands hommes*, Paris, 1801, 240 p.

RODION (Euchaire) : *Des divers travaux et enfantemens des femmes, par maistre Euchère Rodion, docteur en médecine, et depuis tournez en nostre langue par M. Paul Bienassis, de Poiltiers*, Paris, 1586, 2 vol. (1re éd. 1536).

ROUSSEL (Pierre) (docteur en médecine à la Faculté de Montpellier) : *Système philosophique de la constitution de l'état organique de la femme*, Paris, 1755 2 vol. en un.

RULEAU (M. J.) (maître chirurgien juré à Xaintes) : *Traité de l'opération césarienne et des accouchemens difficiles et laborieux*, Paris, 1704, 268 p.

SAINT ANDRÉ : *A short narrative of an extraordinary delivery of rabbits perform'd by T. Howard, published by Mr Saint André*, Londres, 1726.

SANTORINI (Joseph Dominique) : *Observationes anatomicae*, Lugduni batavorum, 1739, 250 p. et planches.

SAUCEROTTE (Louis-Sébastien, dit Nicolas) : *Examen de plusieurs préjugés abusifs concernant les femmes enceintes, celles qui sont accouchées et les enfans en bas âge*, Nancy, 1777, 99 p.

SCHWEIGHAEUSER (Jacques-Frédéric) : *Archives de l'art des accouchemens recueillis dans la littérature étrangère*, Strasbourg, 1802, 2 vol.

SCHWEIGHAEUSER (Jacques-Frédéric) : *Tablettes chronologiques de l'histoire de la médecine puerpérale*, Strasbourg, 1806, 98 p.

SERRES (Louys de) : *Discours de la nature, causes, signes et curation des empeschemens de la conception, et de la stérilité des femmes*, Lyon, 1625, 486 p.

SIGAUD DE LA FOND (Joseph Aignan) : *Dictionnaire des merveilles de la nature*, Paris, 1781.

SPALLANZANI (Lazzaro) : *Expériences pour servir à l'histoire de la génération des animaux et des plantes, avec une ébauche de l'histoire des êtres organisés avant leur fécondation, par Jean Sennebier*, Genève, 1785, 413 p.

SPALLANZANI (Lazzaro) : *Opuscules de physique animale et végétale*, Pavie, 1787.

STÉNON (Nicolas) : *Observationes anatomicae spectantes ova viviparorum*, dans *Philosophical transactions*, Londres, 1668, n° 88.

SUE (Pierre) : *Essais historiques, littéraires et critiques sur l'art des accouchemens ou recherches sur les coutumes, les moeurs et les usages des anciens et des modernes*, Paris, 1779, 2 vol.

TAUVRY (Daniel) : *Traité de la génération et de la nourriture du fœtus*, Paris, 1700, 215 p.

THOURET (Michel-Augustin) : *Application sur l'espèce humaine des expériences faites par Spallanzani sur quelques animaux, relativement à la fécondation artificielle des germes ou résultat d'une expérience qui prouve qu'on peut créer des enfans avec le concours des deux sexes mais sans leur approche*, 1803, 37 p.

TINCHANT (Jean-Michel) : *Doctrine nouvelle sur la reproduction de l'homme*, Paris, 1822.

TISSOT (Samuel) : *L'Onanisme ou dissertation physique sur les maladies produites par la masturbation*, Paris, 1760.

VALLISNERI : *Istoria della generazione*, Venise, 1721.

VANDERMONDE (Charles-Augustin) : *Essai sur la manière de perfectionner l'espèce humaine*, Paris, 1756, 2 vol.

VANDERMONDE (Charles-Augustin) : *Recueil périodique d'observations de médecine, chirurgie, pharmacie...*, 1756-1762, année 1756, t. 1.

VENETTE (Nicolas) : *La Génération de l'homme ou tableau de l'amour conjugal considéré dans l'état du mariage*, Parme, 1696, 504 p. (1re éd., 1685).

VERDIER HEURTIN (maître es arts, bachelier en médecine) : *Dissertation sur le fœtus trouvé à Verneuil dans le corps d'un enfant mâle*, Paris, 1804, 66 p.

VIARDEL (Cosme) (chirurgien ordinaire de la Royne) : *Observations sur la pratique des accouchemens naturels, contre nature et monstrueux...*, Paris, 1671, 371 p.

WOLFF (Gaspard Friedrich) : *Theoria generationis*, thèse soutenue le 28 nov. 1759, éd. de 1774.

WOLFF (Gaspard Friedrich) : *De formatione intestinorum*, 1768.

WOLLASTON : *Ébauche de la religion naturelle*, La Haye, 1726, 442 p.

Les juristes

ANNE ROBERT (Louis Servin) (avocat au Parlement de Paris) : *Quatre Livres des arrests et choses jugées par la cour*, *mis du latin en françois par M. J. Tournet*, Paris, 1627, 2 parties en 1 volume.

BOUVART et LOUIS : *Consultation sur la légitimité des naissances prétendues tardives*, s.l., 1765.

COMBES (Pierre de) : *Recueil tiré des procédures civiles faites en l'officialité de Paris*, Paris, 1725, 2 vol. en 1.

FOURNEL (J. F.) : *Traité de l'adultère considéré dans l'ordre judiciaire*, Paris, 1777, 427 p.

LAMOIGNON (Chrétien-François de) (président au Parlement) : *Plaidoyé contre le congrès*, Paris, 1680, 118 p.

LE BAS : *Question importante: peut-on déterminer un terme préfix pour l'accouchement?*, 1764.

LE BAS : *Nouvelles observations sur les naissances tardives*, Paris, 1765.

LE BAS : *Lettre à M. Bouvart sur sa consultation sur une naissance tardive*, Paris, 1765.

LE BAS : *Réplique à l'ouvrage de M. Bouvart*, Paris, 1770.

LOUIS : *Mémoire contre la légitimité des naissances tardives*, Paris, 1764.

LE RIDANT (Pierre) : *Traité sur le mariage*, s. l., 1753, 587 p.

SALOMON (président au Parlement de Bordeaux) : *Discours présenté dans l'assemblée de Monsieur le Président Salomon, touchant les forces de l'imagination, sur le sujet d'un fœtus humain changé en celuy d'un singe par la seule force de l'imagination*, Bordeaux, 1669, 22 p.

SAUVAL (Henri) : *Histoire et recherche des antiquités de la ville de Paris*, Paris, 1724, 3 vol. in-folio.

TAGEREAU (Vincent) : *Discours sur l'impuissance de l'homme et de la femme, auquel est déclaré ce qu'est impuissance empeschant et séparant le mariage... et ce qui doit être observé aux procès de séparation*, Paris, 1611, 191 p.

TROUSSEL (avocat au parlement de Toulouse) : *Élémens du droit ou traduction du premier livre du Digeste, avec des notes historiques sur le droit romain et sur le droit françois*, Avignon, 1771, 2 parties en 1 volume.

Les théologiens

AUGUSTIN (saint) (354-430) : *La Cité de Dieu.*

BENEDICTI (Jean) : *La Somme des péchez et les remèdes d'iceux... premièrement recueillis et puis nouvellement revue par le Révérend P. F. J. Benedicti*, Paris, 1601, 827 p.

CANGIAMILA (Joseph Antoine Toussaint) (inquisiteur) : *Abrégé de l'embryologie sacrée ou traité des devoirs des prêtres, des médecins, des chirurgiens et des sages femmes envers les enfans qui sont dans le sein de leur mère*, traduit de l'italien par l'abbé Dinouart, 1775, 596 p. (1re éd. italienne, 1745).

FÉLINE (Père) : *Le Catéchisme des gens mariés*, réimpression textuelle sur l'édition originale de 1782, Rouen, 1880, 62 p.

MALEBRANCHE (Nicolas de) : *De la recherche de la vérité*, Paris 1762, 2 vol. (1re éd. 1674-1675).

NIDER (Johann) : *Formicarius*, Lyon, 1584 (d'après le manuscrit original de 1435), 540 p.

OLIVIER (Jacques) (licencié aux loix et en droit canon) : *Alphabet de l'imperfection et malice des femmes...* Rouen, 1630, 431 p. et table. 1re édit. 1623.

SINISTRATI D'AMENO (Luigi Maria) : *De la démonialité des incubes et des succubes*, trad. du latin par Isidore Lisieux, d'après le manuscrit original (XVIIe siècle), Paris, 1875.

SPRENGER (Jakob) et INSTITUTOR (Heinrich) : *Malleus maleficarum, Maleficas et earum Haeresim et Phramea conterens*, Venise, 1576, 505 p. (1re édition, Mayence, 1488). Trad. française : *Le Marteau des sorcières*, par Amand Danet, coll. : « Civilisations et mentalités », Paris, 1973.

THOMAS D'AQUIN (saint) (1225-1274) : *Summa theologica*, 1266-1274.

Hommes de lettres, philosophes, chroniqueurs...

ACIDALIUS (Valens) : *Paradoxe sur les femmes où l'on tâche de prouver qu'elles ne sont point du genre humain*, traduit par Charles Clapiès de la *Disputatio perjucunda*, Paris, Cracovie, 1744 (1re édition latine, 1638).

BARBARO (François) : *Deux Livres de l'estat de mariage, traduction nouvelle avec quelques traités chrestien et moraux touchant les offices domestiques*, Paris, 1667, 350 p., d'après le manuscrit du XVe siècle.

BÉROALD DE VERVILLE (XVIe siècle) : *Le Moyen de parvenir*, Paris, 1880.

BRANTÔME (Pierre Bourdeille, abbé de) (1540-1614) : *Histoire des Dames galantes*, Paris, 1740.

CONTANT D'ORVILLE : *Nuits angloises ou recueil de traits singuliers, d'anecdotes, d'évènemens remarquables...*, Paris, 1770, 4 vol.

DULAURE (J. A.) : *Des divinités génératrices chez les Anciens et les Modernes* (1re édition, 1805), Paris, 1904, 338 p.

LAFITAU (Père) : *Moeurs des sauvages américains*, Paris, 1724, 496 p.

MONTAIGNE (Michel Eyquem de) : *Essais*.

POULLAIN DE LA BARRE : *De l'excellence de l'homme*, Paris, 1675.

REIES (Gaspard a) : *Elysius Jucundarum quaestionum corpus*, Bruxelles, 1661, fol., 746 p. et index.

SADE (Donatien Alphonse François, marquis de) : *Justine ou les malheurs de la vertu*, coll. 10-18, Paris, 1972, (1re éd. 1792), 318 p.

SADE (Donatien Alphonse François, marquis de) : *La Philosophie dans le boudoir ou les instituteurs immoraux*, Paris, 1974, col. 10-18, 310 p. (1re éd., 1795).

SALGUES (J.-B.) : *Des erreurs et des préjugés répandus dans la société*, Paris, 1810-1811, 2 vol.

TALLEMANT DES RÉAUX (Gédéon) : *Mémoires pour servir à l'histoire du XVIIIe siècle*, publiés par M. Monmerque, 1834-1835, 6 vol.

VOLTAIRE : *L'Homme aux quarantes écus*, s.l., 1768, 106 p.

VOLTAIRE : *Les Singularités de la nature, par un académicien de Londres, de Boulogne, de Pétersbourg, de Berlin...*, Bâle, 1768, 131 p.

VOLTAIRE : *Dialogues d'Evhémère*, neuvième dialogue, Londres, 1779, 120 p.

VOLTAIRE : *Dictionnaire philosophique*, art. : « Imagination ».

Anonymes, ordonnances, périodiques, collectifs

Deux parergues anatomiques ou dissertations d'après l'œuvre sur l'origine et la nourriture du fœtus, dans la première desquelles on combat le système des ovaristes par M., médecin à Montpellier, 1705, 158 p.

De la propagation du genre humain, ou manuel indispensable pour ceux qui veulent avoir de beaux enfans de l'un et l'autre sexe. Ouvrage contenant des preuves certaines de l'influence des planètes sur la naissance des individus, leurs principales inclinations et leurs destinées, Paris, 1799.

*Lettre de M*** à M*** sur un évènement extraordinaire*, s.l.n.d.

Mémoire sur les cours publics d'accouchemens faits à Moulin par Madame Ducoudray, s.l.n.d.

Réponse à la lettre de Monsieur Guillaume de Houppeville, De la génération de l'homme par le moyen des œufs, Rouen, 1675, 141 p.

Arrest contre les chastrez, avec deffence à eux de contracter mariage, comme estans trompeurs et affronteurs de filles et de femmes, Paris, 1619, 7 p.

Déclaration du roi portant défense à ceux de la religion prétendue réformée de faire fonctions de sage femme, du vingtième février 1680.

Déclaration du roi vérifiée en Parlement, portant que les sages-femmes seront dorénavant reçues à Saint-Côme par le corps de la chirurgie, en présence de la faculté de médecine, septembre 1664.

Statuts et reiglemens ordonnez pour toutes les matronnes ou saiges femmes de la ville, prévosté et vicomté de Paris, avril 1587.

Sentence de Monsieur le lieutenant criminel, rendue contre plusieurs sages femmes y dénomées qui, sans avoir été reçues, ni prêté serment au Châtelet, exercent publiquement la dite profession... du 14 janvier 1728.

Histoire de l'Académie royale des sciences, Paris.

Journal de Médecine, Paris.

Le Journal de Paris, Paris.

Le Journal des Sçavans, Paris.

Philosophical Transactions, Londres.

Le Mercure de France, Paris.

La *grande Encyclopédie* de Diderot et d'Alembert, Paris, 1777, articles : « Accouchemens », « Accoucheuse », « Fœtus », « Génération », « Imagination », « Monstres », « Œufs »...

TABLE
DES ILLUSTRATIONS

BIOGRAPHIE
DE QUELQUES MÉDECINS ET SAVANTS
CITÉS
DANS L'OUVRAGE

Aldrovandi (Ulysse), médecin et naturaliste italien né à Bologne (1522-1607). En 1560, il est nommé professeur d'histoire naturelle à la faculté de Bologne. Il entreprend en même temps une série de voyages dont il ramène une foule d'observations et de pièces rares. Son herbier, notamment, se composait de soixante gros volumes. A l'amour des sciences, Aldrovandi joignit celui de l'art, se comportant à l'occasion en mécène fabuleux. Il a laissé cent un traités de botanique et de zoologie.

Andry de Boisregard (Nicolas), médecin français (Lyon 1658 - Paris 1742). Nicolas Andry se consacre d'abord à une carrière littéraire qui ne lui apporte que désillusions. Il se tourne alors vers la médecine et, à l'âge de 39 ans, il est reçu docteur en médecine à la faculté de Paris. Il doit à son mérite et à son talent d'intrigue d'être nommé successivement professeur au collège royal de médecine et censeur et collaborateur au *Journal des savants*. Sa carrière culmine en 1724 lorsqu'il est élu doyen de la faculté de Paris. Tout en affirmant la prééminence de la médecine sur la chirurgie, il décrète en même temps que les étudiants en médecine devront suivre, eux aussi, des cours de chirurgie. Mais d'une nature atrabilaire, il se comporte par ailleurs en dictateur. Mêlant l'injure à la satire, il s'emploie à la perte de collègues peu dociles. Dans ces conditions, Hecquet, Lémery et Petit se fâchent et il n'est pas réélu au décannat.

A côté d'ouvrages divers de médecine et de chirurgie, les deux œuvres marquantes de Nicolas Andry sont le traité *De la génération des vers dans le corps de l'homme* (1700) et

L'orthopédie, ou l'art de prévenir et de corriger dans les enfans les difformités du corps (1741). Son attachement au système des vers lui a valu le surnom d' « Homo vermiculus ».

ASTRUC (Jean), médecin français (1684-1766). Successivement professeur d'anatomie aux facultés de Toulouse et de Montpellier, inspecteur des eaux minérales du Languedoc et premier médecin du roi de Pologne, Jean Astruc accède enfin au professorat de médecine à la faculté de Paris.

Il a écrit une vingtaine d'ouvrages sur les muscles, la digestion, la fistule, la peste et l'art des accouchements. Son chef-d'œuvre, les *Six livres des maladies vénériennes*, ont joui d'une notoriété universelle. Astruc a également laissé des *Mémoires pour servir à l'histoire naturelle du Languedoc* et deux ouvrages de théologie.

BABLOT (Louis Nicolas Benjamin), médecin français originaire de Champagne (Châlons-sur-Marne, 1754-1802). Diplômé de la faculté de médecine de Reims, il pratiqua la plus grande partie de sa vie à Châlons-sur-Marne. Il faut lui reconnaître le mérite d'avoir introduit l'usage de l'inoculation et plus tard, celui de la vaccine.

En marge de ces initiatives salutaires, il est l'auteur d'un certain nombre d'ouvrages et de brochures dont se dégage un évident parfum de charlatanisme : *Sur les vertus de la poudre de crapaud dans l'hydropisie*, *Lettre sur un moyen singulier de se débarrasser des glaires de l'estomac*, *Observations sur une colique de miséréré*, *Lettre sur les présages tirés des songes*...

Benjamin Bablot ne s'est pas cantonné dans l'exercice exclusif de son art. Il a également consacré ses activités et sa plume à la défense de la République. Homme de lettres à l'occasion, on lui doit des *Adieux de Mademoiselle Noël à la ville de Châlons-sur-Marne*, une *Épître à Zulmis*, une *Épître sur l'abolition des cloîtres*... où il se signale partout par la même médiocrité.

Homme de bien par ailleurs, il serait mort de son zèle à combattre une maladie contagieuse qui sévissait dans des maisons d'arrêts et de répression dont il était le médecin en titre.

BARTHOLIN (Thomas), médecin danois (Copenhague 1619-1680). Il voyagea dans toute l'Europe et se lia d'amitié avec la plupart des savants de son temps. En 1646, il fut nommé professeur d'anatomie à Copenhague. La perte de sa bibliothèque, en 1670, dans un incendie, lui porta un coup terrible. Pour le dédommager, Christian V le combla de toutes sortes de faveurs financières.

Thomas Bartholin a écrit plusieurs ouvrages d'anatomie, d'historiographie et de topographie médicale. Il est aussi l'auteur de travaux sur la phosphorescence des matières organiques et la poudre de sympathie. Une certaine naïveté se dégage de son œuvre.

Blondel (Jacques-Auguste), médecin anglais du XVIIIe siècle. Il s'est illustré dans la polémique qui l'a opposé à Daniel Turner sur l'influence de l'imagination des femmes enceintes sur le fœtus. En 1727, il fit paraître à Londres un ouvrage qui a été traduit en français par Albert Lebrun sous le titre *Dissertation physique sur la force de l'imagination des femmes enceintes sur le fœtus* (Leyde 1737).

Boerhaave (Hermann), l'un des plus célèbres médecins du XVIIIe siècle (Leyde 1668-1738). Esprit précoce, Boerhaave avait des connaissances approfondies du grec et du latin dès l'âge de 11 ans. Destiné par sa famille à l'état ecclésiastique, il suit à Leyde des cours de théologie. A l'âge de 21 ans, il soutient une thèse selon laquelle la doctrine d'Épicure a bien été comprise et réfutée par Cicéron.

Un an plus tard, il commence des études de médecine, se signalant par la rapidité de ses progrès en dépit de la médiocrité de ses maîtres. Trois ans plus tard, il soutient avec succès une thèse dont le thème parut assez farfelu puisqu'elle traitait « des avantages qui résultent de l'examen des excréments des malades ». En 1709, l'université de Leyde lui confie la chaire de botanique. A cette époque, sa réputation avait largement dépassé les frontières de l'Europe. On raconte qu'un mandarin ayant adressé une lettre à « Boerhaave, médecin en Europe », celle-ci lui parvint quand même. En outre, Boerhaave comptait au nombre de ses clients plusieurs têtes couronnées.

On doit à cet illustre médecin d'avoir restauré l'enseignement clinique, connu des Anciens mais oublié des Modernes. Nommé professeur de médecine pratique à Leyde, il fit ses cours en mettant des malades sous les yeux de ses élèves. Ses *Aphorismi de cognoscendi et curandis hominum morbis* constituent le premier manuel de médecine clinique.

Boerhaave a par ailleurs rédigé des dizaines d'ouvrages

portant sur les sujets les plus divers de médecine, de chimie, de botanique et de physique.

BONNET (Charles), physicien et naturaliste (Genève 1720-1793). Destiné par ses parents à la jurisprudence, Charles Bonnet se sent très tôt une invincible vocation de naturaliste. Dès l'âge de vingt ans, il découvre la parthénogenèse du puceron (*Traité d'insectologie*, 1745). Après quelques recherches de botanique (*Recherches sur l'usage des feuilles dans les plantes*, 1754), il se tourne vers l'embryologie. Penché sur son microscope, y sacrifiant sa vue, il se consacre désormais à la défense du préformisme oviste (*Considérations sur les corps organisés*, *Palingénésie philosophique*).

Les œuvres de Charles Bonnet, savant authentique, portent pourtant la marque d'une piété profonde et d'un mysticisme dogmatique qui en ont souvent altéré la valeur.

DIONIS (Pierre), médecin français mort à Paris en 1718. On sait peu de chose sur la jeunesse de Pierre Dionis. Il doit une grande partie de sa célébrité à la faveur de Louis XIV qui le nomma à la chaire de chirurgie et d'anatomie qu'il venait de fonder au Jardin des Plantes. Il fut successivement premier chirurgien de la reine, de la dauphine et du dauphin. Il a écrit plusieurs ouvrages d'anatomie et de chirurgie dont l'un, *Anatomie de l'homme suivant la circulation du sang et les nouvelles découvertes* (1690), doit son titre de gloire à la traduction chinoise qu'en fit le Père Parrennin sur ordre de l'empereur Kang-Hi. Dionis a également laissé un *Traité des accouchemens* (1718) qui n'est en fait qu'un plagiat de l'œuvre de Mauriceau, et une *Dissertation sur la génération de l'homme* (1698) où il s'affirme partisan du système oviste.

DULAURENS (André), anatomiste et médecin français (Arles-Paris, 1609). Élève des facultés de Montpellier et de Paris, Dulaurens se signale à l'attention de ses contemporains par une série de leçons publiques faites en Français, sur la goutte, la lèpre et la syphilis. Il enseigne la médecine à la faculté de Paris jusqu'à sa nomination au poste de médecin ordinaire d'Henri IV en 1598. En 1603, il devient premier médecin de Marie de Médicis et en 1606, premier médecin du roi.

André Dulaurens a laissé une description intéressante des

artères et des veines cardio-pulmonaires du fœtus et un important traité d'anatomie traduit du latin en français par Théophile Gelée et réimprimé à Rouen en 1661.

Goulin Jean, médecin français (Reims 1728-Paris 1799). La carrière de Jean Goulin est assez confuse. Souvent dans la misère, il ne semble pas avoir beaucoup pratiqué. Vivant tantôt du métier d'instituteur, tantôt du revenu de ses ouvrages, il obtient enfin, quatre ans avant sa mort, la chaire d'histoire de la médecine à la faculté de Paris.

Il a écrit une quinzaine d'ouvrages, collaboré à plusieurs revues ou publications collectives (Le dictionnaire de Planque, notamment). Historien de la médecine, Jean Goulin fait preuve d'une érudition vaste mais souvent indigeste. Ses quelques ouvrages médicaux (« Le médecin des dames ou l'art de conserver la santé », « Le médecin des hommes ») sont des ouvrages de vulgarisation composés à des fins lucratives. Ce médecin fut aussi un homme de lettres.

De Graaf (Reinier de), médecin hollandais (Schoohaven 1641-Delft 1673). Etudiant en médecine à Leyde puis à Paris et Angers, Reinier de De Graaf se signale tout de suite à l'attention de ses maîtres Van Horne et François de Le Boë par la sagacité de son esprit et la rapidité de ses progrès. Dès 1663, il publie un important traité sur le suc pancréatique. Ses recherches sur la procréation se situent vraisemblablement entre 1668 et 1672. Elles sont le fruit d'un travail surhumain mené selon des méthodes d'expérimentation d'un modernisme surprenant.

De Graaf mourut à l'âge de 32 ans, écrasé de fatigue et miné par un profond chagrin injustement suscité par la jalousie de l'un de ses maîtres, Swammerdam, qui tenta sans vergogne de s'attribuer la gloire de ses recherches. La postérité lui a rendu un juste hommage en associant son nom aux follicules ovariens qu'il a découverts.

Peu friand d'honneurs, De Graaf n'a jamais eu que le titre de docteur en médecine de la faculté d'Angers.

Guillemeau (Jacques), chirurgien français (Orléans 1520-Paris 1613). Disciple de Riolan et d'Ambroise Paré, Jacques Guillemeau doit son prestige à ses fonctions de chirurgien ordinaire des rois Charles IX et Henri IV. Il a écrit de nombreux traités de chirurgie et d'obstétrique.

Il traduisit aussi en latin les œuvres d'Ambroise Paré et cultiva les belles lettres avec un égal succès.

Les deux dernières strophes du sonnet gravé sur son tombeau en guise d'épitaphe illustrent sa notoriété :

> Après que Guillemeau par secrets admirables,
> Eut guéri tant de maux qu'on croyoit incurables,
> Enfin il éprouva l'inclémence du sort.
>
> Non plus que ses écrits d'éternelle mémoire,
> Son corps ne seroit pas sous cette tombe noire,
> Si l'art eut pu trouver du remède à la mort.

Guyon (Louis), médecin et humaniste français né à Dôle, mort en cette même ville en 1630. Il fit ses études de médecine dans sa ville natale puis, selon la coutume du temps, il parcourut toute l'Europe avant de se fixer à Uzerche. Homme de grande érudition, il pratiquait l'hébreu, le grec et le latin avec une grande aisance.

A côté d'ouvrages divers, *Le Miroir de la Beauté et santé corporelle* reste son œuvre maîtresse, quatre fois rééditée au XVIe siècle.

Haller (Albrecht von), médecin et poète suisse (Berne 1708-1777). Après des études de médecine à Tübingen, Leyde, Paris et Bâle, Haller enseigne l'anatomie, la chirurgie et la botanique à Berne et à Bâle. Il crée une maternité et un cabinet d'anatomie à Gottingen. En 1753, il se fixe définitivement à Berne où il se signale par d'éminents services rendus à sa patrie.

Haller a contribué, dans une large mesure, aux progrès de la physiologie et de la médecine. C'est lui qui, le premier, étudie en profondeur le phénomène de l'irritabilité. Il a composé d'innombrables ouvrages de botanique, de chirurgie et de médecine pratique. Mais en matière d'embryologie, Haller a été l'un des partisans un peu trop systématiques du préformisme oviste. Il s'est en outre brillamment distingué par ses talents d'homme de lettres. Son poème descriptif *Les Alpes* (1732) a fait de lui l'un des précurseurs du classicisme littéraire allemand.

Hartsoeker (Nicolas), physicien et micrographe hollandais (1656-1725). Livré depuis toujours à la contemplation du ciel et des étoiles, Nicolas Hartsoeker s'était juré de devenir astronome. Mais il dut lutter contre la volonté de son père qui voulait en faire, à son image, un homme politique. C'est dans une héroïque clandestinité que le jeune Nicolas s'initia aux mathématiques et à la physique.

A l'âge de 18 ans, il découvre, dit-il, les « animalcules spermatiques » à l'aide d'un microscope de sa fabrication. En 1694, il fait paraître à Paris un essai de dioptrique qui consacre, à juste titre, sa célébrité. En 1699, il est chargé par les magistrats d'Amsterdam d'initier Pierre le Grand, de passage dans cette ville, aux sciences physiques. Charmé par le savoir de son professeur, le tsar voulut l'emmener avec lui en Russie. Le savant refusa de se laisser fléchir et la ville reconnaissante lui fit don d'un observatoire. La production littéraire d'Hartsœker est immense et il n'est point de problèmes de mathématique ou de physique qu'il n'ait soulevé.

Harvey (William), médecin anglais (1578-1657). Après des études à Canterbury, Cambridge et Padoue, William Harvey devient, à l'âge de trente ans, membre du Collège des médecins de Londres et, sept ans plus tard, professeur attaché à l'hôpital londonien de Barthélemy. C'est pendant ses cours d'anatomie qu'il enseigne pour la première fois la circulation du sang entrevue d'une façon hypothétique par Hippocrate et Aristote.

En 1625, il est nommé médecin titulaire de Charles Ier auquel il rend un vibrant hommage dans la dédicace de son ouvrage consacré, en 1628, à la circulation du sang : « De même que le cœur est le principe de la vie, écrit-il, le soleil du microcosme, de même le roi est le soleil de son microcosme, le cœur de l'État d'où émane toute puissance, toute grâce... » Pendant la guerre civile, Harvey reste fidèle à son roi. Désabusé, aigri, cruellement affecté par l'exécution du souverain, ayant perdu tous ses manuscrits dans la tourmente révolutionnaire, il passe les dernières années de sa vie dans sa maison de Lambeth.

Harvey n'a laissé que deux ouvrages, l'*Exercitatio anatomica de motu cordis et sanguinis in animalibus* (1628) et les *Exercitationes des generatione* (1651). La découverte de la circulation du sang fut accueillie avec incrédulité et fit l'objet de mille railleries. Sans illusions, Harvey n'en fut pas surpris. « Ce que je vais annoncer, avait-il écrit, est si nouveau que je crains d'avoir tous les hommes pour ennemis, tant les préjugés et les doctrines une fois reçues sont enracinés chez tout le monde. »

Parisani, Plempius, Riolan furent au nombre des adversaires de la circulation du sang. La faculté de Paris, derrière Guy Patin, se figea dans un entêtement ridicule qui inspira à Boileau un arrêt burlesque faisant défense « au sang d'être plus vagabond, errer ni circuler dans le corps, sous peine d'être entièrement livré et abandonné à la faculté de médecine ».

D'une pénétration de vue étonnante dans ses travaux sur la circulation du sang, Harvey est capable de quelques traits de grande naïveté dans les *Exercitationes des generatione.* C'est avec le plus grand sérieux qu'il évoque, dans le cinquième essai, l'existence d'hommes à queue dans l'île de Bornéo. Il parle même d'une fille, observée par l'un de ses amis, dont la queue pudiquement recourbée cachait les parties génitales et le derrière.

HECQUET (Philippe), médecin français (Abbeville 1661-Paris 1737). Après un début de carrière dans sa ville natale, Philippe Hecquet ne se sent digne que de la prestigieuse faculté de Paris. Élève attardé, il s'y fait décerner le bonnet de médecin à l'âge de 36 ans. Il doit à sa renommée d'homme pieux et de savant le poste de médecin des religieuses de Port-Royal-des-Champs (1712).

Avec une ardeur de dévôt et au détriment de sa santé, il se consacre surtout aux malheureux en dépit de sollicitations nombreuses et variées. D'une constitution faible, gravement malade pendant les vingt-cinq dernières années de sa vie, il s'impose malgré tout un régime de vie ascétique et une nourriture végétarienne. Partisan zélé de la saignée, il se vide en outre régulièrement de son sang. Il meurt le 11 avril 1737 et, fidèle à ses principes, il se fit saigner trois fois dans les vingt-quatre heures qui précédèrent sa mort. Il avait, dit-on, donné sa dernière consultation deux heures avant de s'éteindre.

Philippe Hecquet a écrit quelques ouvrages sur les bienfaits de la saignée et sur la digestion. Mêlant allègrement mysticisme et science, il est aussi l'auteur d'un livre de *Médecine théologique,* et de quelques pamphlets sur *Le brigandage de la médecine Le brigandage de la pharmacie* et *Le brigandage de la chirurgie.* Dans ces brochures il montre qu'il sait, à l'occasion, se départir de sa douceur évangélique.

LA METTRIE (Julien Offroy de), médecin et philosophe français (Saint-Malo 1709 - Berlin 1751). Destiné à l'état ecclésiastique par ses parents, La Mettrie fait de brillantes études chez les Jésuites. Mais à 20 ans, se sentant une autre vocation, il se lance dans des études de médecine. Il travaille d'abord à Reims puis à Leyde sous la direction de Boerhaave.

Ayant observé, au cours d'une maladie, que ses facultés intellectuelles avaient régressé, il en conclut que la pensée n'est qu'une sécrétion du corps. Devenu philosophe matérialiste, il écrit une *Histoire naturelle de l'âme* et la *Politique des médecins.* « Jusque-là on l'avait regardé comme un fou, il parut alors ce qu'il était en effet, un méchant et un homme dangereux » (Dictionnaire biographique de Michaud).

Déchu de ses fonctions de médecin des Gardes du Corps, La Mettrie se réfugie à Leyde où il écrit un nouvel ouvrage matérialiste, *L'Homme machine.* Chassé de cette ville, il trouve un accueil chaleureux à la cour du roi de Prusse, Frédéric II. Au bout de deux ans, nostalgique de la France, il demande à Voltaire d'y négocier son retour. C'est alors qu'il mourut d'une indigestion dont il avait voulu se guérir en se saignant huit fois d'affilée.

Les théories animalculistes ont étayé les thèses matérialistes de La Mettrie.

Le Camus (Antoine), médecin français (Paris 1722-1772). Antoine Le Camus doit le succès de sa carrière à l'amabilité de ses manières et à l'original de ses ouvrages. A l'âge de vingt ans, il est brillamment reçu bachelier à la faculté de médecine de Paris pour avoir remis à ses correcteurs des épreuves rédigées en vers. Il accède bientôt au doctorat et dédie à cette même faculté un petit poème. Devenu célèbre dans toute la France, il prononce dans plusieurs facultés de province un discours sur la façon de réussir ses études à Paris. En 1766, il est nommé professeur de chirurgie à Paris. Dans son discours inaugural, il montre que cet art n'est pas si difficile qu'on le dit.

Le Camus a publié plusieurs ouvrages moins scientifiques que philosophiques : *La Médecine de l'esprit*, *Abdeker ou l'art de conserver la beauté*, *Mémoires sur divers sujets de médecine* où figure l'étonnant système de la « graine animo-végétale ». Il est aussi l'auteur de quelques œuvres littéraires sans importance.

Leeuwenhoek (Antoine van), naturaliste hollandais (Delft, 1632-1723). Destiné par ses parents au métier de commerçant, il s'oriente très vite vers les sciences naturelles qu'il étudie sans maîtres. Avec un microscope de sa fabrication, il se livre à de multiples observations qui le rendent célèbre. En 1679, il devient membre de la Société royale de Londres. Le premier, Leeuwenhoek observe la circulation du sang que Harvey avait déduite, 60 ans plus tôt, d'une série de raisonnements rigoureux. Au début, il n'admettait pas le passage du sang des artères aux veines par le réseau capillaire. Mais dès 1688, l'observation de la queue du têtard et de la membrane interdigitale de la grenouille lui révèle clairement le passage des globules sanguins des ramifications des artères aux premiers rameaux des veines.

Leeuwenhoek étudie encore la substance corticale du cerveau. Il dresse les premières descriptions de l'animalcule et il découvre le rotifère. Il a sans doute été l'un des plus grands naturalistes de son temps, mais, comme tous les pionniers de l'observation microscopique, il n'a pas toujours su rester à l'abri de son imagination.

Lemery (Louis) médecin français (Paris, 1667-1743). D'une famille de médecins, Louis Lemery est reçu docteur à la faculté de Paris à 21 ans. Professeur au Jardin du Roi, il est en même temps, pendant 33 ans, médecin à l'Hôtel-Dieu.

Il a écrit un *Traité des aliments* (1702) et *Trois lettres contre le traité de la génération des vers dans le corps de l'homme* que Nicolas Andry venait de faire paraître (1704). Une polémique particulièrement vive sur l'origine des monstres l'a opposé, pendant plusieurs années, à son confrère Winslow.

Leroy (Alphonse), médecin accoucheur français (Rouen 1741 - Paris 1816). Professeur d'obstétrique à la faculté de Paris, Alphonse Leroy s'est singularisé par des prises de position tranchantes en faveur de la symphise de l'os pubis et contre la vaccine. C'était, aux dires de plusieurs de ses contemporains, un homme de cœur mais un piètre pédagogue dont les cours n'attiraient pas grand monde. Il a écrit une quinzaine d'ouvrages sur les accouchements et l'éducation des enfants. Il est l'auteur de l'étonnant système de génération par bouturage.

Liébault (Jean), médecin et agronome français (Dijon 1535 - Paris 1596). Venu fort jeune à Paris, il reçut le titre de docteur en médecine à l'âge de 21 ans. Il épousa la fille du fameux imprimeur humaniste Jean Étienne, l'érudite Nicole, qui le préféra à son rival Jacques Grévin, un bel esprit fort prisé des milieux mondains. Après la mort de son beau-père, Liébault connut la misère et mourut, selon L'Estoile, dans des conditions lamentables, « sur une pierre où il fut contraint de s'asseoir en la rue Gervais-Laurent, à Paris ».

Il a écrit un ouvrage d'agronomie, *L'Agriculture et la maison rustique de Charles Estienne* et quelques livres de médecine, *Les Secrets de la médecine*, *Les Aphorismes d'Hippocrate*. Ses *Trois livres des maladies et infirmités des femmes* restent, dans leur genre, un incontestable chef-d'œuvre.

MAUPERTUIS (Pierre Louis Moreau de), mathématicien et astronome français (Saint-Malo 1698 - Bâle 1759). Après un début de carrière dans l'armée, Maupertuis décide, à l'âge de 25 ans, de se consacrer aux mathématiques. Il se fait connaître par une série de mémoires et par son attachement aux idées de Newton sur l'attraction.

En 1736, il dirige une mission qui a pour but de mesurer l'arc de Tornéa, en Suède septentrionale. Il en revint avec des mesures exactes et une jeune Lapone qui eut pour effet de stimuler la verve railleuse de Voltaire. En 1743, il est élu membre de l'Académie française. Dès cette date, il séjourne à diverses reprises en Prusse, sur invitation de Frédéric II qui n'épargne rien pour le combler d'honneurs. Mais en 1750, Maupertuis énonce une « loi générale du mouvement » qu'il a le mauvais goût de prétendre supérieure aux théories de Newton.

Voltaire, longtemps ami de Maupertuis, ne lui a jamais pardonné le refus d'un service personnel et l'a, par la suite, accablé de pamphlets satiriques. Maupertuis a écrit plusieurs ouvrages de mathématiques et de physique qui n'ont rien apporté à la science. Son seul ouvrage de physiologie, *Vénus physique*, énonce, pour les réfuter, les divers systèmes de génération en honneur. Il leur substitue le système des molécules organiques, vision purement intellectuelle de l'origine du fœtus, simple adaptation à la génération des idées de Newton sur l'attraction.

MILLOT (Jacques-André), accoucheur français (Dijon 1738 - Paris 1811). Accoucheur réputé, il fut désigné pour assister dans leurs couches la reine Marie-Antoinette et les duchesses d'Orléans et de Bourbon. C'est lui qui mit au monde, dans des circonstances dramatiques, le duc d'Enghien. Il frictionnait le nouveau-né qui s'asphyxiait avec des liqueurs « spiritueuses » lorsque celles-ci prirent feu brusquement. Il se précipita dans l'eau avec l'enfant qui donna aussitôt des signes de vie.

Pressé par le besoin, Millot publie en 1800 *L'Art de procréer les sexes à volonté*. Plusieurs fois réédité, l'ouvrage eut un grand succès. Mais les livres qui suivirent, d'une facture hâtive et d'une présentation moins séduisante, ruinèrent l'éditeur trop confiant de Millot.

Paré (Ambroise), chirurgien français (Laval 1517 - Paris 1590). Père de la chirurgie, Paré est issu d'une modeste famille d'artisans. Il commence sa carrière comme garçon barbier, mais grâce à son talent, il devient, en moins de 30 ans, premier chirurgien du roi et le meilleur praticien de son temps. La lecture de quelques livres et la pratique de son art à l'Hôtel-Dieu constituent les seules bases de son savoir. En 1536, il est reçu maître barbier chirurgien. Il se consacre désormais à la chirurgie militaire et travaille sans répit dans le sillage des armées. Il améliore le traitement des plaies d'armes à feu qui, jusque-là, étaient cautérisées à l'huile bouillante. On croyait en effet que les projectiles y introduisaient un venin mortel. Le premier, il substitue la ligature des artères à la cautérisation au fer rouge. L'ablation du tronçon de lance qui avait pénétré dans l'orbite du duc de Guise le rend enfin célèbre.

Chirurgien ordinaire d'Henri II et premier chirurgien de Charles IX, c'est à ce dernier qu'il doit d'avoir été épargné lors du massacre de la Saint-Barthélemy. Henri III le garde auprès de lui. En 1575, il se consacre à la publication de ses œuvres de chirurgie et paie de ses deniers la gravure de planches Il doit en même temps lutter contre la faculté de médecine qui prétend lui interdire certains sujets. On lui reproche surtout d'ignorer le latin et de n'écrire qu'en langue vulgaire. On doit pourtant lui reconnaître le mérite d'avoir porté le français à un haut degré de perfection. Ambroise Paré méprisa ces attaques et poursuivit sa carrière jusqu'à l'âge de 73 ans.

Perrault (Claude), architecte et médecin français (Paris 1613-1688). Après un début de carrière dans la médecine, Claude Perrault se consacre à l'architecture. On lui doit une façade du Louvre, l'Observatoire de Port-Royal, l'arc du Faubourg Saint-Antoine et quelques embellissements du château et du parc de Versailles. Il a malgré tout écrit quelques ouvrages scientifiques. Dans son *Mémoire pour servir à l'histoire naturelle des animaux*, il se pose en défenseur de la panspermie.

Quillet (Claude), médecin et poète français (Chinon 1602 - Paris 1661). Claude Quillet s'est surtout signalé à l'attention de ses contemporains par un poème latin inspiré de l'Espagnol Juan Huarte : *La Callipédie ou l'art de faire de beaux enfants.*

Sa carrière de praticien débute modestement à Chinon. Après une prise de position audacieuse dans l'affaire des possédés de Loudun, il doit fuir à Rome où il devient le secrétaire de l'ambassadeur de France, le maréchal d'Estrées. En 1655, il publie en latin, sous l'anagramme de Calvidius Letus, sa fameuse *Callipédie.* C'est un immense succès. Mais le poème contenait quelques traits xénophobes dirigés contre Mazarin. Le cardinal convoque Quillet. Il se montre envers lui d'une si grande mansuétude que le poète, confondu, s'empresse de lui dédier l'édition expurgée de 1656.

La Callipédie a été traduite en français à deux reprises et rééditée six fois jusqu'en 1832.

Roussel (Pierre), médecin français (Dax 1742 - Paris 1802). Élève des facultés de médecine de Montpellier et de Paris, Pierre Roussel passe pour avoir connu un grand amour dans sa jeunesse. Ce sentiment a peut-être orienté ses recherches. Devenu médecin, il s'attache à l'étude des femmes, de leurs habitudes, de leur constitution, de leurs passions. Le résultat de ses méditations, le *Système philosophique de la constitution de l'état organique de la femme* (1755) lui valut une notoriété européenne.

Bientôt, son extrême sensibilité le détourne de la médecine pratique. Ne pouvant supporter la vue d'un malade qui souffre, il se consacre à la seule théorie de son art et à la méditation philosophique. Pierre Roussel épousa les principes de la Révolution, mais pendant toute cette période, il ne joua qu'un rôle politique effacé.

Spallanzani (Lazare), naturaliste italien (duché de Modène 1729-1799). Lazare Spallanzani reçut une formation littéraire, juridique et théologique. Devenu prêtre, selon la volonté de son père, il put enfin se consacrer à sa vocation de naturaliste.

Professeur à la faculté de Modène, il se livre à une série

de recherches sur les animaux à sang froid, et tout particulièrement, sur l'étonnante faculté de régénération de certains de leurs membres. Nommé professeur à Pavie quelque temps après, il se lance dans l'étude de la digestion et de la circulation du sang. Il montre que les sucs gastriques sont l'agent direct et immédiat de la digestion. Pour le prouver, il triture son propre système digestif, avalant divers aliments enveloppés dans des sacs de toile et des tubes remplis de substances qui furent digérées sans le secours des muscles de l'estomac. En matière d'embryologie, Spallanzani adopta le point de vue de la préexistence des germes. Ses recherches l'amenèrent à réaliser, le premier, la fécondation artificielle d'œufs de grenouilles.

Des travaux de botanique, de physique, de chimie, de géographie et de météorologie complètent cette œuvre immense.

Sténon (Nicolas), anatomiste danois (Copenhague 1631 - Schwerin 1687). Élève de la faculté de médecine de Copenhague, Nicolas Sténon a travaillé sous la direction de Bartholin. On doit lui reconnaître le mérite de n'avoir pas hérité de la naïveté de son illustre maître.

A 30 ans, il découvre le canal excréteur de la glande parotide appelé « conduit de Sténon ». Il se livre à une série de recherches particulièrement bien menées sur les vaisseaux et les glandes de l'œil et du nez. Le premier, il démontre que le cœur n'est qu'un muscle. Puis, il voyage dans toute l'Europe. Il reçoit notamment les bonnes grâces du grand-duc de Florence. Il découvre enfin la nature exacte des ovaires des vivipares.

Dès 1667, pourtant, Sténon était en proie à une crise de conscience qui devait stériliser son génie scientifique. Sous l'influence de Bossuet, il abjure le luthéranisme et se convertit au catholicisme. Il se consacre désormais à la propagation de la vraie foi et à la rédaction d'une dizaine d'ouvrages de théologie. Lorsqu'il meurt, en 1687, il était depuis dix ans évêque d'Héliopolis et vicaire apostolique dans le Nord de l'Europe.

Sue (Pierre), chirurgien et historien français (Paris 1739-1816). Fils de chirurgien, reçu maître en chirurgie en 1763 sur une thèse portant sur la section césarienne, il est nommé, en 1767, professeur et démonstrateur à l'École pratique de chirurgie. Mais Pierre Sue se sent surtout une vocation d'historien de la médecine. C'est à ses publications qu'il doit, en 1794, le poste de bibliothécaire de l'École de santé (aujourd'hui faculté de médecine de Paris).

Il a écrit, parmi tant d'autres ouvrages, un *Extrait de mémoires littéraires et critiques sur la médecine* (1776), des *Essais historiques, littéraires et critiques sur l'art des accouchements* (1779), des *Anecdotes historiques, littéraires et critiques sur la médecine, la chirurgie et la pharmacie*, un aperçu sur l'histoire de la médecine légale, une histoire du galvanisme... Ces ouvrages, d'une facture généralement décousue, n'en restent pas moins, pour l'historien moderne, un outil de travail d'une exceptionnelle densité.

SWAMMERDAM (Jean), naturaliste hollandais (Amsterdam 1637-1680). Étudiant en médecine à Leyde puis à Paris, Swammerdam s'y fait décerner le bonnet de médecin. Mais il se détourne très vite de la pratique médicale pour se consacrer à la recherche scientifique. Entomologiste de talent, il met au point la technique d'embaumement à la cire fondue. Il calcule le degré de chaleur interne des animaux au moyen d'un thermomètre de son invention. Il établit la fonction des vaisseaux lymphatiques. Il énonce enfin la théorie de la préexistence des germes et de leur emboîtement à l'infini.

On comprend mal que Swammerdam, savant de talent, ait persécuté son élève De Graaf au point de lui ravir le prestige de ses découvertes. On s'étonne aussi de le voir figurer au nombre des disciples d'Antoinette Bourignon. Cette illuminée prétendait que la Bible n'était pas une source d'édification suffisante et qu'il fallait aussi tenir compte des sentiments inspirés par Dieu à quelques élus. Après un entretien avec Antoinette Bourignon, Swammerdam, dévoré par une crise de conscience, renonça à ses recherches, brûla ses manuscrits et mourut de langueur. Il reste pourtant l'un des plus grands entomologistes de tous les temps.

TAUVRY (Daniel), médecin français (Laval 1669 - Paris 1701). La carrière de Daniel Tauvry commence à l'âge de 15 ans lorsqu'il est reçu docteur en médecine à la faculté d'Angers. Il imagine aussitôt toutes sortes de systèmes extravagants. Vers 1700, il s'engage à fond dans une polémique sur la circulation du sang dans le fœtus. Il en meurt, dit-on, un an plus tard, à l'âge de 31 ans.

Daniel Tauvry a écrit une *Anatomie raisonnée*, un *Traité*

des médicaments, un ouvrage sur la fermentation des liqueurs et un *Traité de la génération et de la nourriture du fœtus* où il s'affirme partisan du système de l'œuf.

THOURET (Michel-Augustin), médecin français (Pont-l'Évêque 1749 - Paris 1810). Après des études à la faculté de Paris, Augustin Thouret occupe successivement les fonctions de commissaire chargé d'organiser l'exhumation du cimetière des Innocents et d'inspecteur général des maisons de force du Royaume. La Convention rendit hommage à ses sentiments patriotiques en lui confiant la direction de l'École de Santé (faculté de médecine). Élu tribun en 1802, il vote contre la légion d'honneur et l'élévation de Napoléon à l'Empire. Mais rallié peu après au régime, il accède au décannat de la faculté de médecine en 1809.

On doit à Augustin Thouret des recherches sur le magnétisme animal et sur la constitution du cerveau.

VENETTE (Nicolas), médecin français (La Rochelle 1633 - Paris 1698). Nicolas Venette a commencé ses études à Bordeaux et les a terminées à Paris sous la direction de Guy Patin et de Pierre Petit. Après des voyages au Portugal et en Italie, il s'installe à La Rochelle où il acquiert une solide renommée. Il écrit toutes sortes d'ouvrages sur le scorbut, les eaux minérales du Saintonge, l'art de tailler les arbres, les fièvres intermittentes, le rossignol, les « pierres qui s'engendrent dans les terres et dans les animaux ». Surtout, en 1686, Venette publie son inoubliable *Tableau de l'amour considéré dans l'état du mariage*. Cet ouvrage, traduit en allemand, en anglais, en hollandais et réédité une cinquantaine de fois jusqu'en 1955 a joui, pendant deux siècles, d'une extraordinaire notoriété. Le contenu scientifique en est pourtant de la plus grande médiocrité. Mais la fantaisie de l'auteur s'y épanche avec un certain talent et, de ce point de vue, le livre n'est pas dépourvu de charme.

WINSLOW (Jacques Bénigne), anatomiste danois (Odensee 1669 - Paris 1760). Petit-neveu du célèbre Sténon, on le destine d'abord à la carrière ecclésiastique. Mais après avoir suivi des cours de théologie à Copenhague, il s'oriente vers la médecine. A la fin du XVIIe siècle, il se fixe définitivement à Paris. La lecture d'un ouvrage de Bossuet, l'*Exposition de la doctrine de l'Église*, ébranle sa foi luthérienne. Il se fait baptiser catholique sous le prénom de Bénigne. Mais cette nouvelle ardeur n'entame pas, à l'image de son grand-oncle, sa carrière de médecin. Quelques années plus tard, il reçoit la chaire de chirurgie au Jardin du roi.

Il a laissé une dizaine d'ouvrages d'anatomie et plusieurs mémoires insérées dans le *Recueil de l'Académie royale des Sciences*.

BIBLIOGRAPHIE

L. Devraigne : *L'Obstétrique à travers les âges*, Paris, 1939.

Emile Guyenot : *Les Sciences de la vie aux XVIIe et XVIIIe siècles. L'idée d'évolution*, Paris, 1941.

François Jacob : *La Logique du vivant, une histoire de l'hérédité*, Paris, 1972.

Jean Rostand : *La Formation de l'être*, Paris, 1930.

Jean Rostand : *Esquisse d'une histoire de la biologie*, Paris, 1945.

Alfred Bastid : *Accouchements multiples dans la légende et dans l'histoire*, *Æsculape*, 1939.

André Pecker : *L'accouchement au cours des siècles*, Paris, 1958.

LA COMPOSITION, L'IMPRESSION ET LE BROCHAGE DE CE LIVRE
ONT ÉTÉ EFFECTUÉS PAR FIRMIN-DIDOT S.A.
POUR LE COMPTE DE LA SOCIÉTÉ NOUVELLE
DES ÉDITIONS JEAN-JACQUES PAUVERT
ACHEVÉ D'IMPRIMER LE 18 AVRIL 1977

Imprimé en France
Dépôt légal : 2e trimestre 1977
No d'édition : 3475 — No d'impression : 9885
51.22.1080.01

ISBN 2.7202.0072.7